Basics Zivilrecht

Band 1

BGB-AT/ Vertragliche Schuldverhältnisse

Hemmer/Wüst

Juli 2012

Hemmer/Wüst Verlagsgesellschaft

Das Skript ist urheberrechtlich geschützt. Die dadurch begründeten Rechte, insbesondere des Nachdrucks, der Wiedergabe auf photomechanischem oder ähnlichem Wege und der Speicherung in Datenverarbeitungsanlagen bleiben, auch bei nur auszugsweiser Verwertung, der Hemmer/Wüst-Verlagsgesellschaft vorbehalten.

Hemmer/Wüst/d'Alquen, Basics Zivilrecht, Band 1,
BGB-AT / Vertragliche Schuldverhältnisse

ISBN 978-3-86193-165-2
9. Auflage, Juli 2012

gedruckt auf chlorfrei gebleichtem Papier
von Schleunungdruck GmbH, Marktheidenfeld

Vorwort
Basics mit der hemmer-Methode

Wer in vier Jahren sein Studium abschließen will, kann sich einen Irrtum in Bezug auf Stoffauswahl und -aneignung nicht leisten. Hoffen Sie nicht auf leichte Rezepte und den einfachen Rechtsprechungsfall. Hüten Sie sich vor Übervereinfachung beim Lernen. Stellen Sie deswegen frühzeitig die Weichen richtig.

Die „Basics" schaffen Voraussetzungen für das Verstehen der Juristerei, ermöglichen Ihnen Verständnis für klausurtypische Probleme und sind Ihnen in der Klausur eine **Anwendungshilfe**, die Sie mit den üblichen juristischen Denkmustern von Klausurerstellern vertraut machen. Wissen wird konsequent unter Anwendungsgesichtspunkten erworben.

Die **hemmer-Methode** vermittelt Ihnen die **erste richtige Einordnung** und das **Problembewusstsein**, welches Sie brauchen, um an einem Thema der Klausur nicht vorbeizuschreiben. Häufig ist dem Studenten nicht klar, warum er schlechte Klausuren schreibt. Wir geben Ihnen **gezielte Tipps**! Vertrauen Sie auf unsere **Expertenkniffe**.

Durch die ständige Diskussion mit unseren Kursteilnehmern ist uns als erfahrenen Repetitoren klar geworden, welche **Probleme** der Student hat, sein **Wissen in der Klausur anzuwenden**. Wir haben aber auch von unseren Kursteilnehmern profitiert und von ihnen erfahren, welche **Argumentationsketten** in der Prüfung zum Erfolg geführt haben.

Die **hemmer-Methode** gibt **jahrelange Erfahrung** weiter, erspart Ihnen viele schmerzliche Irrtümer, setzt richtungsweisende Maßstäbe und begleitet Sie als **Gebrauchsanweisung** in Ihrer Ausbildung:

1. Grundwissen:

Die **Grundwissenskripten** sind für den Studenten in den ersten Semestern gedacht. In den Theoriebänden Grundwissen werden leicht verständlich und kurz die wichtigsten Rechtsinstitute vorgestellt und das notwendige Grundwissen vermittelt. Die Skripten werden durch den jeweiligen Band unserer **Reihe „Die wichtigsten Fälle"** ergänzt.

2. Basics:

Das Grundwerk für Studium und Examen. Es schafft schnell **Einordnungswissen** und mittels der hemmer-Methode richtiges Problembewusstsein für Klausur und Hausarbeit. Wichtig ist, **wann und wie** Wissen in der Klausur angewendet wird.

3. Skriptenreihe:

Vertiefendes Prüfungswissen: Über 1.000 Klausuren wurden auf ihre „essentials" abgeklopft.

Anwendungsorientiert werden die für die Prüfung nötigen Zusammenhänge umfassend aufgezeigt und wiederkehrende Argumentationsketten eingeübt.

Gleichzeitig wird durch die hemmer-Methode auf **anspruchsvollem Niveau** vermittelt, nach welchen Kriterien Prüfungsfälle beurteilt werden. Mit dem Verstehen wächst die Zustimmung zu Ihrem Studium. Spaß und Motivation beim Lernen entstehen erst durch Verständnis.

Lernen Sie, durch Verstehen am juristischen Sprachspiel teilzunehmen. Wir schaffen den „background", mit dem Sie die innere Struktur von Klausur und Hausarbeit erkennen: **„Problem erkannt, Gefahr gebannt"**. Profitieren Sie von unserem **strategischen Wissen**. Wir werden Sie mit unserem know-how auf das Anforderungsprofil einstimmen, das Sie in Klausur und Hausarbeit erwartet.

Vorwort
Basics mit der hemmer-Methode

Die Theoriebände Grundwissen, die Basics, die Skriptenreihe und der Hauptkurs sind als **modernes, offenes und flexibles Lernsystem** aufeinander abgestimmt und ergänzen sich ideal. Die **studentenfreundliche Preisgestaltung** ermöglicht den **Erwerb als Gesamtwerk**.

4. Hauptkurs:

Schulung am examenstypischen Fall mit der Assoziationsmethode. Trainieren Sie unter professioneller Anleitung, was Sie im Examen erwartet und wie Sie bestmöglich mit dem Examensfall umgehen.

Nur wer die Dramaturgie eines Falles verstanden hat, ist in Klausur und Hausarbeit auf der sicheren Seite! Häufig hören wir von unseren Kursteilnehmern: „**Erst jetzt hat Jura richtig Spaß gemacht**".

Die Ergebnisse unserer Kursteilnehmer geben uns Recht. Maßstab ist der Erfolg. Die Examensergebnisse zeigen, dass unsere Kursteilnehmer überdurchschnittlich abschneiden.

Die Examensergebnisse unserer Kursteilnehmer sollten Ansporn für Sie sein, intelligent zu lernen: Wer nur auf vier Punkte lernt, landet leicht bei drei.

Wir hoffen, als Repetitoren mit unserem Gesamtangebot bei der Konkretisierung des Rechts mitzuwirken und wünschen Ihnen **viel Spaß beim Durcharbeiten** unserer Skripten.

Wir würden uns freuen, mit Ihnen als Hauptkursteilnehmer mit der **hemmer-Methode** gemeinsam Verständnis an der Juristerei zu trainieren. Nur wer erlernt, was ihn im Examen erwartet, lernt richtig!

So leicht ist es uns kennenzulernen, Probehören ist jederzeit in den jeweiligen Kursorten möglich.

Karl Edmund Hemmer & Achim Wüst

INHALTSVERZEICHNIS

§ 1 VERTRAGSSCHLUSS ... 1

A) Rechtsgeschäft ... 3

B) Willenserklärung ... 3

I. Objektiver Tatbestand ... 3

II. Subjektiver Tatbestand ... 4
1. Handlungswille ... 4
2. Erklärungsbewusstsein ... 4
3. Geschäftswille ... 6

III. Wirksamwerden der Willenserklärung ... 7
1. Abgabe ... 7
2. Zugang ... 7

C) Geschäftsfähigkeit ... 8

I. Geschäftsunfähigkeit ... 9

II. Beschränkte Geschäftsfähigkeit ... 10
1. Minderjähriger ... 10
2. Gesetzlicher Vertreter ... 11
3. Wirksamkeit eigener WE ... 11
4. Lediglich rechtlicher Vorteil ... 11
5. Einwilligung ... 14
6. Genehmigung ... 17
7. Sonderproblem ... 18
8. Geschäfte des täglichen Lebens volljähriger Geschäftsunfähiger, § 105a BGB ... 18

D) Stellvertretung ... 22

I. Zulässigkeit ... 23

II. Sonstige Voraussetzungen ... 23
1. Eigene Willenserklärung des Vertreters ... 23
2. Handeln in fremdem Namen ... 25
   a) Offenkundigkeitsprinzip ... 25
   b) Mittelbare Stellvertretung ... 26
   c) Ausnahmen vom Offenkundigkeitsprinzip ... 27
      aa) Geschäft für den, den es angeht ... 27
      bb) § 1357 BGB ... 27
   d) Abgrenzungen ... 28
      aa) Handeln unter falscher Namensangabe ... 28
      bb) Handeln unter fremdem Namen ... 29
      cc) Wiederholung ... 29

3. Vertretungsmacht 30
  a) Gesetzliche Vertretungsmacht 30
  b) Rechtsgeschäftliche Vertretungsmacht 30
    aa) Erteilung der Vollmacht 31
    bb) Umfang 32
    cc) Duldungs- und Anscheinsvollmacht 33
    dd) Erlöschen 34
    ee) Anfechtung der Vollmacht 36

III. Wissenszurechnung bei der Vertretung, § 166 BGB 37

IV. Grenzen der Vertretungsmacht 38
  1. § 181 BGB 38
  2. Missbrauch der Vertretungsmacht 40
    a) Kollusion 40
    b) Evidenz 40

V. Vertreter ohne Vertretungsmacht 41

E) Einbeziehung von AGB in den Vertrag 42

I. Einführung 42

II. Anwendbarkeit der §§ 305 - 310 BGB 43

III. Einbeziehung in den Vertrag 43

IV. Auslegung von AGB 44

V. Inhaltskontrolle von AGB 44

VI. Folgen bei fehlerhaften oder nicht einbezogenen AGBen 45

§ 2 RECHTSHINDERNDE EINWENDUNGEN 46

A) §§ 116-118 BGB 47

I. Geheimer Vorbehalt 47

II. Scheinerklärung 47

III. Scherzerklärung 48

B) § 125 BGB 48

C) § 134 BGB 49

D) § 138 I, II BGB 49

E) Weitere rechtshindernde Einwendungen 51

§ 3 RECHTSVERNICHTENDE EINWENDUNGEN 52

A) Anfechtung 52

I. Anwendbarkeit der §§ 119 ff. BGB 52

II. Anfechtungsgründe 53

1. Anfechtungsgründe des § 119 I BGB 53
   - a) Inhaltsirrtum 54
   - b) Erklärungsirrtum 54
   - c) Andere klausurrelevante Irrtümer 55
     - aa) Motivirrtum 55
     - bb) Rechtsfolgenirrtum 55
     - cc) Kalkulationsirrtum 55
     - dd) Fehlendes Erklärungsbewusstsein 57
2. Anfechtungsgrund des § 119 II BGB 57
   - a) Voraussetzungen des § 119 II BGB 57
   - b) Ausschluss 58
3. Anfechtungsgrund des § 120 BGB 58
4. Anfechtungsgründe des § 123 BGB 59
   - a) Arglistige Täuschung 59
   - b) Widerrechtliche Drohung 61

III. Anfechtungserklärung 62

IV. Anfechtungsfrist 63

V. Rechtsfolgen der Anfechtung 64

1. Nichtigkeit 64
2. Schadensersatz 65

VI. Abstraktionsprinzip 67

1. § 119 I BGB 68
2. § 119 II BGB 68
3. § 123 BGB 69

B) Widerruf 69

C) Rücktritt 70

D) Kündigung 72

E) Erfüllung 72

I. Person des Leistungsempfängers 72

II. Gegenstand der Erfüllung 73

F) Erfüllungssurrogate ... 73

I. § 364 BGB ... 73

1. Leistung an Erfüllungs statt ... 73
2. Leistung erfüllungshalber ... 74

II. Hinterlegung ... 74

III. Aufrechnung ... 74

1. Rechtsfolge ... 74
2. Voraussetzungen ... 74
3. Aufrechnung im Prozess ... 75

G) Rechtshemmende Einreden ... 75

§ 4 LEISTUNGSSTÖRUNGEN ... 77

A) Schadensersatz neben der Leistung, § 280 I BGB ... 80

I. Allgemeines ... 80

II. Ersatz des Begleitschadens gem. §§ 280 I, II, 286 BGB ... 80

1. Nichtleistung trotz Möglichkeit ... 82
2. Fälligkeit und Einredefreiheit ... 83
3. Mahnung ... 83
4. Vertretenmüssen ... 84
5. Keine Beendigung ... 84

III. Schlechtleistung, §§ (437 Nr. 3, 634 Nr. 4), 280 I BGB ... 84

IV. Nebenpflichtverletzungen, §§ 280 I, 241 II, 311 II BGB ... 86

1. § 280 I BGB i.V.m. § 241 II BGB ... 86
   a) Schuldverhältnis ... 87
   b) Pflichtverletzung ... 89
      aa) Abgrenzung zur Schlechtleistung ... 89
      bb) Nebenpflichtverletzungen ... 90
   c) Vertretenmüssen ... 92
   d) Schaden und haftungsausfüllende Kausalität ... 93
   e) Anspruchskürzendes Mitverschulden und Verjährung ... 93
2. § 280 I BGB i.V.m. §§ 241 II, 311 II BGB ... 94
   a) Anwendbarkeit der c.i.c. ... 94
   b) Vorvertragliche Sonderverbindung ... 96
   c) Pflichtverletzung ... 97
      aa) Schutzpflichtverletzungen ... 97
      bb) Abbruch von Vertragsverhandlungen ... 98
      cc) Abschluss unwirksamer Verträge ... 98
      dd) Der Abschluss inhaltlich nachteiliger Verträge ... 99
      ee) Eigenhaftung des Vertreters ... 99

  d) Rechtswidrigkeit 100
  e) Verschulden 100
  f) Schaden und haftungsausfüllende Kausalität 100
  g) Mitverschulden und Verjährung 102

B) Schadensersatz statt der Leistung 102

 I. Unmöglichkeit, §§ 280 III, 283 BGB bzw. § 311a II BGB 102

  1. Unmöglichkeit als Pflichtverletzung 102
   a) Begriff 103
   b) Gründe für Unmöglichkeit 103
    aa) Physische Unmöglichkeit 103
    bb) Juristische Unmöglichkeit 103
    cc) Zweckerreichung und Zweckfortfall 104
    dd) Faktische Unmöglichkeit 104
    ee) Moralische Unmöglichkeit 105
    ff) „Wirtschaftliche Unmöglichkeit" 105
   c) Abgrenzung der Unmöglichkeit vom Verzug 106
    aa) Verhältnis Unmöglichkeit - Schuldnerverzug 106
    bb) Fixgeschäfte 107
    cc) Vorübergehende Unmöglichkeit 108
    dd) Verhältnis Unmöglichkeit - Gläubigerverzug 108
  2. Nachträgliche Unmöglichkeit, §§ 280 III, 283 BGB 109
   a) Erlöschen der Leistungspflicht 109
   b) Vom Schuldner zu vertreten 110
  3. Anfängliche Unmöglichkeit, § 311a II BGB 111
  4. Anhang: Schicksal der Gegenleistung beim gegenseitigen Vertrag 111
   a) Grundsatz: Anspruch auf Gegenleistung erlischt 112
   b) Ausnahmen 113
    aa) Allgemeines 113
    bb) Problem: Vom Schuldner zu vertretende Unmöglichkeit 114
    cc) Vom Gläubiger zu vertretende Unmöglichkeit 115

 II. Nichtleistung, §§ 280 I, III, 281 BGB 116

  1. Fälliger Anspruch auf die Leistung 116
  2. Fristsetzung 116
  3. Entbehrlichkeit der Fristsetzung 117
  4. Erfolgloser Fristablauf 117
  5. Vetretenmüssen 117

 III. Schlechtleistung, §§ 280 III, 281 Alt.2 BGB 117

 IV. Nebenpflichtverletzung, §§ 280 III, 282, 241 II BGB 118

C) Aufwendungsersatz anstelle des Schadensersatzes statt der Leistung 118

D) Rücktritt 120

 I. Allgemeines 120

 II. Unmöglichkeit, § 326 V BGB 122

III. Verzögerung, § 323 BGB 122

   IV. Schlechtleistung, §§ 323, 326 V BGB 122

   V. Nebenpflichtverletzung, §§ 324, 241 II BGB 122

E) Gläubigerverzug 123

   I. Allgemeines 123

   II. Voraussetzungen 123

   III. Rechtsfolgen 124
      1. § 304 BGB 124
      2. § 300 II BGB 124
      3. § 300 I BGB 125
      4. § 326 II BGB 125
      5. § 615 BGB 126

§ 5 MÄNGELRECHT 128

A) Voraussetzungen 128

   I. Anwendungsbereich 128

   II. Mangel 128
      1. Sachmangel 128
      2. Aliud 129
      3. Rechtsmangel 129

   III. Weitere Voraussetzungen 130

B) Rechtsfolgen/Mängelrechte 131

C) Die Besonderheiten im Verbrauchsgüterkaufrecht 133

   I. Begriff des Verbrauchsgüterkaufs 133

   II. Nichtgeltung des § 445 BGB 134

   III. Nichtgeltung des § 447 BGB 134

   IV. Abweichende Vereinbarungen, § 475 I BGB 135

   V. Beweislastumkehr, § 476 BGB 135

   VI. Sonderbestimmungen für Garantien 136

   VII. Rückgriff des Unternehmers beim Lieferanten 136
      1. Erleichterter Rücktritt 136
      2. Aufwendungsersatz 138
      3. Beweislastumkehr 138
      4. Haftungsausschluss 138
      5. Fortgeltung des Handelsrechts und Erweiterung auf die gesamte Lieferkette 139

§ 6 STÖRUNG DER GESCHÄFTSGRUNDLAGE 140

A) Einleitung 140

B) Anwendbarkeit 140

I. Gesetzliche Sonderregelungen der Geschäftsgrundlage 140

II. Durch Auslegung ermittelter Vertragsinhalt 141

III. Vereinbarung einer Bedingung 141

IV. Unmöglichkeit 141

V. Gewährleistung 142

VI. Anfechtung 142

VII. Zweckverfehlungskondiktion (§ 812 I S. 2 Alt. 2 BGB) 143

C) Voraussetzungen 144

I. Reales Element 145

II. Hypothetisches Element 145

III. Normatives Element 145

D) Wichtigste Fallgruppen 146

I. Zweckstörung 146

II. Leistungserschwerung 147

III. Äquivalenzstörung 147

IV. Doppelirrtum 148

E) Rechtsfolgen 149

I. Vertragsanpassung 149

II. Rücktritts- oder Kündigungsrecht 149

§ 7 SCHADENSERSATZRECHT 150

A) Einleitung 150

B) Schadensermittlung 150

I. Begriff 150

II. Normativer Schadensbegriff 151

III. Vorteilsanrechnung 151

    1. Problemstellung 151

    2. Gesetzliche Regelungen 152

3. Formel der Rechtsprechung 152
4. Wichtige Fallgruppen nach der Literatur 153
   a) Erbrechtlicher Erwerb 154
   b) Freiwillige Leistungen Dritter 154
   c) Vom Geschädigten erkaufte Vorteile 155
   d) Unterhaltsleistungen 155
   e) Eigene überpflichtgemäße Anstrengungen des Geschädigten 156
   f) Ersparte Aufwendungen 156
5. Rechtsfolgen der Vorteilsanrechnung 157
IV. Entgangene Gebrauchsvorteile 157

C) Arten des Schadensersatzes 158

I. Hinführung 158

II. Grundsatz der Naturalrestitution, § 249 BGB 159

III. Entschädigung, § 251 BGB 159

IV. § 250 BGB 160

V. §§ 252, 253 BGB 160

§ 8 DER DRITTE IM SCHULDVERHÄLTNIS 161

A) Vorbemerkung 161

B) Stellvertretung, insbesondere § 166 BGB 161

I. Abgrenzung § 164 BGB/§ 166 BGB 161

II. Anwendung des § 166 BGB außerhalb des Vertragsschlusses 161

III. Exkurs: Organtheorie 162

C) Erfüllungs- und Verrichtungsgehilfe 163

I. Funktion der §§ 278, 831 BGB 163

II. § 278 BGB 163

III. § 831 BGB 164

IV. § 31 BGB 167

D) Verträge zugunsten Dritter 168

E) Vertrag mit Schutzwirkung zugunsten Dritter 168

I. Einführung 168

II. Rechtsgrundlage 169

III. Anwendungsvoraussetzungen des VSD 170

   IV. Tatbestandsvoraussetzungen des VSD 170

       1. Leistungsnähe des Dritten 171

       2. Gläubigernähe 171

       3. Erkennbarkeit 173

       4. Schutzbedürftigkeit 173

   V. Rechtsfolgen des VSD 173

       1. Eigener vertraglicher Schadensersatzanspruch 173

       2. Weitere Rechtsfolgen 174

F) Drittschadensliquidation **175**

   I. Abgrenzungen 175

   II. Anwendungsbereich 176

   III. Voraussetzungen der DSL 177

       1. Anspruchsinhaber hat keinen Schaden 177

       2. Geschädigter hat keinen eigenen Anspruch 178

       3. Die zufällige Schadensverlagerung 178

           a) Vertragliche Vereinbarung 179

           b) Mittelbare Stellvertretung 179

           c) Die Obhutsfälle 179

           d) Die Gefahrtragungsregeln 180

   IV. Rechtsfolge der DSL 180

G) Übergang von Rechten und Pflichten auf Dritte **181**

   I. Einleitung 181

   II. Forderungsabtretung 181

       1. Voraussetzungen 181

           a) Gültiger Abtretungsvertrag 182

           b) Abzutretende Forderung 182

           c) Bestimmtheit 182

           d) Übertragbarkeit 182

       2. Schuldnerschutz 183

       3. Sonderprobleme 184

   III. Schuldübernahme 184

       1. Vertrag zwischen Gläubiger und Übernehmer 184

       2. Vertrag zwischen Schuldner und Übernehmer 185

       3. Zur Abgrenzung: Schuldbeitritt 185

Juristisches Repetitorium hemmer

Augsburg - Bayreuth - Berlin - Bielefeld - Bochum - Bonn - Bremen - Dortmund - Düsseldorf - Erlangen - Essen - Frankfurt/M. - Freiburg - Gießen - Göttingen - Greifswald - Halle - Hamburg - Hannover - Heidelberg - Jena - Kiel - Koblenz - Köln - Konstanz - Leipzig - Mainz - Marburg - München - Münster - Nürnberg - Osnabrück - Passau - Potsdam - Regensburg - Rostock - Saarbrücken - Stuttgart - Trier - Tübingen - Würzburg

Unsere Hauptkurse Zivilrecht - Öffentliches Recht - Strafrecht

Ab dem 5. - 6. Semester werden Sie sich erfahrungsgemäß für unsere Examensvorbereitungskurse interessieren. Hören Sie kostenlos Probe und besuchen Sie unsere Infoveranstaltungen.

Im Repetitorium gilt dann: Lernen am examenstypischen Fall!
Wir orientieren uns am Niveau des Examensfalls!

Gemäß unserem Berufsverständnis als Repetitoren vermitteln wir Ihnen nur das, worauf es ankommt: Wie gehe ich bestmöglich mit dem großen Fall, dem Examensfall, um. Aus diesem Grund konzentrieren wir uns nicht auf Probleme in einzelnen juristischen Teilbereichen. Bei uns lernen Sie, mit der Vielzahl von Rechtsproblemen fertig zu werden, die im Examensfall erkannt und zu einem einheitlichen Ganzen zusammengesetzt werden müssen („Struktur der Klausur"). Verständnis für das Ineinandergreifen der Rechtsinstitute und die Entwicklung eines Problembewusstseins sind aber zur Lösung typischer Examensfälle notwendig.

Ausgangspunkt unseres erfolgreichen Konzepts ist die generelle Problematik der Klausur oder Hausarbeit: Der Bearbeiter steht bei der Falllösung zunächst vor einer Dekodierungs- (Entschlüsselungs-) und dann vor einer (Ein-) Ordnungsaufgabe: Der Examensfall kann nur mit juristischem Verständnis und dem entsprechenden Begriffsapparat gelöst werden. Damit muss Wissen von vornherein unter Anwendungsgesichtspunkten erworben werden. Abstraktes, anwendungsunspezifisches Lernen genügt nicht.

Man hofft auf die leichten Rezepte, die Schemata und den einfachen Rechtsprechungsfall. Die unnatürlich klare Zielsetzung der Schemata lässt aber keine Frage offen und suggeriert eine Einfachheit, die im Examen nicht besteht. Auch bleibt die der Falllösung zugrunde liegende juristische Argumentation auf der Strecke. Mit einer solchen Einstellung wird aber die korrekte, sachgerechte Lösung von Klausur und Hausarbeit verfehlt.

Ersteller als „Imaginärer Gegner"

Der Ersteller des Examensfalls hat auf verschiedene Problemkreise und ihre Verbindung geachtet. Diesen Ersteller muss der Student als imaginären Gegner bei seiner Falllösung berücksichtigen. Er muss also versuchen, sich in die Gedankengänge, Annahmen und Ideen des Erstellers hineinzudenken und dessen Lösungsvorstellung wie im Dialog möglichst nahe zu kommen. Dazu gehört auch der Erwerb von Überzeugungssystemen, Denkmustern und ethischen Standards, die typischerweise und immer wieder von Klausurenerstellern den Examensfällen zugrunde gelegt werden.

Wir fragen daher konsequent bei der Falllösung:
Was will der Ersteller des Falls („Sound")?
Welcher „rote Faden" liegt der Klausur zugrunde („mainstreet")?
Welche Fallen gilt es zu erkennen?
Wie wird bestmöglicher Konsens mit dem Korrektor erreicht?

Wer sich überwiegend mit Grundfällen und dem Auswendiglernen von Meinungen beschäftigt, dem fehlt zum Schluss die Zeit, Examenstypik einzutrainieren. Es droht das Schreckgespenst des „Subsumtionsautomaten". Examensfälle zu lösen ist eine praktische und keine theoretische Aufgabe.

Spezielle Ausrichtung auf Examenstypik

Die Thematik der Examensfälle ist bei uns auffällig häufig vorher im Kurs behandelt worden. Auch in Zukunft ist damit zu rechnen, dass wir mit Ihnen innerhalb unseres Kurses die examenstypischen Kontexte besprechen, die in den nächsten Prüfungsterminen zu erwarten sind.

Schon beim alten Seneca galt: „Wer den Hafen nicht kennt, für den ist kein Wind günstig". Vertrauen Sie auf unsere Expertenkniffe. Seit 1976 analysieren wir Examensfälle und die damit einhergehenden wiederkehrenden Problemfelder. Problem erkannt, Gefahr gebannt. Die „hemmer-Methode" setzt richtungsweisende Maßstäbe und ist Gebrauchsanweisung für Ihr Examen.

Das Repetitorium hemmer ist bekannt für seine Spitzenergebnisse. Sehen Sie dieses Niveau als Anreiz für Ihr Examen. Orientieren Sie sich nach oben, nicht nach unten.

Unsere Hauptaufgabe sehen wir aber nicht darin, nur Spitzennoten zu produzieren: Wir streben auch für Sie ein solides Prädikatsexamen an. Regelmäßiges Training an examenstypischem Material zahlt sich also aus.

Gehen Sie mit dem sicheren Gefühl ins Examen, sich richtig vorbereitet zu haben. Gewinnen Sie mit der „Hemmer-Methode".

www.hemmer.de

Juristisches Repetitorium hemmer
Mergentheimer Str. 44 / 97082 Würzburg
Tel.: 0931-7 97 82 30 / Fax: 0931-7 97 82 34

§ 1 VERTRAGSSCHLUSS

Bedeutung des Vertragsschlusses in der Klausur

Zentrales Problem im Zivilrecht ist die Frage, ob zwischen den sich streitenden Parteien ein Vertrag geschlossen wurde, § 311 I BGB. Als Vertrag bezeichnet man ein **mehrseitiges** Rechtsgeschäft, das zu seiner Entstehung wenigstens zweier Willenserklärungen bedarf.

Bedeutung des Vertragsschlusses in der Klausur:

hemmer-Methode: Nur ein wirksamer Vertragsschluss lässt den Leistungsanspruch (Primäranspruch) entstehen. Dieser ist auf die Verwirklichung des Vertrags gerichtet. Der Vertrag ist damit Grundlage des Primäranspruchs. Aber auch bei den sog. Sekundäransprüchen hat der Vertrag seine Bedeutung. Der Sekundäranspruch ergibt sich in der Regel aus einer Störung des Vertragsverhältnisses und tritt dann entweder an die Stelle des Primäranspruches, z.B. § 280 III BGB i.V.m. §§ 281 ff. BGB, oder neben diesen, z.B. Ansprüche aus § 280 I BGB. Auch die Mängelrechte, wie der Anspruch auf Nacherfüllung beim Kaufvertrag, setzen einen wirksamen Vertrag voraus. So prüft man beim Primäranspruch auf Erfüllung die Wirksamkeit des Vertrags unmittelbar nach der Obersatzbildung, z.B.: „Der Käufer K könnte gegen den Verkäufer V einen Anspruch auf Übereignung und Übergabe des Fahrzeugs gem. § 433 I BGB haben. Dies setzt voraus, dass ein wirksamer Kaufvertrag besteht."

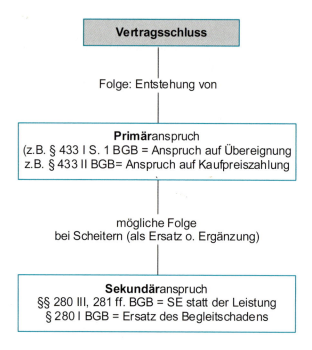

Willenserklärungen auf rechtliche Wirkung gerichtet

Es gibt Handlungen ohne rechtliche Bedeutung (essen, trinken etc.) und Handlungen, die rechtliche Wirkungen haben.

Die rechtlichen Wirkungen einer Handlung können kraft Gesetzes eintreten; das sind die so genannten Rechtshandlungen (dazu gehören z.B. Realakte wie der Besitzerwerb nach den §§ 854 ff. BGB oder der Fund nach § 965 BGB) und geschäftsähnliche Handlungen wie die Mahnung gemäß § 286 BGB oder die Fristsetzung in § 323 I BGB.

Ein rechtlicher Erfolg kann aber auch eintreten, weil er von den Beteiligten gewollt ist; solche Handlungen nennt man Rechtsgeschäft.

Teil des Rechtsgeschäfts

Die Willenserklärung ist Bestandteil des Rechtsgeschäfts, genauer gesagt, das Mittel zum Abschluss des Rechtsgeschäfts (beachte: die Begriffe Willenserklärung und Rechtsgeschäft werden im BGB meist synonym verwendet, vgl. den Wortlaut des § 119 I BGB einerseits und des § 142 I BGB andererseits).

§ 1 VERTRAGSSCHLUSS

A) Rechtsgeschäft

Ein Rechtsgeschäft[1] besteht aus einer oder mehreren Willenserklärungen und ist darauf gerichtet, einen bestimmten rechtlichen Erfolg (nämlich den in den Willenserklärungen bezeichneten) herbeizuführen.[2]

B) Willenserklärung[3]

rechtlicher Erfolg gewollt

Die Willenserklärung kann man definieren als eine Willensäußerung, die auf einen rechtlichen Erfolg gerichtet ist.

Bspe.:

- A lädt B zum Essen ein. Mit dieser Willensäußerung will A keinen rechtlichen Erfolg herbeiführen, sondern nur einen tatsächlichen. A will nicht rechtlich gebunden sein. Daher liegt keine Willenserklärung vor.

- Bietet A dem B sein Fahrrad zum Verkauf an, so will er mit seiner Erklärung den Abschluss eines Kaufvertrages herbeiführen, also einen rechtlichen Erfolg. Daher liegt eine Willenserklärung vor.

Bestandteile

> Eine Willenserklärung lässt sich in folgende Bestandteile zerlegen:
>
> - Äußerer (objektiver) Tatbestand = das Erklärte
>
> - Innerer (subjektiver) Tatbestand = das Gewollte, mit den Bestandteilen Handlungswille, Erklärungsbewusstsein und Geschäftswille

I. Objektiver Tatbestand

objektiver Tatbestand

Der objektive Tatbestand ist die nach Außen gerichtete Erklärung des Willens. Aus der Erklärung muss für einen objektiven Erklärungsempfänger (u.U. Auslegung nach §§ 133, 157 BGB nötig) der Wille ersichtlich sein, einen bestimmten Rechtserfolg herbeizuführen (Schluss auf den sog. „Rechtsbindungswillen").

Der Wille kann ausdrücklich (Sprechen, Schreiben) oder schlüssig (= konkludent; z.B. Kopfnicken, Handheben) erklärt werden.

---

[1] Allgemein **Hemmer/Wüst, BGB AT I, Rn. 39 ff.**
[2] Zur Einteilung der Rechtsgeschäfte vgl. **Hemmer/Wüst, BGB AT I, Rn. 46 - 48**.
[3] Zur Willenserklärung vgl. auch **Hemmer/Wüst, Die 76 wichtigsten Fälle BGB AT, Fall 1**.

Schweigen⁴ ist grundsätzlich keine Willenserklärung, sondern rechtlich neutral (aber fingierte WE z.B. bei §§ 108 II S.2, 177 II S.2 BGB; §§ 346, 362 HGB für Kaufleute).

II. Subjektiver Tatbestand

Der subjektive Tatbestand unterteilt sich folgendermaßen:

1. Handlungswille⁵

subjektiver Tatbestand: ⇨ Handlungswille notwendig

Der Erklärende muss überhaupt das Bewusstsein haben, dass er eine Willensäußerung von sich gibt. Der Handlungswille fehlt z.B. bei Reflexen, Bewegungen im Schlaf oder unüberwindbarem körperlichen Zwang (vis absoluta). Der Handlungswille ist notwendiger Bestandteil einer Willenserklärung.

hemmer-Methode: Fälle fehlenden Handlungswillens, wie z.B. Hypnose finden Sie selten in einer Klausur. Lernen Sie frühzeitig anwendungsspezifisch, also Wichtiges von Unwichtigem zu unterscheiden.

2. Erklärungsbewusstsein

⇨ Erklärungsbewusstsein

Der Erklärende muss wissen, dass er durch sein Verhalten irgendetwas rechtlich Erhebliches erklärt.

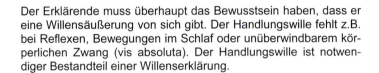

Bsp.: Der Popstar, der während einer Autogrammstunde einen Kaufvertrag für 100 Staubsauger unterzeichnet, in der Meinung, er gibt ein Autogramm, handelt ohne Erklärungsbewusstsein, weil er nicht weiß, dass er damit einen rechtlichen Erfolg (Abschluss eines Kaufvertrages, § 433 BGB) herbeiführt.

Bestandteil des Erklärungsbewusstseins ist auch der Wille, sich rechtsgeschäftlich zu binden (Rechtsbindungswille⁶);

hemmer-Methode: Da der objektive Tatbestand einer Willenserklärung den Schluss auf ein rechtliches Wollen erfordert, kann das Fehlen des Rechtsbindungswillens schon beim objektiven Tatbestand geprüft werden. Da er aber notwendig auch Bestandteil des Erklärungsbewusstseins und des Geschäftswillens ist, hat er auch hier seine Bedeutung.
I.d.R. wird die Abgrenzung Gefälligkeitsverhältnis (kein Rechtsbindungswille)/Rechtsgeschäft (Rechtsbindungswille erforderlich) weniger dogmatisch vorgenommen. Anhand von Indizien (Zweck, Wert, Art, Interessenlage, wirtschaftliche Bedeutung) wird versucht, die Abgrenzung vorzunehmen.⁷

---

⁴ Zum Schweigen allgemein **Hemmer/Wüst, BGB AT I, Rn. 141 ff.** mit weiteren HGB-Besonderheiten.
⁵ Allgemein **Hemmer/Wüst, BGB AT I, Rn. 53 ff.**
⁶ Zum Rechtsbindungswillen allgemein **Hemmer/Wüst, BGB AT I, Rn. 70 ff.**
⁷ Zur Problematik der Gefälligkeitsverhältnisse vgl. auch **Hemmer/Wüst, Die 76 wichtigsten Fälle BGB AT, Fälle 2 - 4**.

§ 1 VERTRAGSSCHLUSS

*Denken Sie auch klausurtaktisch: Liegt der Schwerpunkt der Arbeit im vertraglichen Bereich, spricht eine Vermutung für die Annahme des Rechtsbindungswillens. Es gibt aber auch klassische Fälle, in denen der Rechtsbindungswille fehlt. **Bsp.: Bei der Aufforderung zur Abgabe eines Vertragsangebots (invitatio ad offerendum; z.B. Auslage im Schaufenster) fehlt der Rechtsbindungswille.** Der Grund, warum der Erklärende bei der i.a.o. im Gegensatz zum Antrag nicht gebunden wird, ist gerade das Fehlen des Rechtsbindungswillens. Denken Sie auch an die Zeitungsannonce: Wer will und kann schon an alle Leser, die aufgrund der Zeitungsanzeige zusagen, erfüllen.*

strittig, wenn fehlt

Umstritten ist die Frage, ob eine Willenserklärung auch dann vorliegt, wenn das Erklärungsbewusstsein[8] fehlt.

Fall 1: Bei einer Versteigerung winkt A einem Bekannten zu. Der Versteigerer geht davon aus, dass A ein Gebot abgegeben hat und erteilt den Zuschlag. Hat A eine Willenserklärung abgegeben?

Der äußere Tatbestand liegt vor, da das Handheben bei einer Versteigerung objektiv die Abgabe eines Kaufangebotes bedeutet. A wollte auch die Hand heben; der Handlungswille ist daher ebenfalls gegeben. A wusste aber nicht, dass er irgendetwas rechtlich Erhebliches erklärte.

Nach einer Meinung soll das Erklärungsbewusstsein unbedingte Voraussetzung einer Willenserklärung sein. Fehlt es, so liegt schon tatbestandlich keine Willenserklärung vor. Es wird § 118 BGB analog angewendet mit der Folge des § 122 BGB.

Dagegen spricht jedoch, dass der Erklärende objektiv eine Willenserklärung abgegeben hat, auf die der Empfänger vertrauen durfte. Aus Verkehrs- und Vertrauensschutzgründen nimmt daher die h.M. an, dass trotz Fehlens des Erklärungsbewusstseins eine Willenserklärung vorliegt (sog. potenzielles Erklärungsbewusstsein). A kann aber seine Willenserklärung gemäß § 119 I Alt. 2 BGB analog anfechten und dadurch das zustande gekommene Rechtsgeschäft vernichten, § 142 I BGB. Er ist dann allerdings zum Ersatz des negativen Interesses verpflichtet, § 122 BGB.[9]

Von diesem Grundsatz macht die h.M. eine Ausnahme, wenn der Erklärende gar nicht erkennen konnte, dass er etwas rechtlich Erhebliches erklärt (d.h. nicht einmal fahrlässig gehandelt hat) oder wenn der Erklärungsempfänger den Mangel des Erklärungsbewusstseins[10] gekannt hat.

---

[8] Allgemein **Hemmer/Wüst, BGB AT I, Rn. 54 ff.**
[9] Siehe Palandt, Einf v § 116 BGB, Rn. 17 a.E.
[10] Palandt, Einf v § 116 BGB, Rn. 17.

Der Popstar in oben genanntem Beispiel musste während der Autogrammstunde nicht damit rechnen, mit seiner Unterschrift irgendetwas rechtlich Erhebliches zu erklären. Das Vertrauen des Erklärungsempfängers ist nicht schutzwürdig. Daher liegt keine Willenserklärung vor und ein Vertrag kommt nicht zustande. Einer Anfechtung[11] bedarf es nicht.

hemmer-Methode: Lernen Sie mit Methode und nicht auswendig: Es gibt, wie häufig, drei Möglichkeiten bei fehlendem Erklärungsbewusstsein: Man stellt nur auf den Erklärenden ab (keine WE), man stellt nur auf den Empfänger ab (häufig WE, z.B. bei Unterschrift). Dritte Möglichkeit (Synthese): Man stellt bei fehlendem Erklärungsbewusstsein darauf ab, ob der Erklärende hätte erkennen können, dass der andere seine Erklärung als Willenserklärung verstehen musste und durfte.[12] Zum Verständnis: Hegels Denkansatz (These/Antithese/Synthese) wirkt auch in die Juristerei hinein. Die h.M. stellt dann die Synthese dar. Letztlich geht es um gerechte Ergebnisse. Extrempositionen sind dies nicht. Auch schon bei den alten Griechen ging es um die Aufrechterhaltung und Wiederherstellung eines Gleichgewichts zwischen Personen (vgl. z.B. Aristoteles im 5. Buch der Nikomachischen Ethik).

3. Geschäftswille

⇨ *Geschäftswille*

Der Geschäftswille unterscheidet sich vom Erklärungsbewusstsein dadurch, dass er auf einen ganz bestimmten rechtsgeschäftlichen Erfolg gerichtet ist.

Er setzt aber das Erklärungsbewusstsein zwingend voraus, denn wer nicht einmal den Willen hat, irgendetwas rechtlich Erhebliches zu erklären, kann erst recht nicht den Willen haben, einen konkreten rechtlichen Erfolg herbeizuführen.

hemmer-Methode: Liegt ein Geschäftswille erkennbar vor, so sollte in der Klausur gar nicht erst auf das Vorhandensein des Erklärungsbewusstseins eingegangen werden.

bei Fehlen Anfechtung möglich

Der Geschäftswille ist nicht notwendige Voraussetzung einer Willenserklärung; anderenfalls wäre § 119 I BGB überflüssig. Fehlt der Geschäftswille, so liegt dennoch eine Willenserklärung vor. Diese kann aber nach §§ 119 ff. BGB[13] angefochten werden.

---

[11] Sie kann aber vorsorglich erfolgen, sog. Lehre von der Doppelnichtigkeit; vgl. Palandt, Überbl v § 104 BGB, Rn. 35.
[12] Vgl. auch BGH, NJW 1984, 2279. Hier wollte eine Bank eine bereits bestehende Bürgschaft bestätigen, was der Empfänger als Übernahme einer neuen Bürgschaft verstand.
[13] Dazu unten, Rn. 89 ff.

§ 1 VERTRAGSSCHLUSS

III. Wirksamwerden der Willenserklärung[14]

Wirksamwerden der WE

Entscheidend für das Wirksamwerden einer Willenserklärung sind außerdem noch ihre Abgabe und ihr Zugang; sind im Sachverhalt diesbezüglich keine Probleme erkennbar, ist auch keine ausführliche Prüfung zu empfehlen. Es können jedoch einige Probleme auftauchen, die es zu beherrschen gilt:

1. Abgabe

Abgabe: willentliche Entäußerung

a) Die Abgabe wird allgemein als „die willentliche Entäußerung einer Erklärung in den Rechtsverkehr" definiert. Wann dies der Fall ist, ist anhand der Interessenlage im konkreten Fall zu beurteilen, wobei v.a. zwischen empfangsbedürftigen und nicht empfangsbedürftigen Willenserklärungen zu differenzieren ist.

abhanden gekommene WE

b) Gerade keine willentliche Entäußerung liegt bei der sog. abhanden gekommenen Willenserklärung vor.

Standardbeispiel: Der zum nochmaligen Überdenken auf dem Schreibtisch liegengelassene Brief wird von Drittem eingeworfen.

h.M.: Keine WE, allenfalls c.i.c.

Nach wohl h.M. fehlt es mangels Abgabe an einer wirksamen Willenserklärung; wegen einer möglichen Fahrlässigkeit (im Bsp.: Herumliegenlassen des Briefes) kommt eine Haftung aus § 311 II, BGB in Betracht. Nach anderer Ansicht greift hier § 122 I analog, so dass die Haftung unabhängig vom Verschulden gegeben wäre (Palandt, § 122, Rn. 2 a.E.).

2. Zugang

a) Von Zugang als Wirksamkeitsvoraussetzung, vgl. § 130 I S. 1, BGB wird zumindest unter Abwesenden dann gesprochen, wenn die Willenserklärung.

➲ in den Machtbereich des Empfängers gelangt ist,

➲ sodass dieser unter normalen Verhältnissen die Möglichkeit hat, von dieser Kenntnis zu nehmen.[15]

Es wird also letztlich der Weg zwischen Absender und Empfänger nach Risikosphären aufgeteilt.

nach h.M. eingeschränkte Vernehmungstheorie

b) Dieser Aufteilung entspricht bei nicht verkörperten Willenserklärungen unter Anwesenden (bzw. am Telefon) die sog. eingeschränkte Vernehmungstheorie.[16]

---

[14] Dazu ausführlich **Hemmer/Wüst, BGB AT I, Rn. 91 ff.**
[15] Beim Einwurf in einen Briefkasten kommt es darauf an, ob am selben Tag noch mit einer Leerung zu rechnen ist. Nach Ansicht des BGH ist dies am 31.12. nachmittags nicht mehr der Fall, ZGS 2008, 83.
[16] **Hemmer/Wüst, BGB AT I, Rn. 107.**

Eine Willenserklärung ist dann zugegangen, auch wenn sie nicht oder falsch verstanden wird, wenn der Erklärende damit rechnen konnte und durfte, dass sie der Empfänger richtig und vollständig verstanden hat.

hemmer-Methode: Merken Sie sich: Die h.M. geht auch hier den goldenen Mittelweg. Lernen Sie mit gesundem Menschenverstand. Lernen Sie von der Interessenlage her, die Theorie ist nur eine Krücke! Letztlich geht es um gerechte Risikoverteilung. Es gilt: Denken statt Auswendiglernen.

Zugangsvereitelung

c) Ein Sonderproblem stellt die (v.a. unter Abwesenden vorkommende) Zugangsvereitelung dar.

Bsp.: Eine Nachricht wurde nicht entgegengenommen, ein Einschreibebrief wird trotz Benachrichtigung nicht bei dem Postamt abgeholt.

Diff. zw. fahrlässiger und arglistiger Vereitelung

Eine vorzugswürdige Ansicht differenziert zwischen fahrlässiger (z.B. plötzlicher Umzug ohne Bekanntgabe der neuen Adresse an langjährige Geschäftspartner) und arglistiger (z.B. Nichtabholen des Einschreibebriefs wegen der Gewissheit, er enthalte eine Kündigung) Zugangsvereitelung: bei Ersterer wird ein späterer, erfolgreicher Zugang so behandelt, als habe er schon beim ersten Versuch stattgefunden (wichtig z.B. für Fristeinhaltung); bei Letzterer kann der Erklärende auch ohne erfolgreichen zweiten Versuch die erste Willenserklärung als zugegangen behandeln, wenn er dies will.

Sonderproblem: Nach der Rechtsprechung soll die Zugangsvereitelung durch einen Empfangsboten (z.B. Kind des Mieters bzw. Kind des Arbeitnehmers, dem gekündigt werden soll) dem Empfänger nicht zugerechnet werden.[17]

C) Geschäftsfähigkeit[18]

Geschäftsfähigkeit

Eine Willenserklärung kann für den Erklärenden u.U. erhebliche rechtliche und wirtschaftliche Folgen haben. Daher sollen die Wirkungen einer Willenserklärung den Erklärenden nur dann treffen, wenn er fähig ist, einen vernünftigen Willen zu bilden. Diese Fähigkeit meint das BGB, wenn es von Geschäftsfähigkeit spricht.

Geschäftsfähigkeit ist die Fähigkeit, durch Willenserklärungen Rechtsfolgen herbeizuführen bzw. die Fähigkeit, Rechtsgeschäfte selbst voll wirksam vorzunehmen.

---

[17] Palandt, § 130 BGB, Rn. 16.; BAG, NJW 1993, 1093.
[18] Allgemein **Hemmer/Wüst, BGB AT I**, Rn. 110 ff.; **Hemmer/Wüst, Die 76 wichtigsten Fälle BGB AT**, Fälle 26 ff.

§ 1 VERTRAGSSCHLUSS

grds. alle Menschen

Das BGB sieht grundsätzlich alle Menschen als geschäftsfähig an und regelt in den §§ 104 ff. BGB nur die Ausnahmen von der Geschäftsfähigkeit, die Geschäftsunfähigkeit und die beschränkte Geschäftsfähigkeit.[19]

Grundsatz: Geschäftsfähig ist jedenfalls, wer volljährig ist (§ 2 BGB; beachte für die Fristberechnung § 187 II BGB).

I. Geschäftsunfähigkeit[20]

Geschäftsunfähigkeit

Fall: Der sechsjährige A erwirbt im Geschäft des B ein Matchbox-Auto für 10,- €. Rechtslage?

Beachte: Juristisch exakt sind hier drei Geschäfte hinsichtlich ihrer Wirksamkeit zu unterscheiden, nämlich der schuldrechtliche Kaufvertrag (§ 433 BGB) und die beiden dinglichen Übereignungen (Matchbox-Auto bzw. Geld).

getrennt prüfen

Da A noch nicht das siebente Lebensjahr vollendet hat, ist er geschäftsunfähig (§ 104 Nr. 1 BGB - lesen!), seine Willenserklärungen sind gemäß § 105 I BGB nichtig (Rechtsfolge).

Nichtig ist daher das Kaufangebot, die Einigungserklärung über den Eigentumsübergang des Autos und die Einigungserklärung über den Eigentumsübergang des Geldes.

A und B sind aus dem Kaufvertrag weder berechtigt noch verpflichtet. B ist weiterhin Eigentümer des Matchbox-Autos und A ist Eigentümer der 10,- € geblieben (wenn B nicht nach §§ 948, 947 II BGB Eigentum erworben hat). Es besteht also jeweils ein Anspruch aus § 985 BGB.

Da auch das Verpflichtungsgeschäft unwirksam ist, haben A und B gegeneinander auch den Anspruch aus § 812 I S. 1 Alt. 1 BGB auf Herausgabe des jeweils Erlangten (= Besitz am Auto bzw. Besitz an den 10,- €).

gesetzlicher Vertreter

Wie in Fall 1 gesehen, kann der Geschäftsunfähige nicht selbst rechtsgeschäftlich wirksam handeln; er muss sich durch seinen gesetzlichen Vertreter vertreten lassen. Das sind beim Geschäftsunfähigen grundsätzlich die Eltern als Gesamtvertreter, §§ 1626, 1629 BGB. Dasselbe gilt, wenn dem Geschäftsunfähigen eine Willenserklärung zugehen soll (§ 131 I BGB). Zu beachten ist aber, dass auch der Geschäftsunfähige rechtsfähig ist (§ 1 BGB), er kann also z.B. Eigentümer einer Sache sein.

Neben der Geschäftsunfähigkeit für Kinder kennt das Gesetz (nur) noch die so genannte natürliche (auch tatsächliche) Geschäftsunfähigkeit des § 104 Nr. 2 BGB (lesen!).

---

[19] Zum BetrG **Hemmer/Wüst, BGB AT II,** Rn. 19 ff.
[20] **Hemmer/Wüst, BGB AT II,** Rn. 13 ff.

Insichgeschäft,
§ 181 BGB

Problematisch ist der Fall, wenn der gesetzliche Vertreter mit dem Geschäftsunfähigen ein Rechtsgeschäft vornehmen will. Da er auf beiden Seiten des Geschäfts tätig wird, einmal für sich selbst und einmal als Vertreter des Geschäftsunfähigen, liegt ein nach § 181 BGB unzulässiges Insichgeschäft vor.[21]

hemmer-Methode: Der gute Glaube an die Geschäftsfähigkeit wird nicht geschützt.

Bsp.: Der unerkannt Geisteskranke A (§ 104 Nr. 2 BGB) veräußert sein Auto an B (§ 929 BGB). B wird auch dann nicht Eigentümer des Autos, wenn A wie ein Geschäftsfähiger aufgetreten ist und B von der Geisteskrankheit des A nichts wusste. Eine den §§ 932, 892 BGB vergleichbare Vorschrift existiert nicht.

Zu § 104 Nr. 2 BGB ist noch Folgendes anzumerken:

"lichter Augenblick"

Es besteht die Möglichkeit, dass der Geschäftsunfähige während der Vornahme des Rechtsgeschäfts einen lichten Augenblick (lucidum intervallum) gehabt hat. Er wird dann wie ein Geschäftsfähiger behandelt (vgl. Wortlaut: „Sich in einem Zustand befindet"). So wäre zum Beispiel B Eigentümer des Autos geworden, wenn A bei der Übereignung (§ 929 S. 1 BGB) einen lichten Augenblick gehabt hätte.[22]

partielle Geschäftsunfähigkeit

Möglich ist in den Fällen des § 104 Nr. 2 BGB auch, dass die Geschäftsunfähigkeit nur für einen bestimmten Kreis von Geschäften besteht.[23]

Nicht anerkannt ist dagegen die relative Geschäftsunfähigkeit für besonders schwierige Rechtsgeschäfte.

hemmer-Methode: Denken Sie an die Rechtsfolgen! Wird Geschäftsunfähigkeit angenommen, ergeben sich i.d.R. keine vertragsrechtlichen Folgeprobleme mehr. Wichtig kann dann aber eine bereicherungsrechtliche Rückabwicklung des gescheiterten Vertrages werden!

II. Beschränkte Geschäftsfähigkeit[24]

1. Minderjähriger

beschränkte Geschäftsfähigkeit

Beschränkte Geschäftsfähigkeit besteht vom vollendeten siebten Lebensjahr bis zum vollendeten achtzehnten Lebensjahr (§§ 2, 106 BGB; zur Fristberechnung s. wiederum § 187 II BGB).

---

[21] Vgl. dazu näher beim Vertretungsrecht, Rn. 60 ff.
[22] **Hemmer/Wüst, BGB AT II, Rn. 14 ff.**
[23] Partielle Geschäftsunfähigkeit; z.B. keine Prozessführungsbefugnis bei Querulantenwahn; weitere Beispiele bei Palandt, § 104 BGB, Rn. 6.
[24] **Hemmer/Wüst, BGB AT II, Rn. 24 ff.**; Tyroller, „Ausgewählte Probleme des Minderjährigenrechts", **Life&Law 2006, 213 ff. Unser Service-Angebot an Sie: kostenlos hemmer-club-Mitglied werden (www.hemmer-club.de) und Entscheidungen der Life&Law lesen und downloaden.**

2. Gesetzlicher Vertreter

Vertretung durch Eltern

Der beschränkt Geschäftsfähige benötigt zum rechtsgeschäftlichen Handeln i.d.R. seinen gesetzlichen Vertreter. Das sind speziell für den Minderjährigen seine Eltern als Gesamtvertreter (§§ 1626, 1629 I BGB; beachte dabei aber die klausurwichtigen Beschränkungen der § 1629 II BGB i.V.m. § 1795 BGB und § 1643 BGB i.V.m. §§ 1821, 1822 BGB).[25]

3. Wirksamkeit eigener WE

§§ 107 ff. BGB

Handelt der beschränkt Geschäftsfähige selbst, so muss die Frage der Wirksamkeit (für geschäftsähnliche Handlungen gilt Entsprechendes) seiner Willenserklärung geprüft werden. §§ 107 ff. BGB bezwecken den Schutz des beschränkt Geschäftsfähigen, ohne die Interessen seines Geschäftspartners außer Betracht zu lassen.[26]

rechtlicher Vorteil

a) Bringt eine Willenserklärung dem beschränkt Geschäftsfähigen lediglich einen rechtlichen Vorteil (dazu unten 4.), so ist sie ohne Mitwirkung des gesetzlichen Vertreters wirksam (§ 107 BGB).

ansonsten Einwilligung notwendig

b) Für alle anderen Willenserklärungen bedarf es der ausdrücklichen oder konkludenten Einwilligung (Legaldefinition in § 183 S. 1 BGB) des gesetzlichen Vertreters, § 107 BGB (gesetzliche Sonderfälle sind die §§ 110, 112, 113 BGB).

Ausnahme: neutrales Geschäft

c) Bringt eine Willenserklärung keinen lediglich rechtlichen Vorteil und liegt auch keine Einwilligung vor, so gilt Folgendes:[27]

- Ein Vertrag ist zunächst schwebend unwirksam; d.h. er ist wie ein nichtiger Vertrag zu behandeln. Wird er nun genehmigt (Legaldefinition in § 184 I BGB), wird er von Anfang an wirksam, § 108 I BGB i.V.m. §§ 182, 184 I BGB. Wird die Genehmigung verweigert, so ist der Vertrag endgültig nichtig.

- Ein einseitiges Rechtsgeschäft ist nichtig (§ 111 BGB).

4. Lediglich rechtlicher Vorteil[28]

grds. unbeachtlich: wirtschaftliche Nachteile der WE

Eine Willenserklärung des beschränkt Geschäftsfähigen ist ohne Zustimmung (also Einwilligung oder Genehmigung, §§ 183, 184 I BGB) des gesetzlichen Vertreters wirksam, wenn sie ihm einen lediglich rechtlichen Vorteil bringt, § 107 BGB. Dabei kommt es nicht darauf an, ob die Willenserklärung wirtschaftlich gesehen vorteilhaft ist.

---

[25] **Hemmer/Wüst, BGB AT II, Rn. 49 ff., Rn. 33**.
[26] **Hemmer/Wüst, BGB AT II, Rn. 27 ff., Rn. 32 ff**.
[27] **Hemmer/Wüst, BGB AT II, Rn. 33**; Medicus, Bürgerliches Recht, Rn. 540.
[28] **Hemmer/Wüst, BGB AT II, Rn. 32**.

Abstraktionsprinzip beachten

Fall 2: *A bietet seinen neuen Walkman, der 200,- € wert ist, dem neunjährigen B zu einem Freundschaftspreis von 100,- € an. B nimmt das Angebot an, bezahlt und nimmt den Walkman mit. Sind die getätigten Rechtsgeschäfte wirksam?*

B ist minderjährig, §§ 2, 106 BGB. Zu prüfen ist daher, ob er die Rechtsgeschäfte ohne Zustimmung der Eltern vornehmen konnte.

Dabei gilt: Wie in Fall 1 müssen das schuldrechtliche Verpflichtungsgeschäft und die dinglichen Erfüllungsgeschäfte getrennt geprüft werden (Trennungsprinzip; siehe dort).

Der Kaufvertrag bringt B zwar einen wirtschaftlichen Vorteil. Da B aber aus dem Vertrag zur Zahlung von 100,- € verpflichtet wird (§ 433 II BGB), bringt er ihm nicht lediglich einen rechtlichen Vorteil. Liegt keine Einwilligung vor (möglicherweise nach § 110 BGB; dazu unten) und verweigern die Eltern die Genehmigung, so ist der Kaufvertrag unwirksam (§§ 107, 108 BGB).

Zugang der WE beim Minderjährigen, § 131 BGB

Wenn man genau ist, müsste man zunächst prüfen, ob das Kaufangebot dem B überhaupt wirksam zugegangen ist. Nach § 131 II S. 2 BGB ist das nur der Fall, wenn das Angebot B einen lediglich rechtlichen Vorteil bringt. Da durch das Angebot nur eine Bindung für A entsteht (§ 145 BGB) kann man einen lediglich rechtlichen Vorteil für B bejahen, da es ihm die Möglichkeit gibt, den Vertrag zustande zu bringen. Das Angebot ist damit wirksam zugegangen. Der Vertragsinhalt spielt dabei keine Rolle. Bei der Annahme des Angebots durch B sind dann die §§ 107 ff. BGB zu prüfen.

Dieses nach den einzelnen Willenserklärungen trennende Vorgehen ist aber nur bei einseitigen Rechtsgeschäften gegenüber einem beschränkt Geschäftsfähigen erforderlich. Bei Verträgen als gegenseitigen Rechtsgeschäften genügt es grundsätzlich, wenn man bei der Willenserklärung des Minderjährigen prüft, ob der Vertrag als solcher einen lediglich rechtlichen Vorteil bringt.

dingliches Rechtsgeschäft
⇨ *§§ 107 ff. BGB*

Die Übereignung des Geldes (§ 929 S. 1 BGB) an A ist unwirksam, da B dadurch das Eigentum an dem Geld verlieren würde. Die Übereignung ist daher nicht lediglich rechtlich vorteilhaft (§ 107 BGB). Dieses Geld kann B nach § 985 BGB (wenn A nicht nach §§ 948, 947 BGB Eigentum erworben hat) und § 812 I S. 1 Alt. 1 BGB zurückfordern.

Dagegen ist die Übereignung des Walkman wirksam (§ 929 S. 1 BGB). Durch die Annahme der Einigung erwirbt B Eigentum an dem Walkman (rechtlicher Vorteil). Die Sache wurde B auch von A übergeben (Trennen Sie bei § 929 S. 1 BGB immer scharf zwischen Einigung und Übergabe. Bei der Einigung müssen die §§ 104 ff. BGB geprüft werden. Dagegen ist die Übergabe ein bloßer Realakt, auf den die §§ 104 ff. BGB keine Anwendung finden. Geschäftsfähigkeit ist grundsätzlich nicht Voraussetzung für Besitzerwerb[29]).

---

[29] Vgl. Palandt, § 854 BGB, Rn. 4.

Daher hat A gegen B keinen Anspruch aus § 985 auf Herausgabe des Walkman. Da aber der Kaufvertrag nichtig ist, kann A nach § 812 I S. 1 Alt. 1 BGB von B Rückübereignung des Walkman verlangen.

hemmer-Methode: Der Minderjährige eignet sich zur Einübung des Abstraktionsprinzips. Die Übereignung (rechtlich vorteilhaft für den Minderjährigen) ist wirksam, aber nicht kondiktionsfest. Hat der Minderjährige die Sache zerstört oder erhaltenes Geld für Luxusaufwendungen ausgegeben, so kommt § 818 III BGB in Betracht.

Lediglich rechtlich vorteilhaft sind v.a. folgende Geschäfte:

➲ Erwerb von Rechten (z.B. Eigentumserwerb, Forderungserwerb)

grds. Schenkung (+), aber Ausnahme möglich

➲ Schenkungen an den Minderjährigen sind grundsätzlich zustimmungsfrei; dies gilt auch dann, wenn das Erfüllungsgeschäft mit rechtlichen Nachteilen verbunden ist. Besonderheiten gelten nur für Schenkungen des gesetzlichen Vertreters; dabei ist „rechtlich vorteilhaft" aus einer Gesamtschau mit dem dinglichen Rechtsgeschäft zu bestimmen.

Andernfalls würde der Schutzzweck von §§ 107, 181 BGB umgangen; das rechtlich nachteilige Erfüllungsgeschäft könnte ohne Beteiligung eines Pflegers vorgenommen werden.[30]

gegenseitige Verträge (-)

Dagegen sind gegenseitige Verträge (Kauf-, Dienst-, Werkverträge) immer rechtlich nachteilig, weil der beschränkt Geschäftsfähige immer selbst verpflichtet wird.

neutrale Geschäfte (+)

Neutrale Rechtsgeschäfte, die für den Minderjährigen weder rechtliche Vorteile noch Nachteile bringen, sind, da der Minderjährige insoweit nicht schutzbedürftig ist, zustimmungsfrei.

Bsp.: Der Minderjährige übereignet ein von seinem Freund wirksam geliehenes Mountainbike an einen Dritten. Die dingliche Einigung als dinglicher Vertrag scheitert nach h.M. nicht an §§ 107 ff. BGB, da es sich für den Minderjährigen um ein neutrales Geschäft handelt[31] (Arg. § 165 BGB). Grund: Es handelt sich ja nicht um Eigentum des Minderjährigen. Der Dritte kann deshalb gutgläubig Eigentum erwerben (strittig; nach a.A. ist Erwerber nicht schützenswert, da er besser steht, als wenn er vom Minderjährigen als Berechtigtem erworben hätte, da dann die §§ 107 ff. BGB ohne Weiteres eingreifen).[32]

---

[30] Vgl. Palandt, § 107 BGB, Rn. 6.
[31] **Hemmer/Wüst, Die 76 wichtigsten Fälle BGB AT, Fall 33.**
[32] Medicus, Bürgerliches Recht, Rn. 450.

hemmer-Methode: Abstraktionsprinzip beachten! Die Übereignung ist beim neutralen Rechtsgeschäft nach h.M. wirksam. Die schuldrechtliche Verpflichtung, die der Minderjährige eingeht, ist aber rechtlich nachteilig und damit schwebend unwirksam, § 108 I BGB. Ein häufig anzutreffendes Problem in der Prüfung ist: Es bestehen sowohl Probleme bei der dinglichen Einigung, beim gutgläubigen Erwerb und auch bei der causa.

5. Einwilligung[33]

Einwilligung

Ist ein Rechtsgeschäft nicht lediglich rechtlich vorteilhaft, so ist es dennoch von Anfang an wirksam, wenn es mit ausdrücklich oder konkludent erteilter Einwilligung (= vorherige Zustimmung, § 183 S. 1 BGB) des gesetzlichen Vertreters vorgenommen wird. Die Einwilligung kann für ein spezielles Rechtsgeschäft oder generell für einen bestimmten Kreis von Rechtsgeschäften erfolgen. Mit einer unbeschränkten Generaleinwilligung würde der gesetzliche Vertreter seine gesetzlich normierten Aufgaben nicht mehr wahrnehmen.

Sonderfall: § 110 BGB

a) Einen gesetzlich geregelten Fall einer konkludenten (General-) Einwilligung enthält § 110 BGB.[34]

Fall 3: Der minderjährige A kauft sich bei B eine Stereoanlage für 500,- €. Den Kaufpreis soll er in Raten zu je 10,- € abzahlen. Die Raten bezahlt er von seinem Taschengeld, das ihm von seinen Eltern zur freien Verfügung überlassen wurde. Ist der Kaufvertrag wirksam?

Da der Kaufvertrag nicht lediglich rechtlich vorteilhaft ist, ist zu prüfen, ob eine Einwilligung vorliegt (§§ 107, 183 BGB). Ausdrücklich wurde für dieses Geschäft keine Einwilligung erteilt.

Taschengeldparagraph

Aber wie sich aus § 110 BGB ergibt, ist in der Überlassung eines Taschengeldes eine konkludente Einwilligung zu sehen. § 110 BGB ist also so zu lesen: „Ein von dem Minderjährigen ohne ausdrückliche Zustimmung ..." Maßgebend für den Umfang der Einwilligung ist die durch Auslegung zu ermittelnde Zweckbestimmung, die die Eltern mit der Überlassung des Taschengeldes verbunden haben (str., aber h.M.).

So liegt sicherlich keine konkludente Einwilligung vor, wenn A sich von seinem Taschengeld Zigaretten oder den „Playboy" kauft. In unserem Fall 3 sind keine gegen eine Einwilligung sprechenden Anhaltspunkte gegeben.

---

[33] **Hemmer/Wüst, BGB AT II, Rn. 35 ff.**
[34] **Hemmer/Wüst, BGB AT II, Rn. 38.**

"bewirkt"

§ 110 BGB bestimmt aber, dass ein Vertrag erst dann wirksam wird, wenn der Minderjährige den Vertrag i.S.d. § 362 BGB erfüllt hat („bewirkt"). A hat hier noch nicht alle Raten gezahlt. Eine Teilerfüllung führt nur dann zur Teilwirksamkeit, wenn Leistung und Gegenleistung entsprechend teilbar sind (z.B. bei Miete für die einzelnen Monate). Daher ist der Vertrag zunächst schwebend unwirksam. Die Einwilligung könnte von den Eltern auch noch widerrufen werden (vgl. § 183 BGB). Erst wenn A die letzte Rate von seinem Taschengeld bezahlt, ist der Vertrag als von Anfang an wirksam anzusehen.

auch Lohn von Ferienjob

Zu den in § 110 BGB bezeichneten Mitteln gehört nicht nur das Taschengeld, sondern z.B. auch der aus einem Ferienjob des Minderjährigen erzielte Lohn.

Werden die Mittel dem Minderjährigen von einem Dritten überlassen, so bedarf es der Zustimmung des gesetzlichen Vertreters (§ 110 BGB).

bei Surrogatgeschäften entscheidet Einzelfall

Fraglich ist, ob auch Rechtsgeschäfte über die mit den überlassenen Mitteln erworbenen Gegenstände (Surrogate) noch von der Einwilligung der Eltern gedeckt sind. Dies ist wiederum durch Auslegung zu ermitteln.[35]

Bsp.:

- *Der minderjährige A kauft von seinem Taschengeld eine Schallplatte. Tauscht er diese später gegen eine andere Platte, so ist anzunehmen, dass auch dieses Tauschgeschäft von der Einwilligung der Eltern gedeckt ist. Das Tauschgeschäft ist daher wirksam.*

- *Der minderjährige A kauft von seinem Taschengeld ein Los und gewinnt dabei 10.000,- €. Von diesem Geld kauft er sich ein Auto. Hier ist der Kauf des Autos sicherlich nicht mehr von der Einwilligung der Eltern gedeckt. Der Kaufvertrag ist daher schwebend unwirksam.*

Sonderproblem: Schenkungen des Minderjährigen fallen nicht unter § 110 BGB, da gemäß § 1641 BGB selbst der gesetzliche Vertreter keine Schenkungen zu Lasten des Minderjährigen vornehmen darf.

Teilgeschäftsfähigkeit

b) Auch die §§ 112, 113 BGB regeln besondere Fälle der Generaleinwilligung. Der Minderjährige erlangt für den in den §§ 112, 113 BGB genannten Kreis von Geschäften Teil-Geschäftsfähigkeit („für solche Rechtsgeschäfte unbeschränkt geschäftsfähig"; §§ 112 I S. 1, 113 I S. 1 BGB).

---

[35] Hemmer/Wüst, BGB AT II, Rn. 40.

Der gesetzliche Vertreter darf dann nicht neben dem Minderjährigen als dessen Vertreter handeln. Bei der gewöhnlichen Generaleinwilligung bleibt dagegen die Zuständigkeit des gesetzlichen Vertreters erhalten.[36]

Genehmigung des Vormundschaftsgerichts, § 1822 BGB

Zu beachten ist, dass trotz der Ermächtigung solche Geschäfte schwebend unwirksam sind, zu denen der gesetzliche Vertreter der Zustimmung des Vormundschaftsgerichts bedarf (§§ 1643, 1821 f., 1829 BGB).[37]

Fall 4: *Mit Ermächtigung der Eltern arbeitet der minderjährige A als Verkäufer im Supermarkt QUENGELMANN.*

(1) A kauft sich eine Monatsmarke für den Omnibus.

(2) A kauft sich Arbeitskleidung.

(3) A kauft sich von seinem Lohn einen Fernseher.

(4) A kündigt bei QUENGELMANN und fängt als Verkäufer bei WALDI an. Sind die einzelnen Rechtsgeschäfte von der Ermächtigung nach § 113 BGB gedeckt?

Die Antwort hängt davon ab, ob es sich um Rechtsgeschäfte handelt, die die Eingehung oder Aufhebung des Arbeitsverhältnisses oder die Erfüllung der sich aus diesem Arbeitsverhältnis ergebenden Verpflichtungen betreffen, § 113 I S. 1 BGB (lesen!).

(1) Ja: A muss jeden Tag pünktlich an der Arbeitsstelle erscheinen.

(2) Ja: Als Verkäufer muss A richtig gekleidet sein.

(3) Nein: Ein Fernseher ist nicht erforderlich, um die Pflichten aus dem Arbeitsverhältnis zu erfüllen. U.U. ist aber § 110 BGB gegeben, wenn A der Lohn von seinen Eltern zur freien Verfügung überlassen wurde.

(4) Ja: Die Kündigung ist durch § 113 I S. 1 BGB gedeckt („oder Aufhebung eines Dienst- oder Arbeitsverhältnisses"). Für den Abschluss des neuen Arbeitsverhältnisses gilt die Ermächtigung im Zweifel ebenfalls (§ 113 IV BGB; Auslegungsregel), wenn es gleichartig ist. Das ist hier der Fall.

---

[36] **Hemmer/Wüst, BGB AT II, Rn. 41 f.**
[37] **Hemmer/Wüst, BGB AT II, Rn. 49 ff.**

6. Genehmigung[38]

Genehmigung

Liegt weder ein lediglich rechtlicher Vorteil, noch eine Einwilligung vor, so ist ein Vertrag schwebend unwirksam (§ 108 I BGB), ein einseitiges Rechtsgeschäft nichtig (§ 111 BGB).

Den schwebend unwirksamen Vertrag kann nun der gesetzliche Vertreter durch formfreie (§ 182 II BGB) Genehmigung von Anfang an wirksam werden lassen (§§ 108 I, 184 I BGB). Die Genehmigung ist nach Zugang unwiderruflich.[39] Dabei müssen zur Genehmigung (nach h.M. aber nicht zu ihrer Verweigerung) die Eltern grundsätzlich gemeinsam auftreten, § 1629 I S. 2 BGB. Allerdings ist eine gegenseitige stillschweigende Bevollmächtigung zur Alleinvertretung denkbar.

§§ 108 II, III, 109 BGB enthalten gegenüber § 182 I BGB einige Sonderregeln, um die wegen des Schwebezustandes für den Vertragspartner bestehende Unsicherheit zu mildern. So kann der Vertragspartner den gesetzlichen Vertreter nach § 108 II BGB zur Erklärung über die Genehmigung auffordern. Der gesetzliche Vertreter kann dann (in Abweichung von § 182 I BGB) die Genehmigung nur noch gegenüber dem Vertragspartner erklären.

Wichtig: § 108 II S. 1 HS 2 BGB: Die Aufforderung stellt den Schwebezustand wieder her, wenn der Vertrag an sich schon voll wirksam oder endgültig unwirksam war!

Merke auch: § 108 II BGB wird nach h.M. auf die Einwilligung nicht entsprechend angewandt.

Hat der Geschäftspartner die Minderjährigkeit nicht gekannt oder durfte er von einer Einwilligung ausgehen, so kann er vor Genehmigung den Vertrag sogar widerrufen, § 109 BGB. Dies wird er etwa dann tun, wenn das Geschäft für ihn ungünstig ist.

Wird der Minderjährige volljährig, so kann er selbst das Rechtsgeschäft genehmigen, § 108 III BGB. Dies kann er auch konkludent tun, etwa durch Festhalten an dem Vertrag. Voraussetzung ist dann aber, dass er die schwebende Unwirksamkeit des Vertrages gekannt hat.

hemmer-Methode: Scheitert auch die Genehmigung und ist der Vertrag endgültig unwirksam, so gilt es für die Klausur, an die Folgeprobleme zu denken. Mögliche Anspruchsgrundlagen, die dann in Betracht kommen, sind c.i.c. gem. § 280 I BGB i.V.m. § 311 II Nr. 1 BGB, §§ 987 ff. BGB, §§ 812 ff. (insbesondere § 818 III) BGB. Innerhalb von § 280 I BGB i.V.m. § 311 II Nr. 1 BGB ist häufig zu erörtern, ob durch den Schadensersatzanspruch die Wertung des Minderjährigenrechts nicht umgangen wird.

---

[38] **Hemmer/Wüst, BGB AT II, Rn. 45 ff.**
[39] Wie alle Gestaltungsrechte, vgl. Palandt, § 184 BGB, Rn. 4.

Täuscht zum Beispiel ein Minderjähriger (Mj.) beim Erwerb des Führerscheins die Zustimmung der Eltern vor, so kann er nicht aus § 280 I BGB i.V.m. § 311 II Nr. 1 BGB auf Schadensersatz in Anspruch genommen werden. Medicus nimmt an, dass § 109 II BGB diesen Fall abschließend regele. In der Klausur müssen Sie § 311 II BGB allerdings erwähnen!

7. Sonderproblem

Empfangszuständigkeit

Trotz wirksamer Übereignung an ihn tritt nach h.M. eine Erfüllung gegenüber dem Minderjährigen grundsätzlich nicht ein. Ihm fehlt die so genannte Empfangszuständigkeit.[40]

30

Bsp.: Dem Mj. steht eine Kaufpreisforderung aus § 433 II BGB zu. Zahlt der Schuldner an den Mj. ohne dass die gesetzlichen Vertreter zustimmen, so erwirbt der Mj. nach h.M. zwar Eigentum (lediglich rechtlich vorteilhaft), es tritt aber keine Erfüllung nach § 362 I BGB ein, weil er seinen Anspruch verlieren würde. Dem Minderjährigen fehlt die Empfangszuständigkeit. Damit trennt die h.M. zwischen Erfüllung und Eigentumserwerb. Die Forderung erlischt daher bei Leistung an den Minderjährigen nicht, der Eigentumserwerb findet gleichwohl statt.

hemmer-Methode: Grundsätzlich besteht dann gegen den Mj. ein Anspruch aus Bereicherungsrecht auf Rückzahlung (Übereignung) des Geldes. Hat der Mj. das Geld verbraucht, entfällt die Haftung des Mj. wegen § 818 III BGB. Gleichwohl kann der Mj. noch einmal Erfüllung verlangen. Der Schuldner wird nur befreit, wenn der Leistungsgegenstand an den gesetzlichen Vertreter gelangt oder dieser zustimmt. Merken Sie sich: Beim Mj. gibt es drei große Problemkreise: schuldrechtlich, dinglich und Erfüllung. Besonderheit: Nur beim Eigentumserwerb des Mj. gilt grds. „lediglich rechtlich vorteilhaft".[41]

8. Geschäfte des täglichen Lebens volljähriger Geschäftsunfähiger, § 105a BGB[42]

Geschäfte des täglichen Lebens volljähriger Geschäftsunfähiger, § 105a BGB

a) Mit Wirkung zum 01.08.2002 ist § 105a BGB in Kraft getreten. Nach dieser Vorschrift, die durch das „OLG-Vertretungsänderungsgesetz" ins BGB eingefügt wurde[43], sind Geschäfte des täglichen Lebens, die ein volljähriger Geschäftsunfähiger mit geringwertigen Mitteln bewirken kann, in Ansehung von Leistung (und evtl. Gegenleistung) als wirksam anzusehen, wenn Leistung (und ggfs. Gegenleistung) bewirkt sind.

30a

---

[40] Lesen Sie dazu Medicus, Bürgerliches Recht, Rn. 171.
[41] Vertiefend hierzu **Hemmer/Wüst, BGB AT I, Rn. 114 bis 131**.
[42] Sehr anschaulich Casper in NJW 2002, 3425 ff.
[43] Diese Neuregelung im Recht der Geschäftsfähigkeit, mit der die soziale Integration erwachsener, geistig behinderter Menschen gefördert werden soll, befand sich zunächst in einer ausführlicheren Variante mit drei Absätzen im Diskussionsentwurf über das Antidiskriminierungsgesetz.

Unerheblich ist dabei, ob der Geschäftsunfähige als Käufer oder Verkäufer auftritt.

hemmer-Methode: Es bleibt damit zwar grundsätzlich bei der Nichtigkeit des Vertrags. Nach der Erbringung von Leistung und Gegenleistung gilt der Vertrag jedoch in Ansehung eben dieser Leistungen als wirksam.

Auf Minderjährige, die gem. § 104 Nr. 1 BGB geschäftsunfähig sind, kann § 105a BGB angesichts des eindeutigen Wortlautes auch nicht analog angewendet werden.[44]

hemmer-Methode: Fraglich ist, ob § 105a BGB auch dann eingreift, wenn zwei volljährige Geschäftsunfähige miteinander einen alltäglichen Vertrag schließen. Dies ist etwa dann denkbar, wenn der Geschäftsunfähige dem unerkannt geisteskranken Nachbarn einen Teebeutel abkauft. Man wird diese Frage bejahen können, da Schutzzweckerwägungen nicht entgegenstehen.

Dies gilt jedoch nicht, wenn dadurch eine erhebliche Gefahr für die Person oder das Vermögen des Geschäftsunfähigen besteht, § 105a S. 2 BGB.

hemmer-Methode: Dadurch wird der aus § 1903 I BGB bekannte Grundgedanke übernommen, dass der Betreute unter Umständen vor sich selbst geschützt werden muss. Ein denkbares Anwendungsbeispiel könnte der Kauf billiger, aber gefährlicher Feuerwerkskörper darstellen bzw. der Kauf von Alkohol durch einen Alkoholkranken.[45]

sachlicher Anwendungsbereich des § 105a BGB

b) Der sachliche Anwendungsbereich fordert zum einen, dass es sich um ein Geschäft des täglichen Lebens handelt. Insoweit wird man sich an der zu § 1903 III S. 2 BGB entwickelten Kasuistik orientieren können, in der es um die Entbehrlichkeit des Einwilligungsvorbehalts bei alltäglichen Geschäften des Betreuten geht.

30b

hemmer-Methode: Unter den Begriff des Geschäfts sind Verträge zu subsumieren. Einseitige Rechtsgeschäfte dürften wohl nicht erfasst sein.

Für die Bewirkbarkeit mit geringfügigen Mitteln stellt die amtliche Begründung im Interesse der Rechtssicherheit auf das durchschnittliche Preis- und Einkommensgefälle und nicht auf die individuellen Vermögensverhältnisse beim Geschäftsunfähigen ab.

Die Bewirkung von Leistung und Gegenleistung muss so erfolgen, wie eine wirksame Erfüllung vorzunehmen wäre. Auf die Wirksamkeit der Erfüllung, die dem Geschäftsunfähigen bislang nicht möglich war, kommt es nicht an, da ansonsten die Vorschrift leer laufen würde.

---

[44] Vgl. Palandt, § 105a° BGB, Rn. 2.
[45] Vgl. Palandt, § 105a BGB, Rn. 5 mit weiteren Beispielen.

Bei gegenseitig verpflichtenden Verträgen müssen sowohl die Leistung als auch die Gegenleistung bewirkt werden, bevor die Wirksamkeitsfiktion des § 105a BGB eingreift.

hemmer-Methode: Dies kann in Vorleistungsfällen zu Wertungswidersprüchen führen. Kauft der Geschäftsunfähige beispielsweise[46] ein im Schaufenster ausgestelltes Buch und übereignet sofort das Geld, vereinbart aber mit dem Verkäufer, dass das Buch erst zwei Wochen später abgeholt werden soll, so kann der Verkäufer anschließend die Übereignung des Buchs noch mit Hinweis auf die Nichtigkeit des Vertrages (§ 105 I BGB) verneinen. Dies ist mit dem Schutzzweck des Gesetzes kaum zu vereinbaren, insbesondere dann, wenn das Geschäft für den Geschäftsunfähigen wirtschaftlich vorteilhaft war. Andererseits kann man angesichts des eindeutigen Gesetzeswortlauts nicht allein auf die Leistungserbringung durch den Geschäftsunfähigen abstellen.

Rechtsfolgen:

c) Die interessanteren Fragen der Neuregelung liegen auf der Rechtsfolgenseite.

30c

Vertrag bleibt nichtig

aa) Das Gesetz spricht davon, dass Leistung und Gegenleistung nach ihrer Bewirkung als wirksam gelten. Es soll also nicht zu einer Heilung des gesamten obligatorischen Vertrages kommen. Dieser bleibt vielmehr nichtig (sog. „partielle Wirksamkeitsfiktion").

Es wird lediglich die Wirksamkeit der Leistungserbringung fingiert. Die Neuregelung ordnet also, wie sich auch aus ihrer Begründung ergibt,[48] lediglich einen Rückforderungsausschluss der bewirkten Leistung und Gegenleistung an.[49]

Problem: Vertragliche Folgeansprüche?

Andere vertragliche Ansprüche, wie etwa Schadensersatz, sollen nicht begründet werden.

Bsp.: Der Geschäftsunfähige V verkauft Vogelfutter für 3,- €, mit dem der Käufer seine wertvollen, exotischen Singvögel füttert, nachdem der Geschäftsunfähige behauptet hatte, das Futter eigne sich auch für exotische Singvögel.

Der Käufer kann nach der Konzeption des § 105a BGB V nicht auf mehrere hundert Euro Schadensersatz nach §§ 437 Nr. 3, 280 I BGB in Anspruch nehmen, wenn seine Singvögel mangels Eignung des Futters verenden.

Um dieses Ergebnis zu erzielen, hätte es allerdings nicht einer partiellen Wirksamkeitsfiktion bedurft. Selbst bei einem Wirksamwerden des gesamten Vertrags wäre eine Haftung des Geschäftsunfähigen infolge seiner Deliktsunfähigkeit nach §§ 276 I S. 2, 827 S. 1 BGB nicht in Betracht gekommen.

---

[46] Vgl. Casper in NJW 2002, 3425 [3426].
[48] BT-DR 14/9266, S. 43.
[49] A.A. ohne Begründung Palandt ‚§ 105a BGB, Rn. 6.

hemmer-Methode: Bereits jetzt umstritten ist die Frage, ob wenigstens zugunsten des volljährigen Geschäftsunfähigen vertragliche Folgeansprüche und –rechte (Rücktrittsrecht wegen Schlechterfüllung; Schadensersatzansprüche etc.) bestehen können, wenn sich der Geschäftsunfähige in der Rolle des Käufers befindet.
Die in der Literatur zum Teil vertretene überzeugende Ansicht bejaht dies[50] und kommt damit zu einer „halbseitigen Wirksamkeit" des alltäglichen Vertrages „zu Gunsten des Geschäftsunfähigen"[51].

Dingliche Rechtslage

bb) Unklar ist die Auswirkung des § 105a BGB auf die dingliche Rechtslage. Nach bisherigem Recht war der Geschäftsunfähige nicht nur unfähig, einen wirksamen Verpflichtungsvertrag zu schließen, sondern konnte diesen auch nicht wirksam erfüllen, da er weder die Leistung übereignen noch die Übereignung der Gegenleistung annehmen konnte.

30d

Dass sich die Fiktionswirkung des § 105a BGB im Ergebnis auch auf das Erfüllungsgeschäft beziehen muss, dürfte aber unstreitig sein. Der Zweck der Regelung würde nämlich ausgehebelt, wenn zwar die bereicherungsrechtlichen Rückabwicklungsansprüche ausgeschlossen sind, der Verkäufer vom geschäftsunfähigen Käufer aber weiterhin nach § 985 BGB den gekauften und bezahlten Gegenstand herausverlangen könnte.

Fraglich ist aber, ob infolge der in § 105a BGB enthaltenen Fiktion nur der dingliche Herausgabeanspruch gegenüber dem jeweiligen Vertragspartner ausgeschlossen ist, oder ob der Geschäftsunfähige nach der Neuregelung nunmehr seinem Kontrahenten wirksam Eigentum verschaffen kann.

> *Bsp.:* Der Geschäftsunfähige tauscht eine CD gegen ein Buch. Die CD wird bei seinem Vertragspartner gestohlen.
>
> *Kann nach der Sicherstellung der Beute der Geschäftsunfähige, den das Tauschgeschäft inzwischen reut, Herausgabe der CD verlangen?*
>
> Wird nur das Nichtbestehen des Herausgabeanspruchs fingiert, so bleibt der Geschäftsunfähige Eigentümer der CD und kann sie vom Dieb herausverlangen.
>
> Geht man hingegen von einer dinglichen Wirkung aus, so könnte nur der andere Teil die Herausgabe verlangen, da ihm die CD infolge der Anwendung des § 105a BGB auf das Erfüllungsgeschäft wirksam übereignet worden ist.
>
> Letzteres dürfte allein sachgerecht sein. Denn es kann nicht angehen, dass der Geschäftsunfähige die gestohlene CD zwar beim Dieb herausverlangen kann, aber nicht seinerseits das erhaltene Buch herausgeben muss oder infolge des Diebstahls den Tauschvertrag noch rückabwickeln kann.

---

[50] Vgl. Casper in NJW 2002, 3425 [3427 re. Sp.]
[51] So auch Palandt, § 105a BGB, Rn. 6.

Die dingliche Wirkung folgt zwanglos aus dem allgemeinen Fiktionsverständnis.

cc) Änderungen ergeben sich durch § 105a BGB auch besitzrechtlich.

Während nach bisherigem Recht der Geschäftsunfähige zwar seinem Kontrahenten Besitz verschaffen konnte, da auch der Geschäftsunfähige einen natürlichen Besitzwillen bilden kann, war es Dritten unmöglich, Gegenstände, die ein Geschäftsunfähiger aus der Hand gegeben hatte, nach § 932 BGB gutgläubig zu erwerben. Diese gelten vielmehr als abhanden gekommen, da der Geschäftsunfähige nach überwiegender Ansicht zu einer freiwilligen Besitzaufgabe i.S.d. BGB wegen deren rechtsgeschäftlicher Wirkung nicht in der Lage sei[52].

Übereignet der Geschäftsunfähige nunmehr im Rahmen eines alltäglichen Geschäfts einen Gegenstand, so wird man selbst dann von einer freiwilligen Besitzaufgabe auszugehen haben, wenn man entgegen der hier vertretenen Auffassung eine Anwendung des § 105a BGB auf das dingliche Erfüllungsgeschäft verneint[53].

hemmer-Methode: § 105a BGB wirft mehr Fragen auf, als mit dieser Vorschrift gelöst wurden. Aus diesem Grund wird diese Norm im Examen künftig sicherlich eine gewisse Rolle spielen, da sowohl auf vertraglicher als auch auf sachenrechtlicher Ebene Klausurprobleme konstruiert werden können, mit denen man das Verständnis dieser neuen Vorschrift abprüfen kann.

D) Stellvertretung[54]

hemmer-Methode: Denken Sie an den Ersteller der Klausur als imaginären Gegner. Schon beim kleinen BGB-Schein müssen Sie mit dem „Dritten" rechnen. Das Auftreten des Dritten ermöglicht dem Ersteller der Klausur einen facettenreicheren Sachverhalt und damit bei der Korrektur Möglichkeiten der Notendifferenzierung. Mehrere Personen führen zu einer vielschichtigeren Rechtslage und ermöglichen erst die Problemfelder, die der Korrektor braucht. Lernen Sie frühzeitig, sich in den Horizont und das Vorverständnis des Klausurerstellers einzuleben.

Das Vertretungsrecht ist eines der wichtigsten Rechtsgebiete überhaupt. Hier können Sie nicht auf Lücke lernen. Wichtig ist die richtige Einordnung im Fall. Innerhalb eines Primäranspruchs wirkt die Erklärung eines wirksamen Vertreters für und wider den Vertretenen.

---

[52] **Hemmer/Wüst, Sachenrecht II, Rn. 79**.
[53] Vgl. Casper in NJW 2002, 3428 [3428 li. Sp.].
[54] Allgemein **Hemmer/Wüst, BGB AT I, Rn. 182 ff.**

§ 1 VERTRAGSSCHLUSS

Stellvertretung

Die meisten Rechtsgeschäfte müssen nicht notwendig von den Parteien persönlich vorgenommen werden. Es kann ein Vertreter eingeschaltet werden, dessen Willenserklärungen unmittelbar für und gegen den Vertretenen wirken (§ 164 I S. 1 BGB).

> Voraussetzungen:
>
> 1. Eigene Willenserklärung des Vertreters
>
> 2. Auftreten im fremden Namen
>
> 3. Vertretungsmacht

I. Zulässigkeit

unzulässig bei höchstpersönlichen Rechtsgeschäften

Die Stellvertretung ist nicht zulässig bei höchstpersönlichen Geschäften (z.B. Eheschließung, Testamentserrichtung, § 2064 BGB).

Merke: „Gleichzeitige Anwesenheit beider Teile" bei § 925 BGB schließt Vertretung nicht aus!

keine Stellvertretung bei Realakten

Vertretung ist außerdem nur möglich bei der Abgabe von Willenserklärungen und geschäftsähnlichen Handlungen, nicht aber bei Realakten (z.B. Übergabe nach § 929 S. 1 BGB: es muss auf sachenrechtliche Institute wie Besitzdiener (§ 855 BGB) oder Besitzmittler (§ 868 BGB) zurückgegriffen werden). Beachte: Für die Einigung nach § 929 BGB sind die §§ 164 ff. BGB anwendbar, auch für eine Einigung nach § 854 II BGB, da ausnahmsweise eine rechtsgeschäftliche Besitzübertragung vorliegt.[55]

sonstige Voraussetzungen

II. Sonstige Voraussetzungen

1. Eigene Willenserklärung des Vertreters

eigene WE

Der Vertreter bildet einen eigenen Willen und gibt eine eigene Willenserklärung ab, er ist selbst der rechtsgeschäftlich Handelnde.

bei Bote (-)

Dagegen übermittelt der Bote eine fremde Willenserklärung und wiederholt nur das, was ihm aufgetragen wurde. Im Gegensatz zum Vertreter hat er keinen eigenen Entscheidungsspielraum. Für den Boten gelten die §§ 164 ff. BGB nicht.

---

[55] **Hemmer/Wüst, Sachenrecht I, Rn. 395 ff.**

Abgrenzung

Die Abgrenzung von Vertreter und Bote ist wichtig:

a) Da der Vertreter einen eigenen Willen bildet, muss er wenigstens beschränkt geschäftsfähig sein (vgl. § 165 BGB). Dagegen kann auch der Geschäftsunfähige, etwa ein fünfjähriges Kind, Bote sein.

b) Für Willensmängel kommt es bei der Stellvertretung grundsätzlich auf die Person des Vertreters an, § 166 I BGB.

Da der Bote nur den Willen des Auftraggebers überbringt, kommt es hier bei Willensmängeln auf die Person des Auftraggebers an. Übermittelt der Bote unbewusst[56] etwas Falsches, so gilt § 120 BGB.

Bsp.: Der A will bei C ein Gros Toilettenpapier kaufen und glaubt, Gros sei eine Typenbezeichnung. A schickt den Boten B, der weiß, dass Gros 12x12 = 144 bedeutet; B bestellt bei C „ein Gros Toilettenpapier". Kann A den Kaufvertrag über 144 Rollen Toilettenpapier nach § 119 I Alt. 1 BGB anfechten?

Anfechtung

Da B nur die Willenserklärung des A als Bote überbracht hat, kommt es für Willensmängel auch nur auf A an. A kann daher nach § 119 I Alt. 1 BGB anfechten (§ 142 BGB: ex tunc-Wirkung).

Wäre B als Vertreter aufgetreten, so wäre § 166 I BGB einschlägig. A könnte nicht anfechten, da B sich nicht geirrt hat.[57]

hemmer-Methode: Zurechnungsnormen sind immer klausurrelevant. Die wichtigsten sind §§ 31, 164, 166, 278, 831 BGB analog.[58] Im Vertretungsrecht regelt § 164 BGB die Zurechnung einer WE. § 166 BGB rechnet Wissen zu. So kommt es z.B. bei der Anfechtung auf Willensmängel des Vertreters an, wenn er sich geirrt hat. Der dem § 166 BGB zugrunde liegende Rechtsgedanke wird für eine Wissenszurechnung auch dann herangezogen, wenn die Voraussetzungen einer rechtsgeschäftlichen Vertretung nicht vorliegen, z.B. i.R.d. § 990 BGB beim Besitzerwerb durch einen bösgläubigen Besitzdiener oder bei der verschärften Haftung des § 819 I BGB. Merken Sie sich auch: Ein Eigentumserwerb gem. §§ 929, 932 BGB scheitert an der Bösgläubigkeit des Vertreters. Wiederum gilt i.R.d. § 932 BGB: Zurechnung der Bösgläubigkeit über § 166 BGB. Zeigen Sie in der Klausur, dass Sie den hinter § 166 BGB stehenden Grundgedanken verstanden haben, indem Sie das Wort Zurechnung benutzen.

---

[56] Übermittelt der Bote dagegen bewusst etwas Falsches, ist str., ob analog §§ 177 ff. BGB gegen den Boten oder analog § 122 BGB gegen den Erklärenden vorzugehen ist.

[57] Es käme allenfalls die Anfechtung der Vollmacht in Betracht, vgl. dazu unten und **Hemmer/Wüst, BGB AT I, Rn. 264 ff.**

[58] § 831 BGB ist grds. keine Zurechnungsnorm, sondern eigene Anspruchsgrundlage, die Vorschrift wird aber teilweise analog als Zurechnungsnorm zitiert mit der Folge, dass eine Zurechnung bei möglicher Exkulpation entfallen soll.

äußeres Auftreten maßgeblich	Die Abgrenzung von Vertretung und Botenschaft erfolgt allein nach dem äußeren Auftreten.	38

Vertretung liegt vor, wenn der Erklärende nach Außen so auftritt, dass ein objektiver Erklärungsempfänger von einer eigenen Willenserklärung des Handelnden ausgehen muss, insbesondere, wenn das äußere Auftreten auf einen eigenen Entscheidungsspielraum schließen lässt.

Vertreter mit gebundener Marschrichtung	Echter Vertreter ist auch der Vertreter „mit gebundener Marschroute". Im Innenverhältnis unterliegt er zwar detaillierten Weisungen, er tritt aber nach Außen als Vertreter auf (z.B. Verkäufer im Kaufhaus).[59]	39

Problem: Während der Vertreter eine eigene Willenserklärung abgibt, also selbst der rechtsgeschäftlich Handelnde ist, übermittelt der Bote eine Willenserklärung seines Auftraggebers. Sein Tun ist insoweit tatsächlicher, nicht rechtsgeschäftlicher Natur.

Sonderproblem: Der Bote der bewusst falsch übermittelt, ist wie ein Vertreter ohne Vertretungsmacht zu behandeln. Die §§ 177 ff. BGB gelten entsprechend.

2. Handeln in fremdem Namen

a) Offenkundigkeitsprinzip

Handeln in fremdem Namen	Der Vertreter muss seine Stellvertretung offenlegen (Offenkundigkeitsprinzip, § 164 I S. 1 BGB), da der Geschäftsgegner wissen muss, mit wem er es zu tun hat. Dabei genügt es, wenn sich das Handeln in fremdem Namen aus den Umständen ergibt, § 164 I S. 2 BGB.[60]	40

Ein wichtiger Fall, bei dem sich das Handeln aus den Umständen ergibt, ist das sog. unternehmensbezogene Geschäft.

unternehmensbezogenes Geschäft	Der Ladenangestellte will aus den Geschäften, die er im Laden abwickelt, nicht selbst verpflichtet werden. Vertragspartner soll der Geschäftsinhaber werden, auch wenn dies nicht ausdrücklich gesagt wird (§§ 133, 157 BGB). Bei solchen Geschäften mit einem Gewerbebetrieb wird daher immer der Geschäftsinhaber verpflichtet (sogar, wenn der Kunde den Angestellten für den Inhaber gehalten hat). Dies ergibt sich i.d.R. schon aus den Umständen (§ 164 I S. 2 BGB).[61]	40a

Beachte aber: Möglicherweise Rechtsscheinhaftung desjenigen, der wie der Firmeninhaber aufgetreten ist.

---

[59] **Hemmer/Wüst**, BGB AT I, Rn. 192.
[60] **Hemmer/Wüst**, BGB AT I, Rn. 208 f.
[61] **Hemmer/Wüst**, BGB AT I, Rn. 229 ff.

Bspe.:

⊃ A zeichnet für eine GmbH mit seinem Namen, ohne Zusatz „GmbH".

⊃ A tritt als Geschäftsführer für eine GmbH & Co KG auf, ohne dass diese Gesellschaftsform erkennbar ist.

Ob Vertreter- oder Eigengeschäft vorliegt, ist durch Auslegung zu ermitteln, §§ 133, 157 BGB. Entscheidend ist, wie der Vertragspartner das Handeln verstehen durfte.

Bsp.: Der Angestellte einer Firma gibt eine Willenserklärung auf dem Briefpapier der Firma ab.

Auch wenn dies nicht ausdrücklich gesagt wurde, so ergibt sich doch aus den Umständen, dass der Angestellte im Namen der Firma aufgetreten ist, § 164 I S. 2 BGB.

innerer Wille unbeachtlich,
§ 164 II BGB

Merke: Unbeachtlich ist der innere, unerklärt gebliebene Wille. Dies ergibt sich letztlich bereits durch die Anwendung allgemeiner Auslegungsregeln, wird aber in § 164 II BGB klargestellt.

Die eigentliche Bedeutung erlangt § 164 II BGB aber im umgekehrten Fall: Der Vertreter will für sich selbst abschließen, tritt nach Außen aber in fremdem Namen auf. Hier gilt § 164 II BGB entsprechend. Die Willenserklärung wirkt für den Vertretenen, soweit Vertretungsmacht bestanden hat. Andernfalls haftet der Vertreter aus §§ 177 ff. BGB. Auch eine Anfechtung scheidet in diesen Fällen aus! Dies ist die eigentliche Aussage des § 164 II BGB.[62]

hemmer-Methode: Merken Sie sich die einfache Grundaussage des § 164 II BGB: „Im Zweifel Eigengeschäft!". Letztlich handelt es sich um einen unbeachtlichen Rechtsfolgeirrtum. Außerdem: Auch bei wirksamer Anfechtung würde nicht der Vertretene zum Vertragspartner.

b) Mittelbare Stellvertretung

mittelbare Stellvertretung,
§§ 164 ff. BGB (-)

Handelt jemand im eigenen Namen, aber für fremde Rechnung, so liegt eine sogenannte mittelbare Stellvertretung vor, die aber mit den §§ 164 ff. BGB nichts zu tun hat. Berechtigt und verpflichtet wird nur der Handelnde selbst, nicht der Hintermann (vgl. dagegen § 164 I S. 1 BGB). Beispiel dafür ist etwa die Kommission (§§ 383 ff. HGB).[63]

---

[62] Siehe unten Rn. 47 und **Hemmer/Wüst, BGB AT I, Rn. 211 ff.**
[63] Vgl. Palandt, Einf v § 164 BGB, Rn. 6.

§ 1 VERTRAGSSCHLUSS

Verpflichtungser-mächtigung (-), Umgehung der §§ 164 ff. BGB

Dagegen ist eine Verpflichtungsermächtigung (d.h. der Hintermann soll durch ein Rechtsgeschäft unmittelbar berechtigt und verpflichtet werden, bei dem der Vordermann im eigenen Namen aufgetreten ist) vom Gesetz nicht anerkannt (Ausnahme: § 1357 BGB[64]). Dadurch würden die §§ 164 ff. BGB umgangen.

c) Ausnahmen vom Offenkundigkeitsprinzip

Ausnahmen:

Es gibt einige Ausnahmen vom Offenkundigkeitsprinzip:

aa) Geschäft für den, den es angeht

bei Bargeschäften: Geschäft für den, den es angeht

Bei den Bargeschäften des täglichen Lebens kommt es dem Vertragspartner nicht darauf an, mit wem er einen Vertrag schließt, weil der Vertrag sofort erfüllt wird und er sofort zu seinem Geld kommt (z.B. Kauf im Papiergeschäft, beim Bäcker).

Nach der ratio des Offenkundigkeitsgrundsatzes ist die Offenlegung des Vertreterwillens nicht nötig, da die Vertragspartei nicht schutzbedürftig ist. Ihr ist die Person des Kontrahenten gleichgültig.[65]

hemmer-Methode: Zeigen Sie in der Klausur, dass Sie den Grund für die Konstruktion des Geschäfts für den, den es angeht, kennen. Es handelt sich um eine sog. „teleologische Reduktion" des § 164 BGB. Sinn und Zweck des § 164 BGB ist es, den Vertragspartner zu schützen. Grundsätzlich muss er wissen, mit wem er es zu tun hat. Fehlt ein solches Interesse, wird teleologisch reduziert.

Vertreterwille u. Vollmacht notwendig

Erforderlich ist aber, dass der Vertreter Vertreterwillen und Vollmacht hat. Nur dann wird der Vertretene berechtigt und verpflichtet (= schuldrechtliche und dingliche Wirkung). Als offenes Geschäft für den, den es angeht, werden die Fälle bezeichnet, in denen zwar der Vertreterwille ausdrücklich erklärt wird, der Name oder die Person des Vertretenen zunächst aber offen bleibt. Es besteht die Pflicht, Namen oder Person mitzuteilen, ansonsten greift § 179 BGB (analog) ein.

bb) § 1357 BGB

§ 1357 BGB bei Ehegatten: Verpflichtungser-mächtigung

Sind die Voraussetzungen des § 1357 BGB gegeben, so wird der nicht handelnde Ehegatte auch dann aus dem Rechtsgeschäft (zumindest schuldrechtlich, nach dem BGH nicht dinglich, str.) berechtigt und verpflichtet, wenn der handelnde Ehegatte nur im eigenen Namen tätig geworden ist (Ausnahme: § 1357 I S. 2 BGB a.E.).

---

[64] Siehe unten, Rn. 43 ff.
[65] **Hemmer/Wüst, BGB AT I, Rn. 219.**

§ 1357 BGB überwindet damit das fehlende Handeln in fremdem Namen und ist damit ein gesetzlich anerkannter Fall der Verpflichtungsermächtigung.[66]. Darüber hinaus ist § 1357 BGB in den Fällen, in denen der Ehegatte ohne rechtsgeschäftlich erteilte Vertretungsmacht handelt, relevant. Insoweit haben die Ehegatten füreinander kraft Gesetzes Vertretungsmacht.

Allerdings wird aus solchen Rechtsgeschäften immer auch der handelnde Ehegatte selbst berechtigt und verpflichtet. Daher liegt eigentlich kein typischer Fall der Stellvertretung vor.

hemmer-Methode: § 1357 BGB ist von großer Klausurrelevanz. § 1357 BGB erweitert die Befugnisse, aber auch die Verpflichtung der Ehegatten, sodass trotz fehlender Voraussetzung der §§ 164 ff. BGB vertragliche Ansprüche entstehen können. Lesen Sie § 1357 I S. 2 BGB! § 1357 BGB hat deshalb innerhalb unserer Skriptenreihe Bedeutung für den zustande gekommenen Vertrag und damit für den Primäranspruch. Lernen Sie frühzeitig die Bestimmungen, die zum vertraglichen Anspruch führen, dem Vertragsschluss zuzuordnen. Da § 1357 BGB im Ergebnis zu übermäßigem Gläubigerschutz führt, „Geschenk des Himmels", ist er restriktiv auszulegen.[67] Lernen Sie § 1357 BGB zu verstehen: Restriktiv deshalb, weil sich der vom Gesetzgeber verfolgte Zweck, jedem Ehegatten Eigenständigkeit der Haushaltsführung zu sichern, in sein Gegenteil verwandelt, wenn es zur bloßen Gläubigerschutzbestimmung wird.
Ehegatten bieten sich auch außerhalb spezifisch familienrechtlicher Fragen für die Klausur an! Für den Vertragsschluss sind z.B. auch die §§ 1365, 1369 BGB relevant, außerdem stellt sich die Frage, ob § 428 BGB oder § 432 BGB anzuwenden ist, wenn beide Ehegatten nach § 1357 BGB berechtigt sind.

d) Abgrenzungen

Abgrenzung

Das Handeln in fremdem Namen muss von folgenden Fällen abgegrenzt werden:

aa) Handeln unter falscher Namensangabe

falsche Namensangabe

Fall 5: V mietet im Hotel Vier-Jahreszeiten ein Zimmer, gibt bei der Rezeption aber den Namen des A an, weil er unerkannt bleiben will. Ist ein Vertrag zustande gekommen?

Dem Hotelinhaber ist es gleichgültig, welchen Namen sich V gibt; es wird bei ihm auch keine falsche Identitätsvorstellung hervorgerufen: er will nur mit der Person, die vor ihm steht (sog. Namenstäuschung), einen Vertrag abschließen.

---

[66] **Hemmer/Wüst, BGB AT I, Rn. 225 ff.**, **Hemmer/Wüst, Familienrecht, Rn. 63 ff.** und unten Rn. 48.
[67] Vertiefend dazu **Hemmer/Wüst, BGB AT I, Rn. 226 ff.**

Ein Vertrag ist daher nur mit V zustande gekommen; die §§ 164 ff. BGB (insbesondere die §§ 177, 179 BGB) werden nicht angewendet, es liegt ein Eigengeschäft des Handelnden vor („Der Name ist Schall und Rauch").

bb) Handeln unter fremdem Namen

Handeln unter fremden Namen

Anders ist es, wenn es dem Vertragspartner gerade auf die Person des Namensträgers ankommt, etwa weil er diesen vom Namen her kennt und dieser als kreditwürdig bekannt ist.[68]

46

Fall 6: *Der Bettler V geht zur Bank B und gibt sich als der bekanntermaßen sehr reiche Baron A aus. Weil der Angestellte der Bank V für A hält, bekommt V ein Darlehen über 100.000,- €. Ist ein Vertrag zustande gekommen?*

h.M.: §§ 177 ff. BGB analog

In diesem Fall der sog. Identitätstäuschung werden die §§ 177 ff. BGB von der h.M. analog angewendet.

Wird der Darlehensvertrag von A entsprechend § 177 BGB genehmigt, besteht ein von Anfang an wirksamer (§ 184 I BGB) Vertrag zwischen A und B. Andernfalls haftet V gem. § 179 BGB analog.

Handeln bei Ebay unter Nutzung fremder Zugangsdaten

Eine vergleichbare Situation ergibt sich, wenn jemand unter Nutzung eines fremden eBay Mitgliedskontos auf den Abschluss eines Vertrages gerichtete Willenserklärungen abgibt. Auch hier wird dem Vertragspartner suggeriert, er kontrahiere mit der Person, dessen Name benutzt wird.

46a

Der BGH hat hier ebenfalls auf die §§ 177 ff. BGB abgestellt. Allerdings ist gerade deshalb auch darauf zu achten, ob eine Bindung über einen Rechtsscheintatbestand in Betracht kommt. Dafür reicht es nach Ansicht des BGH allerdings nicht aus, wenn nur fahrlässig der Zugriff auf die Daten des Kontoinhabers ermöglicht wurde. Es müssten daneben sämtliche Voraussetzungen der Anscheins- oder Duldungsvollmacht vorliegen.[69]

cc) Wiederholung

Irrtüml. Handeln im eigenen Namen

Der schwer verständliche § 164 II BGB behandelt den Fall, dass der Vertreter irrtümlich im eigenen Namen auftritt:

47

Fall 7: *Vertreter V kauft bei B zehn Computer auf Raten. Er glaubt dabei irrtümlich, deutlich gemacht zu haben, dass er für seine Firma A handelt. Von wem kann B Zahlung der Raten verlangen?*

---

[68] **Hemmer/Wüst, BGB AT I, Rn. 215 ff.**
[69] BGH, Urteil vom 11.05.2011, VIII ZR 289/09 = ZIP 2011, 1108 ff. = **Life&Law 2011, 615 ff.**

Zwischen B und A wäre ein Kaufvertrag zustande gekommen, wenn V als Vertreter für A aufgetreten wäre.

V hat zwar eine eigene Willenserklärung abgegeben, er hat aber weder ausdrücklich im Namen der A gehandelt, noch hat sich dies aus den Umständen ergeben, § 164 I S. 2 BGB.

Es liegt auch kein Geschäft für den, den es angeht, vor, da V einen Ratenkauf vereinbart hat und nicht in bar gezahlt hat.

Da V damit nicht als Vertreter aufgetreten ist, konnte zwischen B und A kein Kaufvertrag zustande kommen.

V ist vielmehr selbst Vertragspartner geworden, weil er objektiv im eigenen Namen aufgetreten ist.

Kann V nun anfechten, weil Gewolltes und Erklärtes im Zeitpunkt der Abgabe der Willenserklärung unbewusst auseinander fallen (§ 119 I Alt. 1 BGB), mit der Folge, dass er nur nach § 122 BGB zum Ersatz des Vertrauensschadens verpflichtet wäre? Dies verbietet § 164 II BGB indem er sagt: „Der Mangel des Willens, in eigenem Namen zu handeln, kommt nicht in Betracht." V schuldet daher B Zahlung der Raten, § 433 II BGB. Letztlich handelt es sich um einen unbeachtlichen Rechtsfolgeirrtum.

Ausnahme Minderjähriger

Ist V allerdings minderjährig, so gelten die §§ 107, 108 BGB. Der Minderjährigenschutz hat Vorrang vor § 164 II BGB.

3. Vertretungsmacht[70]

Vertretungsmacht

Die Rechtsfolgen der vom Vertreter abgegebenen Willenserklärungen treffen den Vertretenen nur, wenn der Vertreter Vertretungsmacht hatte.

48

a) Gesetzliche Vertretungsmacht

aus Gesetz

Die Vertretungsmacht kann sich aus Gesetz ergeben: z.B. §§ 1357, 1629, 1793 BGB (zum Erfordernis der Gesamtvertretung vgl. Rn. 16, 19, 52).

b) Rechtsgeschäftliche Vertretungsmacht

durch Rechtsgeschäft

Die Vertretungsmacht kann auch durch Rechtsgeschäft erteilt werden (sog. Vollmacht; Legaldefinition in § 166 II BGB).

49

---

[70] Allgemein **Hemmer/Wüst**, BGB AT I, Rn. 234 ff.

aa) Erteilung der Vollmacht

Die Vollmacht kann auf verschiedene Weise erteilt werden:

- Durch Erklärung gegenüber dem zu Bevollmächtigenden (Innenvollmacht, § 167 I Alt. 1 BGB),

es handelt sich dabei um eine einseitige, zugangsbedürftige Willenserklärung (Annahme nicht erforderlich!).

- Durch Erklärung gegenüber dem Dritten, mit dem der zu Bevollmächtigende ein Rechtsgeschäft vornehmen soll (Außenvollmacht, § 167 I Alt. 2 BGB; wiederum einseitige empfangsbedürftige Willenserklärung).

grds. formlos, § 167 II BGB

Nach § 167 II BGB bedarf die Vollmachtserteilung grundsätzlich keiner Form. Etwas anderes gilt, wenn der Schutzzweck der einschlägigen Formvorschriften eine Formpflicht auch für die Vollmacht erfordert.[71]

50

Ausnahme: z.B. unwiderrufl. Vollmacht beim Grundstückskauf

Bsp.: *A erteilt V unwiderruflich Vollmacht zum Verkauf eines Grundstücks.*

Da A durch die Erteilung der unwiderruflichen Vollmacht schon unmittelbar gebunden wird, erfordert der Schutzzweck des § 311b I S. 1 BGB (Übereilungsschutz) die notarielle Beurkundung für die Vollmacht. Ohne Beachtung dieser Form ist die Vollmacht nichtig (§ 125 BGB) und V handelt ohne Vertretungsmacht (beachte aber die Heilungsmöglichkeit nach § 311b I S. 2 BGB).

Da eine Form grundsätzlich nicht erforderlich ist, kann die Vollmacht auch konkludent erteilt werden (Ausnahme: § 48 I HGB).

Bsp.: *A stellt V als Verkäufer an (Dienstvertrag, §§ 611 ff. BGB).*

konkludente Vollmachtserteilung

Da V für A Geschäfte abschließen soll, ist hier von einer konkludenten Vollmachtserteilung auszugehen. Die Tätigkeit eines Verkäufers ist typischerweise mit Vertretungsmacht verbunden.

Abstraktheit d. Vollmacht:

Zu unterscheiden ist immer zwischen der Vollmacht und dem ihr zugrunde liegenden Rechtsverhältnis (Abstraktheit der Vollmacht).[72]

51

Bsp.: *Beauftragt A den V, bei B zehn Computer im Namen des A zu kaufen und nimmt V den Auftrag an, so liegen zwei Rechtsgeschäfte vor.*

---

[71] Palandt, § 167 BGB, Rn. 2.
[72] **Hemmer/Wüst, BGB AT I, Rn. 239 f.**

1. Grundgeschäft (z.B. Auftrag)

(1) Ein Auftragsvertrag (§ 662 BGB) aus dem V verpflichtet ist, für den A zehn Computer zu besorgen (Grundgeschäft; kann auch Dienst- oder Werkvertrag sein).

2. Vollmachtsertei- lung

(2) Außerdem hat A eine (Innen-) Vollmacht erteilt, aufgrund derer V berechtigt ist, den Kaufvertrag mit Wirkung für und gegen A abzuschließen.

Die Vollmacht ist in der Entstehung abstrakt von dem zugrunde liegenden Grundgeschäft (nicht dagegen im Fortbestand, § 168 S. 1 BGB).

Hätte V in obigem Beispiel das Auftragsangebot abgelehnt, so wäre die Vollmachtserteilung dennoch wirksam gewesen, da diese als einseitiges Rechtsgeschäft einer Annahme nicht bedarf.

hemmer-Methode: Wie bei schuldrechtlicher causa und dinglichem Vertrag, kann man zugrunde liegendes Rechtsverhältnis und abstrakte Vollmacht am Beispiel des Mj. zeigen. Das zugrunde liegende Rechtsverhältnis, häufig Auftrag, scheitert an §§ 107 ff. BGB. Die abstrakte Vollmacht, vgl. § 165 BGB, ist wirksam. Die Vollmachtserteilung ist für den Mj. nur rechtlich vorteilhaft, vgl. auch § 131 II S. 2 BGB und § 179 III BGB.

bb) Umfang

Umfang: z.B. Gesetz

Nur ausnahmsweise ist der Inhalt der Vollmacht zwingend gesetzlich festgelegt, so z.B. bei der Prokura (§§ 48 ff. HGB) und der Prozessvollmacht (§§ 80 ff. ZPO).

ansonsten Auslegung

Im Übrigen ist der Umfang einer Vollmacht durch Auslegung (§ 133 BGB), also nach dem objektiven Empfängerhorizont zu ermitteln: bei der reinen Innenvollmacht kommt es somit auf den Vertreter, bei der Außenvollmacht auf den Dritten an.[73]

Bspe.:

- Ermächtigung zum Abschluss eines bestimmten Geschäfts: Spezialvollmacht.

- Ermächtigung zu Rechtshandlungen aller Art: Generalvollmacht.

- Ermächtigung in der Weise, dass nur mehrere zusammen den Geschäftsherrn wirksam vertreten können: Gesamtvertretung (dabei ist nicht nötig, dass immer alle Vertreter gemeinsam nach Außen auftreten; es ist auch (konkludente) Bevollmächtigung durch die anderen möglich).

---

[73] Hemmer/Wüst, BGB AT I, Rn. 241.

§ 1 VERTRAGSSCHLUSS

ggf. §§ 177 ff. BGB

Hält sich der Vertreter nicht im Rahmen seiner Vollmacht, so handelt er als Vertreter ohne Vertretungsmacht (§§ 177 ff. BGB).

cc) Duldungs- und Anscheinsvollmacht[74]

Wenn keine rechtsgeschäftliche Vertretungsmacht besteht, kann sich die Vertretungsmacht auch aus einem Rechtsscheinstatbestand ergeben. Hier kommen zum einen die gesetzlichen Vorschriften der §§ 170 ff. BGB in Betracht, zum anderen die sehr examensrelevanten Tatbestände der Duldungs- und Anscheinsvollmacht.

Duldungsvollmacht

(1) Duldungsvollmacht liegt vor, wenn der Vertretene weiß, dass ein anderer für ihn als Vertreter auftritt, nichts dagegen unternimmt und der Geschäftsgegner gutgläubig (also ohne dass er den Mangel der Vollmacht kennt oder kennen musste) darauf vertraut, dass der Handelnde bevollmächtigt ist.

Bevollmächtigungswille (-)

Der Vertretene wird dann so behandelt, als ob er wirklich Vollmacht erteilt hätte. Anders als bei der konkludenten Vollmachtserteilung hat der Vertretene aber keinen Willen zur Bevollmächtigung.

Bsp.: Eine Vollmacht muss nicht ausdrücklich erteilt werden (Ausnahme: § 48 HGB). Dies kann etwa auch durch Handzeichen erfolgen. Entscheidender Unterschied zur Duldungsvollmacht ist aber, dass auch bei der Erteilung durch Handzeichen Bevollmächtigungswille vorhanden ist.

Da die Duldungsvollmacht eine Haftung für einen zurechenbar verursachten Rechtsschein ist, ist umstritten, ob die Vorschriften über Willenserklärungen anwendbar sind.[75]

Anscheinsvollmacht

(2) Anscheinsvollmacht liegt vor, wenn der Vertretene das Handeln des angeblichen Vertreters zwar nicht kennt, er es aber bei pflichtgemäßer Sorgfalt hätte erkennen und verhindern können, was i.d.R. eine gewisse Häufigkeit und Dauer der Geschäftsführung voraussetzt. Der Geschäftsgegner muss außerdem gutgläubig auf das Bestehen einer Vollmacht vertraut haben.

Bsp.: Großhändler A verreist für zwei Tage. Er beauftragt seinen Freund V, für das Geschäft zu sorgen, ohne ihm aber Vollmacht zum Abschluss von Rechtsgeschäften zu erteilen. Ihm ist bekannt, dass V zuvor bei Freunden auch aufgepasst hat und hier stets Geschäfte abschloss. Dennoch schließt V Verträge mit Dritten ab, wobei er das Firmenpapier des A benutzt. Muss A die Geschäfte gegen sich gelten lassen?

---

[74] **Hemmer/Wüst, BGB AT I, Rn. 249 ff.**

[75] wichtig v.a. die Anfechtung §§ 119 ff. BGB; zu diesem Streit siehe **Hemmer/Wüst, BGB AT I, Rn. 249 ff.**, Palandt, § 172 BGB, Rn. 8; Medicus, Bürgerliches Recht, Rn. 98 ff.

V hat eine eigene Willenserklärung im Namen des A abgegeben. Er hatte jedoch keine Vollmacht. Eine Duldungsvollmacht liegt nicht vor, da A nicht wusste, dass V für ihn als Vertreter auftritt. Da er aber das Vertreterhandeln des V hätte kennen und verhindern können, liegt eine Anscheinsvollmacht vor. Wenn die Vertragspartner auch auf den Anschein der Vollmachtserteilung vertraut haben, dann muss A sich so behandeln lassen, als hätte er wirksam Vollmacht erteilt.

Rechtsscheinstatbestand

Die Anscheinsvollmacht stellt einen Rechtsscheinstatbestand dar; daher ist eine rückwirkende Vernichtung der Vollmacht durch Anfechtung nicht möglich, str. vgl. Rn. 53 zur Duldungsvollmacht.

hemmer-Methode: Wenn es auf Duldungs- und Anscheinsvollmacht ankommt, sollten Sie natürlich zuvor in der Klausur bzw. Hausarbeit bereits festgestellt haben, dass keine ausdrückliche oder anderweitig schlüssige Vollmachtserteilung vorliegt!
Z.T. wird zur Anscheinsvollmacht nur eine Haftung aus c.i.c., geregelt in §§ 311 II, 280 I BGB, vertreten. Begründung: Dem Vertretenen wird Fahrlässigkeit vorgeworfen. Dies wird im vorvertraglichen Bereich jedoch nur mit einer Haftung auf das neg. Interesse sanktioniert. Eine rechtsgeschäftliche Bindung führt aber zu einer Erfüllungshaftung. Angesichts der schon lange gefestigten Rechtsprechung sollten Sie in der Klausur an diesem Punkt jedoch meistens die Annahme einer Vertretungsmacht bejahen.
Kommt man in der Klausur zu dem Ergebnis, dass weder eine gesetzliche noch eine rechtsgeschäftliche Vollmacht vorliegt, so sind Duldungs- und Anscheinsvollmacht nur zu prüfen, wenn entsprechende Anhaltspunkte im Sachverhalt vorliegen. Dies gilt z.B. auch, wenn eine rechtsgeschäftlich erteilte Vollmacht angefochten wurde.[76]

dd) Erlöschen

Erlöschen d. Vollmacht

Es gibt folgende Erlöschensgründe:[77]

⊃ Auslegung der Vollmacht! Maßgeblich ist zunächst der Inhalt der Vollmacht für die Frage, wann sie entfallen soll, z.B. nach Benutzung einer Spezialvollmacht.

⊃ Erlöschen des Grundgeschäfts, § 168 S. 1 BGB (beachte die §§ 169, 672 - 674, 729 BGB).

⊃ Widerruf, falls dieser nicht ausgeschlossen wurde, § 168 S.2 BGB.

⊃ Zeitablauf, falls die Vollmacht befristet erteilt wurde (§ 163 BGB).

---

[76] Zur Anfechtung s.u., Rn. 89 ff.
[77] **Hemmer/Wüst, BGB AT I, Rn. 257 ff.**

- Eintritt einer Bedingung, falls die Vollmacht auflösend bedingt erteilt wurde (§ 158 II BGB).

- Das zugrunde liegende Rechtsgeschäft scheitert. Aufgrund der Geltung des Abstraktionsprinzips tangiert dies den Bestand der Vollmacht zwar grundsätzlich nicht. Wenn aber der Grund für die Nichtigkeit des Grundgeschäfts vom Sinn und Zweck her auch die Vollmacht erfasst, entsteht auch diese nicht (genau genommen ist dies daher kein Fall des Erlöschens, soll aber in diesem Kontext mitbehandelt werden).

- *Bsp.:* Verstoß gegen das Rechtsberatungsgesetz.[78] Gleiches gilt, wenn Grundgeschäft und Vollmacht ein einheitliches Rechtsgeschäft i.S.d. § 139 BGB bilden (Ausnahme!).[79]

hemmer-Methode: Bedeutung in der Klausur hat regelmäßig nur § 168 S. 1 BGB. Denken Sie in den Kategorien der Klausurersteller: Für diesen bedeutet die Möglichkeit des § 168 S. 1 BGB die Verbindung von abstrakter Vollmacht mit dem zugrunde liegenden Rechtsverhältnis. Die Abstraktheit der Vollmacht ist beim Erlöschen damit durchbrochen! Spezialproblem: Der Tod des Vollmachtgebers führt in der Regel nicht zum Erlöschen der Vollmacht, vgl. § 672 BGB. Der Erbe kann die Vollmacht aber widerrufen.

§§ 170 - 173 BGB beachten

Nach Erlöschen der Vollmacht kann die Vertretungsmacht nach den §§ 170 - 173 BGB als fortbestehend gelten (Rechtsscheinstatbestände).

Fall 8: A ruft im Möbelgeschäft des B an und erklärt ihm, dass er am nächsten Tag den Angestellten V schicken werde, der für ihn einen Schreibtisch aussuchen soll. A beauftragt nun V damit. Noch am selben Tag wird V aber wirksam fristlos gekündigt. Dennoch geht V am nächsten Tag zu B und sucht sich den teuersten Schreibtisch heraus, den er auch gleich mitnimmt. Muss A zahlen?

Voraussetzung für einen Anspruch aus § 433 II BGB ist ein wirksamer Kaufvertrag zwischen A und B. V hat hier den Kaufvertrag im Namen des A abgeschlossen (dies ergibt sich zumindest aus den Umständen).

Fraglich ist aber, ob V Vertretungsmacht hatte. Die ursprünglich erteilte Außenvollmacht gegenüber B (§ 167 I Alt. 2 BGB) ist durch die Kündigung des Dienstvertrages erloschen (§ 168 S. 1 BGB). Da aber die Voraussetzungen des § 170 BGB vorliegen, wird B gegenüber das Bestehen der Vollmacht fingiert. B ist auch gutgläubig gewesen (§ 173 BGB). Zwischen A und B ist daher ein wirksamer Kaufvertrag zustande gekommen.

---

[78] BGH, NJW 2003, 2088, 2091 (heißt jetzt: Rechtsdienstleistungsgesetz, RDG).
[79] BGH, NJW 2001, 3774.

Der Anspruch aus § 433 II BGB gegen A besteht.

hemmer-Methode: Auch eine erloschene Prokura kann über § 15 I HGB noch geltend gemacht werden (vgl. § 53 III HGB). Diese Konstellation kommt häufig in der Klausur vor.[80] Bsp.: Dem bei der OHG beschäftigten Prokurist P wurde die Prokura widerrufen. Fehlt die Eintragung des Widerrufs ins Handelsregister, so kann sich die OHG nicht auf die fehlende Vertretungsmacht berufen, wenn Sie von einem Vertragspartner z.B. aus § 433 II BGB in Anspruch genommen wird. Zu diesem Problemkreis vertiefend BGB AT I, Rn. 253!
Dies gilt selbst dann, wenn die Voreintragung der Prokura im Handelsregister gefehlt hat. Vielleicht sind Sie erstaunt, dass wir Sie an dieser Stelle schon mit § 15 I HGB konfrontieren.
§ 15 I HGB hat aber hauptsächlich Bedeutung bei einer nach HGB erloschenen Vertretungsmacht und wird damit beim Vertragsschluss in der Klausur geprüft. Dem trägt unser Skriptenaufbau Rechnung. Schon i.R.d. Primäranspruchs kommt also § 15 I HGB Bedeutung zu.

ee) Anfechtung der Vollmacht

Anfechtung der Vollmacht

Als Willenserklärung unterliegt die Vollmacht den Regeln über die Anfechtung, §§ 119 ff. BGB.[81]

Wurde das Vertretergeschäft noch nicht vorgenommen, so ist jederzeit ein Widerruf möglich, § 168 S. 1 BGB. Nur bei der unwiderruflichen Vollmacht bedarf es der Anfechtung.

Problematisch ist dagegen die Anfechtung bei der bereits betätigten Innenvollmacht. Der Vertretene kann durch die Anfechtungserklärung gegenüber dem Vertreter das Hauptgeschäft zu Fall bringen, ohne dass der Geschäftspartner von der Anfechtung erfahren müsste. Dennoch wird von der h.M die Anfechtung zugelassen. Allerdings muss der Vertretene die Anfechtung gegenüber dem Geschäftspartner des Hauptgeschäfts erklären (Abweichung von § 143 III BGB). Der Geschäftspartner hat dann gegen den Vertretenen den Anspruch aus § 122 BGB.[82]

Bsp.: A will bei einer Versteigerung ein Gemälde ersteigern. Er will aber nicht mehr als 1.000,- € ausgeben. A schickt seinen Vertreter V. A verspricht sich und sagt zu V, er dürfe bis 10.000,- € mitbieten. Nachdem nun V das Gemälde für 8.000,- € ersteigert hat, will A anfechten.

Den Kaufvertrag selbst kann A nicht anfechten, da insoweit kein Anfechtungsgrund vorliegt (§ 166 I BGB). Er kann aber nach der h.M. die dem V erteilte Vollmacht anfechten.

---

[80] Zu § 15 HGB vgl. **Hemmer/Wüst, BGB AT I, Rn. 250 ff.**
[81] **Hemmer/Wüst, BGB AT I, Rn. 264 ff.**; Brox, BGB-AT, § 25 VI.
[82] **Hemmer/Wüst, BGB AT I, Rn. 204 ff.**

§ 1 VERTRAGSSCHLUSS

Anfechtungsgegner

Die Anfechtung muss aber in Abweichung von § 143 III BGB gegenüber dem Versteigerer erfolgen. Dieser hat dann gegen A den Anspruch aus § 122 BGB.

Die Anfechtung der betätigten Außenvollmacht ist ohne Weiteres möglich. Die Anfechtung muss gegenüber dem Dritten erklärt werden (§ 143 III BGB).

57

Umstritten ist dagegen wieder die Anfechtungsmöglichkeit bei der nach Außen kundgemachten Innenvollmacht. Da die Kundmachung bloße Wissenserklärung ist, sind die §§ 119 ff. BGB eigentlich nicht anwendbar.

Dennoch wird die Anfechtbarkeit zum Teil bejaht, weil dieser Fall nicht anders behandelt werden dürfe als die Außenvollmacht.[83]

bei Rechtsscheins-vollmacht (-)

Die Anscheinsvollmacht kann als Rechtsscheinstatbestand nicht angefochten werden. Umstritten ist die Anfechtungsmöglichkeit der Duldungsvollmacht.[84]

III. Wissenszurechnung bei der Vertretung, § 166 BGB

Der Vertreter repräsentiert den Geschäftsherrn bei der Willensbildung; allein rechtsgeschäftlich Handelnder ist daher der Vertreter. Deshalb kommt es nach § 166 I BGB[85] für Willensmängel, oder für die Kenntnis oder das Kennenmüssen bestimmter Umstände allein auf die Person an, die den rechtsgeschäftlichen Willen gebildet hat, also den Vertreter.

58

hemmer-Methode: Irrt sich z.B. der Vertreter bei Abgabe der Willenserklärung, so ist sein Irrtum maßgeblich (z.B. fehlendes Erklärungsbewusstsein: er unterschreibt ein Kaufangebot anstatt – wie er glaubt – ein Glückwunschschreiben). Grundsätzlich steht dann dem Vertretenen ein Anfechtungsrecht zu. Der Irrtum des Vertreters ist über § 166 I BGB maßgeblich. Der Vertreter kann aber anfechten, wenn er dafür eine entsprechende Vollmacht hat. (Siehe Fall 1, Hemmer/Wüst, Classics Zivilrecht!) Lernen Sie für Klausuren problemorientiert. Es handelt sich um drei Probleme: Vertretung nach § 164 BGB, Zurechnung des Irrtums nach § 166 I BGB, Anfechtung bei entsprechender Vertretungsmacht durch den Vertreter.

Bsp.:

- Eine Anfechtung nach §§ 119, 123 BGB durch den Vertretenen ist nur möglich, wenn sich der Vertreter geirrt hat, getäuscht oder bedroht worden ist.

---

[83] Medicus, Bürgerliches Recht, Rn. 97.
[84] **Hemmer/Wüst, BGB AT I, Rn. 248**.
[85] Vgl. zu § 166 BGB auch das Kapitel „Dritte im Schuldverhältnis", Rn. 345 ff.

Bei §§ 932 II, 892 BGB kommt es auf die Gutgläubigkeit des Vertreters an.

§ 166 II BGB

Dieser Grundsatz wird aber durch § 166 II BGB für die Kenntnis oder das Kennenmüssen bestimmter Umstände eingeschränkt. Handelt der Vertreter nämlich auf Weisung des Vertretenen, so kommt es auf die Person des Vertretenen an.

➲ A ist Besitzer eines Pkw, den er von E geliehen hat. A will den Pkw an B verkaufen. B weiß aber, dass E Eigentümer ist. Daher beauftragt er den gutgläubigen V, mit A den Kaufvertrag abzuschließen und die Übereignung als Vertreter vorzunehmen. Nach Abschluss des Kaufvertrages übergibt A dem V den Pkw. Ist B Eigentümer geworden?

wichtig bei Bösgläubigkeit

B kann nur gutgläubig nach §§ 929 S. 1, 932, 935 BGB Eigentum erworben haben. Einigung und Übergabe sind erfolgt und ein Abhandenkommen liegt nicht vor. Da V als Vertreter aufgetreten ist, kommt es nach § 166 I BGB auf seine Gutgläubigkeit an. Demnach hätte B hier Eigentum erworben. Um derartige Umgehungsgeschäfte zu verhindern, bestimmt nun § 166 II BGB, dass es für das Kennen oder Kennenmüssen von Umständen auf die Person des Vertretenen ankommt, wenn der Vertreter auf Weisung gehandelt hat. Da die Voraussetzungen des § 166 I BGB hier vorliegen und B bösgläubig war, konnte er wegen § 932 BGB kein Eigentum erwerben.

§ 166 II BGB kann aber auf Willensmängel des Vertretenen nicht analog angewendet werden.[86]

IV. Grenzen der Vertretungsmacht

1. § 181 BGB[87]

Insichgeschäft

a) § 181 BGB als gesetzlich geregelter Fall des „Missbrauchs der Vertretungsmacht" verbietet das Insichgeschäft sowohl für die gesetzliche als auch für die rechtsgeschäftliche Vertretungsmacht.

> Zwei Fälle sind zu unterscheiden:
>
> ➲ Selbstkontrahieren: Der Vertreter schließt ein Rechtsgeschäft im Namen des Vertretenen mit sich selbst.
>
> ➲ Mehrvertretung: Der Vertreter tritt gleichzeitig als Vertreter zweier verschiedener Personen auf.

---

[86] A.A. Palandt, § 166 BGB, Rn. 12.; so aber für § 123 BGB, BGHZ 51, 141 (144).
[87] **Hemmer/Wüst, BGB AT I, Rn. 276 ff.**; beachte auch die Anwendbarkeit über §§ 1795 II (1629 II S. 1) BGB.

Ausnahme: Gestattung, Erfüllung einer Verbindlichkeit

Das Insichgeschäft ist nur zulässig, wenn es vom Vertretenen gestattet wurde oder wenn es in Erfüllung einer Verbindlichkeit vorgenommen wird (z.B.: die Eltern sind ihrem Kind gegenüber unterhaltspflichtig; in Erfüllung dieser Pflicht schenken sie dem Kind im Wege des Insichgeschäfts einen Teddybären).

Rechtsfolge: schwebend unwirksam

Liegt ein unzulässiges Insichgeschäft vor, so ist das Rechtsgeschäft entgegen dem Wortlaut des § 181 BGB („kann nicht") nicht nichtig, sondern nach § 177 BGB analog schwebend unwirksam. Es kann also nachträglich vom Vertretenen genehmigt werden.

b) Zweck des § 181 BGB ist es, Interessenkollisionen zu vermeiden. Er ist aber als formale Ordnungsvorschrift anzusehen, d.h. es kommt nur darauf an, ob auf beiden Seiten eines Rechtsgeschäfts dieselbe Person auftritt, nicht aber darauf, ob im Einzelfall tatsächlich eine Interessenkollision vorliegt.

Vermeidung von Interessenkollision

Daher kann § 181 BGB auch nicht auf andere Fälle, bei denen zwar keine Personenidentität, dafür aber eine Interessenkollision vorliegt, angewendet werden.

Bsp.: Ein Vertreter schließt Geschäfte mit seinen Angehörigen im Namen des Geschäftsherrn ab. Zwar liegt hier eine Interessenkollision vor. Da der Vertreter aber nicht auf beiden Seiten des Rechtsgeschäfts steht, kann § 181 BGB nicht, auch nicht analog, angewendet werden.

keine Umgehung v. § 181 BGB durch Untervertreter

c) Eine Erweiterung des § 181 BGB wird nur dort bejaht, wo der Vertreter die Personenidentität durch einen Kunstgriff ausschaltet.

Bspe.:

- Bei der Mehrvertretung: Der Vertreter bestellt auf einer Seite nochmals einen Untervertreter und schließt mit diesem das Geschäft ab.

- Beim Selbstkontrahieren: V tritt auf der einen Seite als Vertreter auf; für sich selbst bestellt er einen Vertreter U und schließt mit diesem das Geschäft ab.

teleologische Reduktion

d) Schließlich wird auch eine Einschränkung des Anwendungsbereichs des § 181 BGB in den Fällen zugelassen, in denen eine Interessenkollision gar nicht denkbar ist (Rechtsgedanke des § 107 BGB), v.a. wenn der Vertretene durch das Insichgeschäft einen lediglich rechtlichen Vorteil erlangt (z.B. Schenkung).[88]

---

[88] Hemmer/Wüst, BGB AT I, Rn. 281.

2. Missbrauch der Vertretungsmacht[89]

Missbrauch der Vertretungsmacht

Überschreitet der Vertreter seine im Außenverhältnis beschränkte Vertretungsmacht (falsus procurator[90]), so wird der Vertretene durch ein Rechtsgeschäft des Vertreters zunächst nicht gebunden; es gelten die §§ 177 ff. BGB.

Risiko trägt Vertretener

Es gibt aber Fälle, in denen der Vertreter nach Außen Vertretungsmacht hat, aber im Innenverhältnis seine Pflichten verletzt (= Missbrauch der Vertretungsmacht; solche Konstellationen ergeben sich häufig bei der Prokura (§§ 48 ff. HGB), da dort der Umfang der Vertretungsmacht vom Gesetz festgelegt wird; eine Beschränkung im Innenverhältnis hat keine Außenwirkung).

In diesen Fällen wird der Vertretene grundsätzlich gebunden; das Risiko des Missbrauchs trägt der Vertretene.

Nur in folgenden Fällen gilt etwas anderes:

a) Kollusion

Ausnahme: Kollusion

Handeln Vertreter und Geschäftsgegner bewusst zum Nachteil (also in schädigender Absicht) des Vertretenen, so ist das Rechtsgeschäft schon nach § 138 BGB wegen sittenwidriger Kollusion nichtig.

b) Evidenz

evidenter Missbrauch

Missbraucht der Vertreter evident seine Vertretungsmacht, so gibt die Rechtsprechung dem Vertretenen die Arglisteinrede (§ 242 BGB) gegen die Inanspruchnahme aus dem Rechtsgeschäft.

Ein großer Teil der Literatur will dagegen die §§ 177 ff. BGB analog anwenden.

Evidenz ist gegeben, wenn der Vertreter von der Vertretungsmacht in ersichtlich verdächtiger Weise Gebrauch macht, sodass beim Vertragspartner begründete Zweifel entstehen mussten.

hemmer-Methode: Soundsatz: „Der Vertretene wird bei Missbrauch der Vertretungsmacht gebunden, es sei denn Evidenz oder Kollusion". Dann verdient der Vertragspartner auch keinen Schutz. Lernen Sie sich knapp und präzise auszudrücken. Damit zeigen Sie Abstraktionsniveau. Zeigen Sie, dass Sie den Sound erkannt haben. Grundsätzlich wird der Vertretene nicht gebunden. An einer guten Formulierung erfreut sich der Korrektor. In unseren Hauptkursen wird diesen Gesichtspunkten Rechnung getragen. Wir trainieren mit Ihnen das für die Klausur richtige Sprachspiel ein.

---

[89] **Hemmer/Wüst, BGB AT I, Rn. 285 ff.**
[90] Dazu gleich anschließend Rn. 65.

Es spricht Vieles für die entsprechende Annahme der §§ 177 ff. BGB und die Möglichkeit der Genehmigung. §§ 177 ff. BGB können aber nur entsprechend gelten, da Vertretungsmacht im Unterschied zum falsus procurator besteht und nur missbraucht wurde!

V. Vertreter ohne Vertretungsmacht[91]

falsus procurator

Die §§ 177 ff. BGB regeln den Fall, dass ein Vertreter ohne Vertretungsmacht (sog. falsus procurator) gehandelt hat.

Vor den §§ 177 ff. BGB muss aber immer geprüft werden, ob nicht vielleicht eine Duldungs- oder Anscheinsvollmacht vorliegt.

Genehmigung möglich

1. Wie sich aus § 177 BGB ergibt, ist ein Vertrag, der von einem falsus procurator geschlossen wurde, zunächst schwebend unwirksam (anders das einseitige Rechtsgeschäft, § 180 BGB). Der Geschäftsherr kann den Vertrag mit Wirkung ex tunc (§ 184 BGB) genehmigen.

ansonsten Schadensersatz

2. Genehmigt der Vertretene nicht, so kann der Geschäftspartner von dem Vertreter wahlweise Erfüllung oder Schadensersatz verlangen, § 179 I BGB. Dabei ist jedoch zu beachten, dass § 179 I BGB in beiden Varianten ein einheitlicher Anspruch auf Schadensersatz ist, gerichtet auf das positive Interesse. Da nur das Vertrauen auf die Vertretungsmacht geschützt wird, greift § 179 BGB allerdings nicht ein, wenn der Vertrag aus anderen Gründen (§§ 105, 125, 134, 138 BGB) nichtig ist.

Verlangt er Schadensersatz in Form der Erfüllung, so wird der falsus procurator faktisch wie ein Vertragspartner behandelt (rechtlich wird er es aber nicht). Der Vertreter haftet nur in dem Umfang, in dem auch der Geschäftsherr gehaftet hätte. Zu prüfen ist daher immer, ob Einwendungen oder Einreden aus dem (nicht zustande gekommenen) Vertrag hätten geltend gemacht werden können (z.B. aus § 438 IV S. 2, V BGB; § 320 BGB etc.).

Beachte die wichtigen Haftungsbeschränkungen in § 179 II BGB (Haftung auf das negative Interesse) und § 179 III BGB (lesen!).

Denken Sie daran: Der Vertretene selbst haftet nach § 831 BGB, wenn dessen Voraussetzungen vorliegen. In Betracht kommt auch eine Haftung aus c.i.c. (§§ 280 I, 311 II, 241 II BGB) wegen fehlerhafter Auswahl des Vertreters (also bei Verschulden des Vertretenen).

---

[91] Hemmer/Wüst, BGB AT I, Rn. 289 ff.

E) Einbeziehung von AGB in den Vertrag[92]

hemmer-Methode: Die Regelungen über die Allgemeinen Geschäftsbedingungen sollen grundsätzlich den geänderten gesellschaftlichen Verhältnissen Rechnung tragen. Zum ursprünglichen Modell des BGB gehörte die kleinstädtisch-bäuerlich-handwerkliche Sozialordnung, bei der sich im Grunde gleichwertige Vertragspartner gegenüberstanden und jeder Vertrag im Einzelnen ausgehandelt wurde. Heute, im Zeitalter der Großunternehmen und des Massenverkehrs, sieht die Realität anders aus. Die Bedingungen eines Vertrags werden von der stärkeren Partei gesetzt, auch werden sie oft nicht mehr einzeln ausgehandelt, sondern für eine Vielzahl von Verträgen vorbestimmt. Dieses Phänomen ergibt sich zwangsläufig aus der modernen ökonomischen Produktions-, Leistungs- und Versorgungsstruktur.
Aufgrund dieser Entwicklung war der Gesetzgeber gefordert, die schwächere Partei, meist der Verbraucher, zu schützen.
Das geschah mit einer Vielzahl von Gesetzen, dem Haus-TWG, VerbrKG, ProdhaftG. 2002 wurden diese Regelungen zum größten Teil im BGB verankert, um dessen Grundprinzipien auch für sie gelten zu lassen.

I. Einführung

Legaldefinition in § 305 I BGB

Die Regelungen der §§ 305 - 310 BGB sind nur auf Allgemeine Geschäftsbedingungen (AGBen) anwendbar. Gesetzlich definiert ist dieser Begriff in § 305 I S. 1 BGB: „Allgemeine Geschäftsbedingungen sind alle für eine Vielzahl von Verträgen vorformulierten Vertragsbedingungen, die eine Vertragspartei (Verwender) der anderen Vertragspartei bei Abschluss eines Vertrages stellt."

Grundgedanke der Regelung: Verbraucherschutz

Schon bei der Überlegung, ob überhaupt AGBen vorliegen, muss man sich den Sinn und Zweck der gesetzlichen Regelung bewusst machen: In vielen Bereichen ist das für die Vertragsfreiheit der Parteien vorausgesetzte Kräftegleichgewicht nicht mehr vorhanden, oft ist eine Partei (der Verbraucher) von dem Vertragsschluss abhängig, während die andere die Macht hat, die Bedingungen zu diktieren - insbesondere, wenn die ganze Branche dieselben AGBen verwendet und der Verbraucher keine Auswahlmöglichkeit mehr hat. Um das Gleichgewicht wiederherzustellen, hat der Gesetzgeber die Regelungen zum Verbraucherschutz geschaffen.[93]

Dabei werden insbesondere an die Einbeziehung und den Inhalt von AGBen besondere Anforderungen gestellt.

---

[92] Ausführlich dazu **Hemmer/Wüst, BGB AT I, Rn. 297 ff.**
[93] Zum Regelungszweck: Palandt, Überbl v § 305 BGB, Rn. 8 f.

II. Anwendbarkeit der §§ 305 - 310 BGB

Anwendbarkeit:
§ 310 BGB

Neben § 305 BGB ist der Anwendungsbereich dieser Verbraucherschutzregelungen in § 310 BGB geregelt. Klausurrelevant: Absatz 1 und Absatz 4.

Nach § 310 I BGB gelten § 305 II und III BGB, §§ 308 und 309 BGB u.a. nicht für AGBen, die gegenüber einem Unternehmer gem. § 14 BGB (kommentieren!) verwendet werden.

Nach § 310 IV BGB findet dieser Abschnitt keine Anwendung auf Verträge des Erb-, Familien- und Gesellschaftsrechts.[94]

Zur Anwendbarkeit auf das Arbeitsrecht lesen Sie Tyroller, Die Auswirkungen der Schuldrechtsmodernisierung auf das Arbeitsrecht, **Life&Law 2006, 140 ff.**

Außerdem findet eine Inhaltskontrolle nach §§ 307 I und II, 308, 309 BGB nicht statt, wenn eine Bedingung nur den Gesetzeswortlaut wiedergibt,[95] vgl. § 307 III BGB.

III. Einbeziehung in den Vertrag

Einbeziehung in den Vertrag:
§ 305 II und III BGB

1. Der Verbraucher soll sich bewusst werden können, welchen Inhalt der Vertrag durch die Einbeziehung der AGB bekommt. Deshalb bestimmt § 305 II und III BGB, dass AGBen nur Vertragsbestandteil werden können, wenn kumulativ folgende Voraussetzungen vorliegen:[96]

Voraussetzungen
v. §305 II BGB

- Ein deutlicher Hinweis des Verwenders auf seine AGB, § 305 II Nr. 1 BGB.

- Die Möglichkeit für die andere Partei, vom Inhalt der AGB Kenntnis zu nehmen, § 305 II Nr. 2 BGB.

- Eine Einverständniserklärung der anderen Partei, § 305 II Nr. 2 BGB a.E.

hemmer-Methode: Hierzu ist Folgendes zu beachten: Zwar erklärt § 310 I BGB die Vorschriften des § 305 II und III BGB gegenüber Unternehmern (Legaldefinition in § 14 BGB) wegen deren geringeren Schutzbedürftigkeit für nicht anwendbar. Dies bedeutet aber nicht, dass die AGB dann gleichsam durch ihre bloße Existenz Vertragsbestandteil werden! Vielmehr bleiben die allgemeinen Regeln, §§ 130 ff., 145 ff., 157 BGB, anwendbar, die aber wesentlich geringere Anforderungen stellen.[97]

---

[94] § 310 II BGB regelt die Anwendung bei Elektrizitäts-, Gas-, Fernwärme- und Wasserversorgungsunternehmen. Die Klausurrelevanz dieser Regelung ist gering.
[95] Zu den Fallgruppen Palandt, § 307 BGB, Rn. 50 ff.
[96] Zu den Voraussetzungen im Einzelnen genauer **Hemmer/Wüst, BGB AT I, Rn. 322 ff.**
[97] Zum Problem sich widersprechender AGBen **Hemmer/Wüst, BGB AT I, Rn. 325 ff.**; Medicus, Bürgerliches Recht, Rn. 75.

§ 305c I BGB: Keine überraschenden Klauseln!

2. Nach § 305c I BGB werden trotz der Gesamteinbeziehung der AGB einzelne Klauseln nicht Vertragsbestandteil, soweit sie so ungewöhnlich sind, dass der Vertragspartner mit ihnen nicht zu rechnen brauchte.[98] Es geht dabei also um einen zusätzlichen Schutz vor Überrumpelung.

Ob eine Klausel überraschend ist, bemisst sich nach den Verständnismöglichkeiten des regelmäßig zu erwartenden Durchschnittskunden. Zum Beispiel kann eine gegenüber einer Hausfrau überraschende Klausel im Handelsverkehr unbedenklich sein.

IV. Auslegung von AGB

Vor einer Inhaltskontrolle nach §§ 307 II und I, 308, 309 BGB muss die im Streit befindliche Klausel ausgelegt werden.

69

Neben den allgemeinen Regeln der §§ 133, 157 BGB sind zu beachten:

Vorrang der Individualabrede, § 305b BGB

1. Nach § 305b BGB haben Individualabreden Vorrang vor widersprechenden AGB. Dies gilt auch bei einem nur mittelbaren Widerspruch, der sich nicht schon aus dem Wortlaut, sondern aus dem Zweck der Regelung ergibt.[99]

70

Unklarheiten, § 305c II BGB

2. Nach § 305c II BGB gehen Unklarheiten in der Auslegung (nach Anwendung der §§ 133, 157 BGB!) zu Lasten des Verwenders; es ist also die kundenfreundlichste Auslegung zu wählen.

71

Im Verbandsprozess nach dem UKlaG soll hier aus Verbraucherschutzgründen die umgekehrte Regelung gelten.[100] Vertretbar erscheint eine umgekehrte Anwendung der Unklarheitenregelung auch im Individualprozess bei der Frage der Wirksamkeit nach §§ 307 I und II, 308, 309 BGB.

V. Inhaltskontrolle von AGB

Zur Inhaltskontrolle sollen hier nur zwei wesentliche Grundprinzipien genannt werden:[101]

---

[98] zum Verhältnis §305c I BGB zu § 307 I und II BGB vgl. **Hemmer/Wüst, BGB AT I, Rn. 328**.
[99] Palandt, § 305b BGB, Rn. 4.
[100] Palandt, § 305c BGB, Rn. 18.
[101] Ausführlich, auch zu den wichtigsten Klauseln im Einzelnen **Hemmer/Wüst, BGB AT I, Rn. 336**.

§ 2 RECHTSHINDERNDE EINWENDUNGEN

Heilung, § 311b II S. 2 BGB, § 518 II BGB

2. In den wichtigen Fällen des § 311b I S. 1 BGB und § 518 I BGB ist eine Heilungsmöglichkeit vorgesehen, § 311b I S. 2 BGB, § 518 II BGB.

§ 242 BGB: Überwindung der Formnichtigkeit

3. Keine Heilung, aber eine Überwindung der Formnichtigkeit ist nach § 242 BGB möglich bei nicht nur harten, sondern schlechterdings untragbaren Ergebnissen.[108]

4. Ausnahmen von einigen Formvorschriften schlechthin bestimmt § 350 HGB für Kaufleute.

vertragl. Schriftformerfordernis

IV. Nach § 125 S. 2 BGB ist Nichtigkeit auch die Folge eines Verstoßes gegen ein rechtsgeschäftlich vereinbartes Formerfordernis. Da dieses nach der Rechtsprechung jedoch auch konkludent und formlos jederzeit aufgehoben werden kann,[109] wird hier praktisch die Nichtigkeit die Ausnahme sein. Beachten Sie aber die Besonderheiten bei einer sog. doppelten Schriftformklausel, bei der laut Vereinbarung auch die Änderung der Schriftformklausel der Schriftform bedarf.[110]

82

C) § 134 BGB[111]

Nach § 134 BGB ist ein Rechtsgeschäft nichtig, das gegen ein gesetzliches Verbot verstößt, soweit sich nicht aus dem Gesetz ein anderes ergibt.

83

Vorliegen eines Verbotsgesetzes?

Zentrale Frage bei der Prüfung des § 134 BGB ist, ob nach Sinn und Zweck des Verbots gerade die Rechtsfolge Nichtigkeit gewollt ist. Dabei sind bloße Ordnungsvorschriften (z.B. über Ladenschluss und Polizeistunde) von Vorschriften zu unterscheiden, die sich gerade gegen die Vornahme des Geschäfts richten.

Häufig wird der einseitige Verstoß einer Partei gegen ein Gesetz (z.B. Vertragsschluss unter Vornahme eines Betrugs am Partner) tendenziell nicht, der beiderseitige Verstoß gegen ein Gesetz, das sich an beide Parteien richtet (z.B. SchwArbG) schon zur Nichtigkeit führen.[112]

D) § 138 I, II BGB[113]

§ 138 BGB

I. Bei der Frage nach der Nichtigkeit wegen eines Verstoßes gegen die guten Sitten ist vor der wertungsbestimmten Prüfung nach dem „Sittenverstoß" herauszuarbeiten, ob sich das fragliche Verhalten

84

---

[108] **Hemmer/Wüst**, BGB AT II, Rn. 100 ff.
[109] **Hemmer/Wüst**, BGB AT II, Rn. 81; vgl. auch **Rn. 99** zu möglichen Bedeutungen von Formvereinbarungen.
[110] **Hemmer/Wüst**, BGB AT I, Rn. 166.
[111] **Hemmer/Wüst**, BGB AT II, Rn. 104 ff.
[112] Zur umfangreichen Kasuistik vgl. Palandt, § 134 BGB, Rn. 14 ff., **Hemmer/Wüst**, BGB AT II, Rn. 112a.
[113] Ausführlich **Hemmer/Wüst**, BGB AT II, Rn. 130 ff.

➲ gegen den Geschäftspartner (mit § 138 II BGB als Unterfall)

➲ gegen einen bestimmten Dritten oder

➲ gegen die Allgemeinheit richtet.

II. Als wichtige Problembereiche angesprochen seien hier nur sittenwidrige Ratenkreditverträge,[114] Knebelungsverträge,[115] Wucher (§ 138 II BGB)[116] (jeweils gegenüber dem Vertragspartner), „Mätressentestamente",[117] Vertragsbruchtheorie bei der Kollision von Globalzession und verlängertem Eigentumsvorbehalt[118] (gegen die Allgemeinheit bzw. gegen Dritte).

subj. Element erforderlich

III. Erforderlich ist auch die positive Kenntnis der Sittenwidrigkeit,[119] allerdings darf derjenige, der die, die Sittenwidrigkeit begründenden, Ursachen kennt, nicht die Augen vor dieser Beurteilung verschließen.

Zu beachten ist dabei, dass alleine der subjektive Tatbestand auch nicht genügt. Möchte jemand sittenwidrig handeln, ist das Geschäft aber objektiv gar nicht in der Lage, die begehrte Folge auszulösen, findet § 138 I BGB keine Anwendung.[120]

Verhältnis zu § 123 BGB

IV. Sonderproblem: Im Verhältnis zu § 123 BGB (aber auch zur Anfechtung nach dem AnfG) kann i.d.R. die Täuschung (bzw. Gläubigerbenachteiligung) alleine noch nicht zur Sittenwidrigkeit und damit Nichtigkeit führen, da sonst ipso iure eine Rechtsfolge einträte, die erst Folge eines ausgeübten Gestaltungsrechts sein soll. Außerdem würden Anfechtungsfristen, z.B. die des § 124 BGB, unterlaufen.[121]

hemmer-Methode: Zusammenhänge herstellen! Attraktiv für die Klausur sind §§ 134, 138 BGB wie auch andere Nichtigkeitsnormen nicht zuletzt wegen der möglichen bereicherungsrechtlichen Folgeprobleme. Im Anwendungsbereich des § 138 BGB ist, wie bei § 134 BGB insbesondere an § 817 S. 2 BGB und die damit zusammenhängenden Problemkreise[122] zu denken. § 817 S. 2 BGB ist in der Klausur häufig restriktiv auszulegen. Verstoßen z.B. beide Vertragspartner gegen das Gesetz zur Bekämpfung der Schwarzarbeit, so lässt der BGH § 817 S. 2 BGB entgegen dem Wortlaut nicht eingreifen.

---

[114] **Hemmer/Wüst, BGB AT II, Rn. 131**.
[115] **Hemmer/Wüst, BGB AT II, Rn. 135**.
[116] **Hemmer/Wüst, BGB AT II, Rn. 145**.
[117] **Hemmer/Wüst, BGB AT II, Rn. 140**.
[118] **Hemmer/Wüst, Kreditsicherungsrecht, Rn. 335 ff.**
[119] Näher **Hemmer/Wüst, BGB AT II, Rn. 129**.
[120] BGH, Urteil vom 28.10.2011, V ZR 212/10 = NJW-RR 2012, 18 = **Life&Law 2012, 167 ff.** = **juris**byhemmer
[121] Vgl. auch Palandt, § 138 BGB, Rn. 14 a.E.
[122] **Hemmer/Wüst, BGB AT II, Rn. 147 a.E.; Hemmer/Wüst, Bereicherungsrecht, Rn. 451 ff.**

Der Schwarzarbeiter kann daher über §§ 812 I S. 1 Alt. 1, 818 II BGB Wertersatz verlangen. Allerdings ist „Schwarzarbeit" weniger wert als die reguläre Arbeit. Insbesondere stehen dem Besteller wegen § 134 BGB keine Gewährleistungsansprüche zu.

E) Weitere rechtshindernde Einwendungen

Es sind über das BGB noch weitere Vorschriften verstreut, die Willenserklärungen/Rechtsgeschäfte für von Anfang an (schwebend) unwirksam erklären, z.B. § 311b II und IV S. 1 BGB oder aus dem Erbrecht § 2302 BGB.

§ 1365 BGB: absolutes Verfügungs- und Verpflichtungsverbot

Klausurrelevant können v.a. die Verpflichtungs- und Verfügungsverbote in der Zugewinngemeinschaft, §§ 1365, 1369 BGB, sein.[123] Hiernach sind sowohl die Verpflichtung als auch die Verfügung eines Ehepartners über sein Vermögen ohne Genehmigung des anderen (schwebend, § 1366 BGB) unwirksam und zwar sogar absolut, d.h. es ist nicht etwa ein gutgläubiger Erwerb deshalb möglich, weil der Vertragspartner nicht weiß, dass der Veräußernde verheiratet ist.

---

[123] **Hemmer/Wüst**, Familienrecht, Rn. 77 ff.

§ 3 RECHTSVERNICHTENDE EINWENDUNGEN

Von den im vorigen Kapitel dargestellten rechtshindernden Einwendungen unterscheiden sich die rechtsvernichtenden dadurch, dass sie noch nicht z.Zt. des Vertragsschlusses vorliegen, sondern erst später entstehen, also einen bereits vorhandenen Anspruch zum Erlöschen bringen.

hemmer-Methode: Allen rechtsvernichtenden Einwendungen ist folgender Aufbau in der Klausur gemeinsam: Anspruch entstanden, z.B. § 433 II BGB, da wirksamer Vertragsschluss (WE, Vertretung usw.); Anspruch könnte aber erloschen sein, wenn rechtsvernichtende Einwendung vorliegt (z.B. Anfechtung, §§ 119 ff., 142 I BGB; Aufrechnung, §§ 387 ff., 389 BGB). Formuliert werden könnte dies z.B. bei der Anfechtung: „Der Anspruch könnte mit ex tunc Wirkung erloschen sein, § 142 I BGB. Voraussetzung dafür ist eine wirksame Anfechtung gem. §§ 119 ff. BGB."

A) Anfechtung

Gestaltungsrecht, Wirkung ex tunc

Die Anfechtung dürfte eines der wichtigsten rechtsvernichtenden Gestaltungsrechte in der Klausur sein, wobei zu beachten ist, dass diese rückwirkend rechtsvernichtend, also ex tunc wirkt, § 142 I BGB.

hemmer-Methode: Lernen Sie frühzeitig interessensorientiert: Der Erklärungsempfänger ist schutzwürdig. Dem wird dreifach Rechnung getragen:
- **durch die abschließende Normierung der Anfechtungsgründe, §§ 119 I, II, 120, 123 BGB**
- **durch die kurz bemessene Anfechtungsfrist, § 121 S. 1 BGB**
- **durch die Schadensersatzpflicht nach § 122 BGB.**

I. Anwendbarkeit der §§ 119 ff. BGB

Anwendungsbereich

Die §§ 119 ff. BGB sind grundsätzlich auf alle Willenserklärungen anwendbar (z.B. auch auf die Einigung i.S.d. § 929 BGB), soweit ihre Voraussetzungen vorliegen und keine Sonderregeln vorgehen (dazu im Folgenden genauer).

Zulässigkeit der Anfechtung:

⊃ (+) bei Willenserklärungen (selbst wenn diese schon aus anderen Gründen, z.B. Geschäftsunfähigkeit, nichtig sein sollten: sog. Theorie der Doppelnichtigkeit); Realakte (z.B. Besitzübertragung) sind nicht anfechtbar. Auch auf geschäftsähnliche Handlungen, wie z.B. die Mahnung, sind die Anfechtungsregeln grundsätzlich anwendbar.

- (-) bei Schweigen als sog. „rechtlichem nullum"; sofern ihm aber die Bedeutung eines stillschweigend erklärten „Ja" zukommt (z.B. §§ 416 III S. 2, 455 S. 2, 516 II S. 2 BGB), ist Anfechtung möglich; bei Bedeutung eines „Nein" (z.B. §§ 108 II S. 2, 177 II S. 2, 415 II S. 2 BGB) ist eine Anfechtung ebenfalls nicht möglich. Darüber hinaus gilt der Grundsatz, dass eine Anfechtung nie mit der Begründung erfolgen kann, man habe die Bedeutung des Schweigens nicht gekannt!

- (-) wenn § 144 BGB einschlägig ist, d.h. wenn das anfechtbare Rechtsgeschäft vom Anfechtungsberechtigten erneut bestätigt worden ist.

Voraussetzungen der Anfechtung:

1. Anfechtungserklärung
2. Anfechtungsgrund
3. Anfechtungsfrist

II. Anfechtungsgründe

Anfechtungsgründe

Das Gesetz zählt die Gründe, aus denen ein Rechtsgeschäft angefochten werden kann, abschließend auf.

Im BGB-AT gibt es vier Anfechtungsgründe:

- § 119 I BGB: Inhalts- oder Erklärungsirrtum
- § 119 II BGB: Eigenschaftsirrtum
- § 120 BGB: falsche Übermittlung
- § 123 BGB: arglistige Täuschung oder Drohung

Die Anfechtungsgründe aus dem Erbrecht, die die §§ 119 ff. BGB verdrängen, werden in den speziellen Skripten dazu behandelt; vgl. nur §§ 2078, 2079 (i.V.m. § 2281) BGB.[124]

1. Anfechtungsgründe des § 119 I BGB

§ 119 I BGB: Erklärtes ⇔ Gewolltes

Irrtum ist das unbewusste Auseinanderfallen von Wille und Erklärung. Im Zeitpunkt der Abgabe der Willenserklärung fallen das objektiv Erklärte und das subjektiv Gewollte unbewusst auseinander.

---

[124] **Hemmer/Wüst, Erbrecht, Rn. 77 ff.**

Ob überhaupt ein Irrtum vorliegt, ist durch Auslegung (§§ 133, 157 BGB) zu ermitteln. Stimmt das durch Auslegung ermittelte, objektiv Erklärte mit dem Gewollten überein, so liegt kein Irrtum vor. § 119 I BGB betrifft damit Fehler in der Willensäußerung, nicht bei der Willensbildung.

Merke: Auslegung vor Anfechtung!

Auch im Fall der „falsa demonstratio" gilt das Gewollte und nicht das Erklärte.[125] In diesen Fällen bedarf es daher keiner Anfechtung.

§ 119 I BGB kennt zwei Irrtumsfälle:

a) Inhaltsirrtum

Inhaltsirrtum

Ein Inhaltsirrtum gem. § 119 I Alt. 1 BGB liegt vor, wenn der Erklärende zwar das gewollte Erklärungszeichen wählt, sich aber über die Bedeutung desselben irrt.

94

> **Fall 1:** A bestellt bei B ein Gros Toilettenpapier. Objektiv bedeutet ein Gros 12 x 12 = 144. A meint, Gros sei eine Typenbezeichnung. Liegt ein wirksames Kaufangebot vor?

A hat objektiv ein Kaufangebot über 144 Rollen Toilettenpapier abgegeben. Sein Wille weicht jedoch vom objektiv Erklärten ab. A irrte sich über die Bedeutung des Wortes Gros. Er kann daher sein Kaufangebot nach § 119 I Alt. 1 BGB anfechten.

b) Erklärungsirrtum

Erklärungsirrtum

Bei einem Erklärungsirrtum gem. § 119 I Alt. 2 BGB stimmen gewolltes und gewähltes Erklärungszeichen nicht überein: Der Erklärende sagt nicht das, was er sagen will, z.B. Verschreiben, Versprechen.

95

Hinweis: Inhalts- und Erklärungsirrtum lassen sich häufig nicht klar voneinander trennen. Wichtig ist im Ergebnis nur die Abgrenzung zum unbeachtlichen Motivirrtum.[126]

> Folgende Prüfungsreihenfolge ist zu beachten:
>
> ⊃ Was wurde objektiv erklärt? ⇨ Auslegung, §§ 133, 157 BGB.
>
> ⊃ Was war gewollt?

---

[125] Vgl. zur Anwendung dieses Grundsatzes auf formbedürftige Rechtsgeschäfte **Life&Law 2008, 371 ff.**
[126] Siehe unten Rn. 96; vgl. auch Medicus, Bürgerliches Recht, Rn. 132.

> - Fällt Erklärtes und Gewolltes unbewusst auseinander? (bei bewusstem Auseinanderfallen ⇨ §§ 116 - 118 BGB).
>
> - Hätte der Erklärende bei Kenntnis der Sachlage und verständiger Würdigung des Falles die Erklärung nicht abgegeben (§ 119 I BGB a.E.)?

c) Andere klausurrelevante Irrtümer

Motivirrtum

aa) Motivirrtum

Fall 2: A kauft seiner Tochter Möbel bei B zu ihrer unmittelbar bevorstehenden Heirat. Die Heirat kommt nicht zustande. Muss A den Kaufpreis zahlen?

96

A könnte gem. § 433 II BGB zur Zahlung des Kaufpreises an B verpflichtet sein. Ein dazu erforderlicher Kaufvertrag wurde wirksam zwischen A und B geschlossen. Möglicherweise kann A seine Willenserklärung wegen Irrtums nach § 119 I BGB anfechten. Erklärung und Wille des A fallen jedoch nicht auseinander. Die vermeintliche Heirat war nur Motiv für die Willenserklärung. Ein Motivirrtum berechtigt aber grundsätzlich nicht zur Anfechtung wegen Irrtums. Gesetzlich anerkannte Fälle des Motivirrtums gibt es nur bei § 119 II BGB (h.M.) und im Erbrecht (vgl. §§ 1949, 2078 BGB).

bb) Rechtsfolgenirrtum

Rechtsfolgenirrtum

Ein Rechtsfolgenirrtum ist (nur) beachtlich, wenn es sich um Rechtsfolgen handelt, die unmittelbar Gegenstand der Erklärung sind.

97

Bsp.: Bestellung einer Hypothek durch den Eigentümer in der Annahme, sie erhalte die zweite Rangstelle, obwohl sie tatsächlich die erste Rangstelle erhält.

Nicht erheblich ist der Rechtsfolgenirrtum, wenn er lediglich rechtliche Nebenfolgen der Erklärung betrifft, die kraft Gesetzes eintreten.

Bsp.: Beim Verkauf einer Sache weiß A nicht, dass er nach §§ 434 ff. BGB für Sach- und Rechtsmängel haftet.

cc) Kalkulationsirrtum[127]

verdeckter Irrtum

Der verdeckte Kalkulationsirrtum (d.h. die (Be-)Rechnung wird dem Vertragspartner nicht offengelegt) ist als bloßer Motivirrtum immer unbeachtlich.

98

---

[127] Vgl. Life&Law 1998, 753 ff.

offener Kalkulationsirrtum

Bsp.: Obsthändler A will das Kilo Äpfel für 3,- € verkaufen. Als B fünf Kilo Äpfel kauft, verrechnet sich A und verlangt nur 12,- € statt 15,- €.

Problematisch ist der offene Kalkulationsirrtum.[128]

Beispiel (wie oben): A sagt zu B: „Ein Kilo Äpfel kostet 3,- €. Das macht bei fünf Kilo 12,- €." Hier hat A dem B seine Berechnung offen gelegt.

Das Reichsgericht hat einen erweiterten Inhaltsirrtum angenommen und die Anfechtung nach § 119 I BGB zugelassen. Heute ist allerdings allgemein anerkannt, dass ein Motiv nicht dadurch zum Inhalt der Erklärung wird, dass es dem Vertragspartner mitgeteilt wird. Eine Anfechtung ist daher nicht möglich.

Folgende Lösungsmöglichkeiten bestehen:

⊃ Dem Gewollten kann schon durch Auslegung Geltung verschafft werden.

⊃ Die Erklärung ist wegen inneren Widerspruchs (der nicht durch Auslegung aufgelöst werden kann) nichtig (Perplexität).

⊃ Der Vertrag wird nach den Grundsätzen des Wegfalls der Geschäftsgrundlage dem Willen der Beteiligten angepasst, vgl. § 313 I BGB.

In obigem Beispiel besteht die Erklärung des A aus zwei Teilen: A wollte die Äpfel für 3,- € pro Kilo verkaufen, andererseits hat er als Kaufsumme 12,- € festgesetzt. Beide Teile widersprechen sich. Die Auslegung nach dem objektiven Empfängerhorizont (§§ 133, 157 BGB) ergibt jedoch, dass der erste Teil Vorrang haben soll. Ein Kaufvertrag ist daher über 5 x 3,- € = 15,- € zustande gekommen. Lässt sich allerdings für einen objektiven Empfänger nicht feststellen, ob A die Äpfel für 3,- € pro Kilo oder für 12,- € verkaufen wollte, so muss man Perplexität annehmen.

Einzelfall prüfen

hemmer-Methode: Der Kalkulationsirrtum ist klausurtypisch. Viele Varianten kommen für eine interessensgerechte Lösung in Betracht. Es verbietet sich daher jedes Schubladendenken. Obige Lösungsmöglichkeiten sind im Einzelfall zu erörtern.[129] Fassen Sie kurz noch einmal zusammen, welche Lösungsmöglichkeiten beim Kalkulationsirrtum in Betracht kommen. Denken Sie daran: Auch hier gilt: Irrt sich der Vertreter, kommt § 166 I BGB in Betracht.

---

[128] **Hemmer/Wüst, BGB AT III, Rn. 457 ff.**
[129] Siehe Palandt, § 119 BGB, Rn. 18 ff.

§ 3 RECHTSVERNICHTENDE EINWENDUNGEN

fehlendes Erklärungs-bew. (s.o. Rn. 6)

dd) Fehlendes Erklärungsbewusstsein

100

2. Anfechtungsgrund des § 119 II BGB

§ 119 II BGB

Nach § 119 II BGB ist ausnahmsweise ein Irrtum bei der Willensbildung beachtlich, wenn sich der Erklärende über verkehrswesentliche Eigenschaften einer Person oder Sache geirrt hat.

101

> *Fall 3:* A verkauft an B eine Brosche für 100,- €. Er weiß aber nicht, dass die Brosche aus dem 17. Jahrhundert stammt und daher mindestens 2.000,- € wert ist. Kann A den Kaufvertrag anfechten?

A hat erklärt, die Brosche für 100,- € zu verkaufen und wollte dies auch. Daher kann er nicht nach § 119 I BGB anfechten. A hat diese Erklärung aber nur abgegeben, weil er sich über das Alter der Brosche geirrt hat. Das Alter ist als wertbildender Faktor eine verkehrswesentliche Eigenschaft der Brosche. Daher kann A nach § 119 II BGB den Kaufvertrag anfechten.[130]

a) Voraussetzungen des § 119 II BGB

Eigenschaften = auf Dauer wertbildende Faktoren

◯ Eigenschaften einer Person oder Sache sind alle gegenwärtigen Faktoren, die für deren Wert oder Verwendbarkeit unmittelbar von Bedeutung sind. Dabei muss es sich um solche Umstände handeln, die der Person oder Sache auf Dauer anhaften (z.B. ist die Schwangerschaft einer Frau keine Eigenschaft, da nur vorübergehend). Eigenschaften einer Sache sind **wertbildende Faktoren**, z.B. Stoff, Größe, Bebaubarkeit, nicht aber der Wert einer Sache selbst. Er ist nur die Summe aller wertbildenden Faktoren. Wäre der Wert beachtlich, wäre die freie Preisbildung gefährdet.

102

verkehrswesentlich

◯ Verkehrswesentlich ist eine Eigenschaft, wenn sie nach der Verkehrsanschauung (also objektiv) für das konkrete Rechtsgeschäft von Bedeutung ist.[131]

Person

◯ Person ist nicht nur der Erklärungsempfänger, sondern jede Person, auf die sich das Rechtsgeschäft bezieht. Eigenschaften einer Person sind z.B. Alter, Zuverlässigkeit etc.

Sache

◯ Sache ist nicht i.S.v. § 90 BGB zu verstehen; gemeint ist jeder Gegenstand eines Rechtsgeschäfts, also auch unkörperliche Gegenstände (Rechte).

---

[130] Beachten Sie schon hier: Ein nach § 119 II BGB beachtlicher Motivirrtum kann sich auch auf das dingliche Rechtsgeschäft beziehen (vgl. Rn. 119)!
[131] Str.; Palandt, § 119 BGB, Rn. 24 ff..

b) Ausschluss

neben §§ 434 ff. BGB (-)

Die Anfechtung nach § 119 II BGB durch den Käufer ist ausgeschlossen, wenn und soweit die Sachmängelhaftung, §§ 434 ff. BGB, eingreift. Ansonsten könnte die Verjährungsfrist des § 438 BGB und der Haftungsausschluss bei grob fahrlässiger Unkenntnis vom Sachmangel gem. § 442 S. 2 BGB umgangen werden. Außerdem besteht i.R.d. §§ 434 ff. BGB der Vorrang der Nacherfüllung, der durch eine (sofortige) Anfechtung unterlaufen werden könnte.

Zeitpunkt: Gefahrübergang (str.)

Umstritten ist, ob § 119 II BGB schon vor Gefahrübergang oder erst danach ausgeschlossen ist.[132] Wird die Mängelhaftung wirksam abbedungen, vgl. § 444, 475 BGB, so bleibt auch die Anfechtung ausgeschlossen. Sie lebt durch den Ausschluss der §§ 434 ff. BGB nicht wieder auf.

Die Anfechtung ist aber möglich, wenn der Irrtum eine verkehrswesentliche Eigenschaft betrifft, die keinen Sachmangel i.S.d. § 434 BGB darstellt (also genau prüfen!).

Das eben Gesagte gilt auch für die Gewährleistung bei der Miete (§§ 536 ff. BGB) und beim Werkvertrag (§§ 633 ff. BGB).

Problem bei Verkäufer

Da die §§ 434 ff. BGB nur Rechte des Käufers regeln, besteht kein Konkurrenzverhältnis wenn der Verkäufer gem. § 119 II BGB anficht. Die Anfechtung ist damit grundsätzlich zulässig. Der Verkäufer darf aber ausnahmsweise dann nicht nach § 119 II BGB anfechten, wenn er sich durch die Anfechtung den Gewährleistungsansprüchen des Käufers entziehen könnte.

3. Anfechtungsgrund des § 120 BGB

§ 120 BGB

Fall 4: A schickt seinen Sohn B zu C. B soll C ausrichten, dass A sein Auto für 5.000,- € verkauft. Bei C angekommen sagt B, dass A sein Auto für 500,- € verkaufe. C ist sofort einverstanden. Dies teilt B dem A mit. Wie ist die Rechtslage?

Objektiv ist ein Kaufvertrag über 500,- € zustande gekommen. Zwar hat A eine andere Willenserklärung abgegeben als sie C zugegangen ist. Wie sich aber aus § 120 BGB ergibt, hindert dies das Zustandekommen eines Vertrages nicht.

Möglicherweise kann A anfechten. Im Zeitpunkt der Abgabe der Willenserklärung stimmten Gewolltes und Erklärtes überein. Daher scheidet § 119 I als Anfechtungsgrund aus.

Fraglich ist, ob A nicht nach § 120 BGB anfechten kann.

B war Erklärungsbote (für Empfangsboten und Vertreter gilt § 120 BGB nicht).

---

[132] Siehe Medicus, Bürgerliches Recht, Rn. 342 ff.

Die Willenserklärung wurde von B unbewusst falsch abgegeben (bei bewusster Falschübermittlung werden die §§ 177 ff. BGB analog angewendet).

Der Irrtum muss erheblich sein (§ 120 BGB verweist auf § 119 BGB!). Da alle Voraussetzungen des § 120 BGB erfüllt sind, kann A nach § 120 BGB den Vertrag anfechten.

4. Anfechtungsgründe des § 123 BGB

§ 123 BGB

§ 123 BGB schützt die rechtsgeschäftliche Entschließungsfreiheit, indem er die durch Drohung oder Täuschung bestimmte Willenserklärung für anfechtbar erklärt.

Täuschung

a) Arglistige Täuschung

Voraussetzungen sind:

⊃ Täuschung durch positives Tun oder Unterlassen

⊃ Kausalität zw. Täuschung und Abgabe der Willenserklärung

⊃ Arglist

Fall 5: A verkauft B sein gebrauchtes Auto. Dabei verschweigt A einen schweren Unfallschaden des Autos. B hat nicht nach Unfällen des Wagens gefragt. Kann B, nachdem er von dem Unfall erfahren hat, den Kaufvertrag anfechten?

Eine Anfechtung nach § 119 II BGB scheidet aus, da insoweit die §§ 434 ff. BGB eingreifen: Der Unfallschaden stellt einen Mangel i.S.d. § 434 I S. 2 Nr. 1 BGB dar.

Dagegen ist § 123 BGB neben den §§ 434 ff. BGB anwendbar, da es an der Schutzwürdigkeit des arglistig handelnden Verkäufers fehlt. Für § 123 BGB müsste jedoch eine arglistige Täuschung seitens des A vorliegen.

ggf. auch Unterlassen

A hat es unterlassen, B über den Unfall des Wagens aufzuklären. Deshalb hat sich B über die Unfallfreiheit des Wagens geirrt. Ein Unterlassen ist aber nur dann einer Täuschung durch positives Tun gleichzustellen, wenn eine Pflicht zur Aufklärung besteht. Eine solche Pflicht kann sich v.a. aus § 242 BGB ergeben, was immer jeweils für den konkreten Einzelfall zu beurteilen ist.

Es besteht keine allgemeine Aufklärungspflicht! Schwere Unfälle hat der Verkäufer allerdings auch ohne Befragen zu offenbaren (st. Rspr., vgl. nur BGH, NJW 1982, 1386; anders bei Bagatellschäden). Daher liegt hier im Unterlassen eine Täuschung vor.

Hätte B von dem Unfall gewusst, so hätte er den Kaufvertrag nicht abgeschlossen. Daher ist auch die Kausalität gegeben.

Arglist

Hat A auch arglistig gehandelt? Arglist liegt vor, wenn der Täuschende die Unrichtigkeit seiner Angaben kennt und er sich bewusst ist, dass der Erklärende durch die Täuschung zur Abgabe einer Willenserklärung bestimmt wird. A hat hier von dem Unfall gewusst und er hat gewusst (oder zumindest damit gerechnet), dass B den Kaufvertrag bei Kenntnis von dem Unfall nicht abschließen würde. Daher hat A arglistig gehandelt.

Beachte noch: Eine arglistige Täuschung liegt nach der Rechtsprechung auch dann vor, wenn der Täuschende mit der Unrichtigkeit seiner Angaben rechnet und trotzdem Behauptungen ins Blaue hinein aufstellt.

In Fall 5 kann B also nach § 123 I BGB anfechten. Tut er das, so verliert er allerdings seine Mängelrechte, da diese das Bestehen eines Vertrages voraussetzen (In jedem Fall hat er aber Schadensersatzansprüche aus Delikt: §§ 826; 823 II BGB i.V.m. § 263 StGB).

Fall 6: *Wie Fall 5. Zur Finanzierung des Kaufpreises hat B bei seiner Hausbank C ein Darlehen (§ 488 BGB) aufgenommen.* 107

Den Kaufvertrag kann B anfechten.[133] Kann er auch den Darlehensvertrag wegen arglistiger Täuschung anfechten?

§ 123 II BGB

Grundsätzlich ist der Anfechtungsgrund des § 123 I BGB gegeben, da B den Darlehensvertrag ohne die Täuschung nicht geschlossen hätte. Nun enthält allerdings § 123 II BGB eine Einschränkung für den Fall, dass ein Dritter (also nicht der Erklärungsempfänger) die Täuschung verübt hat. Dann ist eine Anfechtung nur möglich, wenn der Erklärungsempfänger die Täuschung kannte oder kennen musste.

Dritter ⇔ Nichtdritter

Dritter i.S.d. § 123 II BGB ist allerdings nur der am Rechtsgeschäft völlig Unbeteiligte, nicht aber derjenige, der im Lager des Erklärungsempfängers steht (laienhaft „Lagertheorie"; z.B. Vertreter ist immer sog. Nichtdritter, andere Vertrauenspersonen; in diesen Fällen ist die Anfechtung nach § 123 I BGB möglich). Dabei kann auf die Wertungen des § 278 BGB zurückgegriffen werden.

---

[133] Siehe oben, Rn. 106.

hemmer-Methode: Denken Sie daran: In der Klausur finden Sie nicht nur A und B. Häufig sind auf beiden Seiten Vertreter tätig. Dann gilt: Ein Problem mehr! Täuscht ein Vertreter, greift § 123 I BGB. Ein weiteres Problem mehr: Wird ein Vertreter getäuscht, so ist auf § 166 I BGB abzustellen! Ficht auch noch der getäuschte Vertreter an, so kann er dies nur, wenn er für die Anfechtung eine entsprechende Vertretungsmacht hat.
Merken Sie: In dieser Konstellation gibt es nicht ein Problem, sondern drei! Lernen Sie in klausurtypischen Fallkonstellationen, dann treffen Sie in der Prüfung auf altbekannte Muster. „hemmer-Methode" heißt: Verständnis schaffen für Klausurtypik. Wiederum geht es um die Zurechnung von Dritten.

In Fall 6 hat A den B getäuscht. A war aber an dem Zustandekommen des Darlehensvertrages nicht beteiligt. A ist Dritter i.S.d. § 123 II BGB. Daher kann B gegenüber C nur anfechten, wenn C die Täuschung kannte oder kennen musste. Da dies nicht der Fall ist, kann B den Darlehensvertrag nicht wegen arglistiger Täuschung anfechten.

Da § 123 II BGB den Erklärungsempfänger, der von der Täuschung eines Dritten nichts weiß, schützen soll, richtet sich die Anfechtung nicht empfangsbedürftiger Willenserklärungen immer nach § 123 I BGB.

b) Widerrechtliche Drohung

Drohung

Drohung ist das Inaussichtstellen eines künftigen Übels, das vom Willen des Drohenden abhängt (⇨ Abgrenzung zur Warnung).

108

Widerrechtlich ist die Drohung, wenn das angedrohte Verhalten (Mittel) oder der angestrebte Erfolg (Zweck) für sich allein gesehen verboten oder sittenwidrig ist. Ist das nicht der Fall, so kann auch die Zweck-Mittel-Relation, also die Verknüpfung eines rechtmäßigen Mittels mit einem rechtmäßigen Zweck, rechtswidrig sein.

Bspe.:

➲ A hat einen fälligen Kaufpreisanspruch gegen B; A sagt zu B: Wenn du nicht bis morgen zahlst, werde ich dein Haus anzünden: Widerrechtlichkeit des Mittels.

➲ A hat den B bei einem Diebstahl beobachtet; A droht B, er werde ihn anzeigen, wenn er nicht 1.000,- € bekomme: Widerrechtlichkeit des Zwecks, da A keinerlei Anspruch auf die 1.000,- € hat.

➲ A hat den B bei einem Diebstahl beobachtet; A droht B mit einer Anzeige, falls B nicht eine fällige Kaufpreisforderung des A erfüllt:

⮕ Widerrechtlichkeit der Zweck-Mittel-Relation, da zwischen dem Kaufpreisanspruch und der Straftat keinerlei Zusammenhang besteht (anders, wenn die aus einer Straftat erwachsenen Schadensersatzansprüche durchgesetzt werden sollen).

"bestimmt"

Zur widerrechtlichen Drohung muss außerdem noch der Wille des Drohenden kommen, den anderen Teil zur Abgabe einer Willenserklärung zu bestimmen.

Schließlich muss die Drohung auch kausal für die Abgabe der Willenserklärung gewesen sein.

Beachte: § 123 II BGB gilt nur für die arglistige Täuschung, nicht für die Drohung (Gesetz lesen!). Eine durch Drohung bestimmte Willenserklärung kann also ohne Weiteres auch dann angefochten werden, wenn ein Dritter die Drohung vorgenommen hat.

So ist z.B. ein Prozessvergleich (Vertrag gem. § 779 BGB) gem. § 123 I anfechtbar, wenn der Richter die Parteien durch widerrechtliche Drohung zum Abschluss zwingt, BAG, Life&Law 2011, 212.

**hemmer-Methode: Kommt es durch eine widerrechtliche Drohung zum Vertragsschluss, kann der Bedrohte gem. § 823 II BGB, § 240 StGB i.V.m. § 249 I BGB Aufhebung des Vertrages verlangen, Naturalrestitution. Er kann dies nach h.M. auch noch dann verlangen, wenn die Ausschlussfrist des § 124 BGB verstrichen ist, da deliktische Ansprüche gem. §§ 195, 199 BGB gemäß der allgemeinen Frist verjähren. Selbst nach Eintritt der Verjährung kann die Erfüllung des Vertrages noch gem. § 853 BGB verweigert werden.
Merken Sie sich: Auch zwischen Anfechtungsrecht und Deliktsrecht besteht ein Spannungsverhältnis. Diese Problemfelder werden auch in unserem Hauptkurs systematisch abgehandelt; exemplarisch anhand ausgesuchter Examensklausuren.**

III. Anfechtungserklärung

Anfechtungserklärung, § 143 I BGB

Gemäß § 143 I BGB muss die Anfechtung gegenüber dem Anfechtungsgegner erklärt werden.

Die Anfechtungserklärung ist eine formfreie, empfangsbedürftige Willenserklärung (und daher selbst nach den §§ 119 ff. BGB anfechtbar!). Der Anfechtende muss zu erkennen geben, dass er das vorausgegangene Rechtsgeschäft nicht gelten lassen will. Der Gebrauch des Wortes „Anfechtung" ist nicht nötig. Es muss aber der Anfechtungsgrund erkennbar sein.

hemmer-Methode: Die juristische Idealsprache finden Sie nur selten im Sachverhalt der Klausur. Erklärt der Laie z.B. „er wolle das Geschäft nicht gelten lassen", so ist diese Erklärung als Anfechtungserklärung auslegbar, §§ 133, 157 BGB. Ähnlich wie der Schachspieler, der die Situation auf dem Schachbrett logisch analysiert, muss man in Klausuren die Folgeproblematik mitberücksichtigen. So kann erst die Bejahung der Anfechtungserklärung die in der Klausur angelegten Folgeprobleme (z.B. § 311 II, III BGB, Bereicherungsrecht, EBV) eröffnen.
Anders: Erklärt eine Partei: „Ich fechte den Vertrag an und verlange Schadensersatz", so ergibt die Auslegung gem. §§ 133, 157 BGB, dass die für den Erklärenden günstigere Möglichkeit gewollt ist. Die Anfechtung ist wegen der Wirkung des § 142 I BGB insoweit ungünstig, als der Vertrag rückwirkend entfällt und damit Schadensersatzansprüche aus Vertrag nicht mehr in Betracht kommen. I.d.R. wird deswegen Schadensersatz gewollt sein.[134]
Trainieren Sie frühzeitig in sog. „wenn-dann-Kategorien zu denken". Spielen Sie die Lösungsmöglichkeiten vorher im Kopf durch. Wenn eine Variante in eine Sackgasse gerät, spricht eine große Wahrscheinlichkeit dafür, dass Sie „falsch liegen". Lernen Sie nicht abstraktes Wissen, sondern wie in unserem Hauptkurs anwendungsspezifisch. „Problem erkannt, Gefahr gebannt!"

Bedingungsfeindlichkeit

Als Gestaltungsrecht ist die Anfechtung bedingungs- und befristungsfeindlich.[135]

Anfechtungsgegner ist bei Verträgen der Vertragspartner, § 143 II BGB. Im Fall des § 123 II S. 2 BGB (dieser regelt die Anfechtung beim Vertrag zugunsten Dritter) ist der Dritte Anfechtungsgegner.

Für einseitige Rechtsgeschäfte s. § 143 III, IV BGB.

IV. Anfechtungsfrist

Anfechtungsfrist

Die Anfechtung nach §§ 119, 120 BGB muss unverzüglich (Legaldefinition in § 121 I BGB!) ab Kenntnis von dem Anfechtungsgrund erfolgen, spätestens aber nach zehn Jahren (§ 121 II BGB).

Bei der Anfechtung nach § 123 BGB gilt die Jahresfrist des § 124 I BGB sowie die absolute zehnjährige Frist nach § 124 III BGB.

Diese Fristen sind Ausschlussfristen, d.h. sie sind von Amts wegen zu beachten und nicht, wie z.B. die Verjährung, erst auf Einrede einer Partei.

Auch vor Ablauf der Anfechtungsfrist kann die Anfechtung durch Bestätigung (§ 144 BGB) ausgeschlossen sein (nicht verwechseln mit der Bestätigung nach § 141 BGB!).

---

[134] Vertiefend hierzu **Hemmer/Wüst, BGB AT III, Rn. 521 ff.**
[135] Siehe Palandt, Überbl v § 104 BGB, Rn. 17.

V. Rechtsfolgen der Anfechtung

1. Nichtigkeit

Nichtigkeit ex tunc

Die Anfechtung führt zur Nichtigkeit der Willenserklärung (und damit auch des mit ihr verbundenen Rechtsgeschäftes) ex tunc (§ 142 I BGB).

Wird ein Verpflichtungsgeschäft wirksam angefochten, so sind die erbrachten Leistungen nach Bereicherungsrecht (§ 812 I S. 1 Alt. 1 BGB; a.A. § 812 I S. 2 Alt. 1 BGB) zurückzugewähren.

sowohl Verpflichtungs- als auch Verfügungsgeschäft

Auch ein angefochtenes Verfügungsgeschäft ist von Anfang an nichtig (siehe Rn. 117 ff.). Das bedeutet z.B. bei einer Übereignung, dass der Erwerber von Anfang an Nichtberechtigter war. Hat er inzwischen weiterverfügt, so richtet sich die Wirksamkeit dieser Verfügung nach den Vorschriften über den gutgläubigen Erwerb (v.a. §§ 892, 932 BGB). Dabei ist insbesondere auf § 142 II BGB zu achten.

Bsp.: *A veräußert seinen Pkw an B, wobei er von B arglistig getäuscht wurde. B veräußert den Pkw an C. Nun ficht A den Kaufvertrag und die Übereignung wirksam an. Hat C Eigentum erworben?*

B ist wegen § 142 I BGB von Anfang an Nichtberechtigter. C kann deswegen nur nach §§ 929, 932, 935 BGB gutgläubig Eigentum erworben haben. Hier greift § 142 II BGB ein. Kannte C also die Täuschung gegenüber A oder hätte er sie kennen müssen, so hat er kein Eigentum an dem Pkw erworben.

Doppelnichtigkeit

Nach h.M. ist auch ein nichtiges Rechtsgeschäft noch einmal anfechtbar, (vgl. Rn. 90).

hemmer-Methode: Die Fallkonstellation, dass ein unwirksames Rechtsgeschäft anfechtbar sein muss, findet man hauptsächlich beim Minderjährigen. Übereignet ein Mj. einen ihm gehörenden Gegenstand, so scheitert die Übereignung i.d.R. an sich schon an §§ 107 ff. BGB. Dann könnte aber ein gutgläubiger Dritter als Zweiterwerber Eigentum erwerben, §§ 929, 932 BGB. Könnte der Minderjährige die dingliche Einigung im Verhältnis zu seinem Vertragspartner (Ersterwerber) nicht zusätzlich z.B. gem. § 119 II BGB anfechten, stünde er schlechter, als wenn er nicht minderjährig wäre. Deswegen ist das an sich schon unwirksame Rechtsgeschäft noch anfechtbar (Theorie der Doppelnichtigkeit). Die Pointe liegt dann in § 142 II BGB. Der hinsichtlich der Eigentumslage Gutgläubige wird dann als bösgläubig behandelt, wenn er die Anfechtbarkeit kannte oder kennen musste. Schreiben Sie sich § 142 II BGB bei § 932 II BGB zum Lernen an den Rand!

Ebenso ist ein bereits nach § 119 II BGB angefochtenes Rechtsgeschäft (nichtig nach § 142 I BGB) nochmals gem. § 123 I BGB anfechtbar. Rechtsfolge: Die Schadensersatzpflicht aus § 122 BGB entfällt.

Festhalten am Gewollten,
§ 242 BGB

Grundsätzlich wird mit der Anfechtung das Rechtsgeschäft vollständig vernichtet. Dies erscheint bei der Irrtumsanfechtung unbillig, wenn sich der Irrtum nur auf einen Teil des Rechtsgeschäfts bezogen hat, das Rechtsgeschäft aber im Übrigen aufrechterhalten werden kann. Der Anfechtende muss sich wenigstens an dem Gewollten festhalten lassen (§ 242 BGB).

113

hemmer-Methode: Schreiben Sie sich als Gedächtnisstütze deswegen § 242 BGB bei § 142 I BGB zum Lernen an den Rand. Will jemand ein Zimmer für 100,- € mieten, sagt aber 200,- €, so muss er sich nach Anfechtung gem. § 119 I Alt. 2 BGB an dem festhalten lassen, was er gewollt hat, § 242 BGB. Die Anfechtung soll nur seinen Irrtum beseitigen.

Bsp.: A will bei B schriftlich einen Staubsauger bestellen. Er verschreibt sich und bestellt zehn Staubsauger. A ficht nach § 119 I Alt. 2 BGB an. Er ist aber nach Treu und Glauben verpflichtet, wenigstens den einen gewollten Staubsauger abzunehmen und zu bezahlen.

Ausnahmen

Eine Einschränkung der Nichtigkeitsfolgen bei der Anfechtung wird für Dauerschuldverhältnisse gemacht, da dort die Abwicklung nach Bereicherungsrecht oft zu erheblichen Schwierigkeiten führt, wenn es bereits in Vollzug gesetzt ist. Insbesondere bei Arbeits- und Gesellschaftsverträgen führt die Anfechtung nur zur Nichtigkeit ex nunc (sog. fehlerhaftes Arbeitsverhältnis).[136]

Schadensersatz

2. Schadensersatz

Nach erfolgter Anfechtung können Schadensersatzansprüche unter den Beteiligten entstehen:

114

§ 122 BGB

a) Der nach § 119 BGB oder § 120 BGB Anfechtende hat dem Geschäftsgegner gemäß § 122 BGB den Schaden zu ersetzen, der dadurch entstanden ist, dass dieser auf den Bestand der Willenserklärung vertraut hat, sog. Vertrauensschaden oder negatives Interesse:

Dazu gehört z.B. der Ersatz von Aufwendungen, die zum Zwecke der Ausführung des für gültig gehaltenen Vertrages gemacht wurden, aber auch Ersatz von Nachteilen, die der Ersatzberechtigte dadurch erlitten hat, dass er es im Vertrauen auf die Gültigkeit des Vertrags unterließ, eine andere günstige Abschlussmöglichkeit wahrzunehmen.

---

[136] Vertiefend hierzu **Hemmer/Wüst, Arbeitsrecht, Rn. 310 ff.**

Beachte aber: Begrenzung auf das Erfüllungsinteresse, vgl. Wortlaut des § 122 I BGB. Unter Erfüllungsinteresse (oder Erfüllungsschaden, positives Interesse) versteht man den Schaden, der dadurch entstanden ist, dass der andere nicht erfüllt hat. Der Geschädigte muss so gestellt werden, wie er stünde, wenn erfüllt worden wäre.[137]

Der Anspruch kann aber wegen § 122 II BGB ausgeschlossen sein.

hemmer-Methode: Klausurtypisch bei § 122 BGB: Wird wirksam angefochten, so kann der Ersatzberechtigte nicht geltend machen, dass sein Schaden höher sei, als das vereinbarte Erfüllungsinteresse (z.B. er hätte höher vermieten können). Ansonsten müsste der nach § 122 BGB Verpflichtete mehr zahlen, als bei Wirksamkeit des Vertrages. Umgekehrt darf der Anfechtungsberechtigte durch die Vernichtung der Willenserklärung nicht bessergestellt werden, als bei Wirksamkeit.

ggf. c.i.c.

Trifft den Erklärenden ein Verschulden, so besteht neben dem Anspruch aus § 122 BGB ein Anspruch aus c.i.c., §§ 311 II, 241 II, 280 I BGB. Dieser Anspruch ist nicht auf das Erfüllungsinteresse begrenzt (!). Außerdem ist bei Mitverschulden eine Schadensteilung nach § 254 BGB möglich (vgl. dagegen § 122 II BGB, der i.R.d. c.i.c. nicht anwendbar ist).

Trifft den Erklärungsgegner ein Verschulden, so hat der Anfechtende gegen diesen einen Anspruch aus §§ 311 II, 241 II, 280 I BGB, mit dem er gegen den Anspruch aus § 122 BGB aufrechnen kann. Zu prüfen ist in solchen Fällen aber immer, ob der Anspruch aus § 122 I BGB nicht schon wegen § 122 II BGB ausgeschlossen ist.

bei § 123 BGB ggf. §§ 823 II, 826 BGB

b) Bei einer Anfechtung nach § 123 BGB besteht keine Schadensersatzpflicht des Anfechtenden (vgl. Wortlaut des § 122 I BGB, dort ist § 123 BGB nicht erwähnt).

Der Anfechtende hat vielmehr gegen den Täuschenden bzw. Drohenden einen Anspruch aus c.i.c. und häufig aus Delikt (v.a. §§ 826, 823 II BGB i.V.m. §§ 263, 240 StGB). Diese Ansprüche gehen grundsätzlich auf das negative Interesse.

hemmer-Methode: Klausurtypisches Konfliktfeld ist wiederum die Frage der Anwendbarkeit der §§ 311 II, 241 II, 280 I BGB neben §§ 123, 124 BGB. Lässt man die c.i.c. zu, kommt man über § 249 I BGB (Naturalrestitution) zum Anspruch auf Vertragsaufhebung.
Dies entspricht in der Wirkung der Anfechtung, vgl. § 142 I BGB. Da Ansprüche aus c.i.c. nur leichte Fahrlässigkeit voraussetzen, besteht die Gefahr, dass von den gesetzlichen Erfordernissen des § 123 BGB (Arglist) und § 124 BGB (Ausschlussfrist (nicht Verjährung!) ein Jahr) nicht viel übrig bleibt.

---

[137] Siehe Palandt, § 122 BGB, Rn. 4; Vorb v § 249 BGB, Rn. 17.

§ 3 RECHTSVERNICHTENDE EINWENDUNGEN

Gleichwohl ist die c.i.c. wohl neben § 123 BGB zuzulassen. Begründung ist das unterschiedlich geschützte Rechtsgut: die c.i.c. schützt das Vermögen, § 123 BGB die freie Willensentscheidung. Lernen Sie frühzeitig in Problemfeldern. Wer diese nicht kennt, erfasst den Ersteller der Klausur als imaginären Gegner nicht.

Fall 7: A gibt B ein Darlehen (§ 488 BGB), allerdings nur, weil B den A über seine Kreditwürdigkeit getäuscht hat. Nach Auszahlung erfährt A von der Täuschung. Was ist A zu raten?

Anfechtung nach § 119 II BGB? Die Kreditwürdigkeit ist eine Eigenschaft des B, die für ein Darlehen nach der Verkehrsanschauung von wesentlicher Bedeutung, also verkehrswesentlich ist. Daher ist der Anfechtungsgrund des § 119 II BGB gegeben. A muss allerdings unverzüglich anfechten (§ 121 BGB). Eine Ersatzpflicht des A aus § 122 I BGB gegenüber B entfällt wegen § 122 II BGB, da B den Irrtum des A durch die Täuschung veranlasst hat und damit den Grund den Anfechtbarkeit kannte.

Anfechtung nach § 123 I BGB? Da A von B arglistig getäuscht wurde, besteht der Anfechtungsgrund des § 123 I BGB. A hat ein Jahr Zeit, um die Anfechtung zu erklären (§ 124 BGB). Er kann sogar noch gem. § 123 I BGB anfechten, wenn er zuvor bereits nach § 119 II BGB vorgegangen ist.

A selbst kann aufgrund der Täuschung gegen B Schadensersatzansprüche aus c.i.c., §§ 826, 823 II BGB i.V.m. § 263 StGB geltend machen, wenn ihm ein Schaden entstanden ist. Insbesondere ist die c.i.c. nach h.M. neben den Anfechtungsregeln anwendbar.

Aufgrund der Anfechtungsfrist des § 124 BGB stellt sich die Anfechtung nach § 123 I BGB gegenüber der nach § 119 II BGB für A auch dann als günstiger dar, wenn er wegen § 122 II BGB nicht zum Ersatz des Vertrauensschadens verpflichtet ist.

VI. Abstraktionsprinzip

Abstraktionsgrundsatz

Verpflichtungs- und Erfüllungsgeschäft sind losgelöst voneinander zu betrachten. Der Grundsatz lautet: Die Anfechtung des Verpflichtungsgeschäfts führt nicht automatisch zur Unwirksamkeit des Erfüllungsgeschäfts.[138] Die Anfechtbarkeit beider Geschäfte ist daher jeweils getrennt zu prüfen.

117

Dabei ist zunächst gegebenenfalls durch Auslegung zu ermitteln, ob sich die Anfechtungserklärung auf beide oder nur auf eines der beiden Rechtsgeschäfte bezieht (im Zweifel ist die dem Anfechtenden günstigere Möglichkeit anzunehmen).

---

[138] Siehe Palandt, Überbl v § 104 BGB, Rn. 21 ff.

Erfüllungsgeschäft   Wird auch das Erfüllungsgeschäft angefochten, so muss genau geprüft werden, ob auch diesbezüglich ein Anfechtungsgrund vorliegt. Im Einzelnen gilt Folgendes:

1. § 119 I BGB

Fall 8: A bietet dem B schriftlich zehn Computer zum Verkauf an. A verschreibt sich und verlangt statt 5.000,- € nur 500,- € je Computer. B nimmt das Angebot an. Daraufhin liefert A die Computer. Als B nun den höheren Kaufpreis nicht zahlen will, ficht A alles an. Kann er die Computer (außer aus § 812 BGB) auch aus § 985 BGB herausverlangen?

Anspruch aus § 985 BGB? Voraussetzung für diesen Anspruch ist, dass A Eigentümer und B unberechtigter Besitzer ist.

A hat sein Eigentum an den Computern zunächst durch die Übereignung an B gem. § 929 S. 1 BGB verloren. Er könnte die Übereignung aber mit Wirkung ex tunc angefochten haben. Eine Anfechtungserklärung liegt vor.

Es fehlt aber insoweit am Anfechtungsgrund, da A z.Zt. der Lieferung die Computer an B übereignen wollte. Der Erklärungsirrtum beim Kaufvertrag stellt sich für die Übereignung als unbeachtlicher Motivirrtum dar, der nicht zur Anfechtung berechtigt.

Der Anspruch aus § 985 BGB besteht daher nicht.

Anspruch aus § 812 I S. 1 Alt. 1 BGB? B hat Besitz und Eigentum an den zehn Computern durch Leistung des A erlangt. Mit der Anfechtung des Kaufvertrages, § 119 I BGB, ist der Rechtsgrund ex tunc weggefallen, § 142 I BGB. Dieser Anspruch ist daher gegeben.

bei § 119 I BGB i.d.R. Motivirrtum   Für § 119 I BGB gilt also: Der Irrtum beim Verpflichtungsgeschäft stellt beim Erfüllungsgeschäft regelmäßig nur einen unbeachtlichen Motivirrtum dar, wenn die beiden Rechtsgeschäfte zeitlich auseinander fallen. Fallen sie in einem Akt zusammen (wie bei den Bargeschäften des täglichen Lebens), so kann auch das Erfüllungsgeschäft nach § 119 I BGB angefochten werden.

2. § 119 II BGB

anders § 119 II BGB   Wenn man mit der herrschenden Meinung davon ausgeht, dass § 119 II BGB ein Fall eines ausnahmsweise beachtlichen Motivirrtums ist, so muss man annehmen, dass bei Anfechtbarkeit des schuldrechtlichen Rechtsgeschäfts auch das dingliche Rechtsgeschäft anfechtbar ist, wenn der Irrtum noch fortwirkt.

§ 3 RECHTSVERNICHTENDE EINWENDUNGEN

👁

⇨ Ansprüche aus §§ 985, 812 BGB

Bsp.: A veräußert ein Gemälde für 500,- €. Er weiß nicht, dass es antik und daher mindestens 5.000,- € wert ist.

Hier kann A nicht nur den Kaufvertrag nach § 119 II BGB anfechten, sondern auch die Übereignung, weil er sich bei der Übereignung über eine Eigenschaft des Bildes geirrt hat. Ohne diesen Irrtum hätte er die Übereignung nicht vorgenommen. Daher hat A nach erfolgter Anfechtung einen Anspruch sowohl aus § 985 BGB als auch aus § 812 I S. 1 Alt. 1 BGB

(§ 119 II BGB tritt hier nicht gegenüber §§ 434 ff. BGB zurück, da aufgrund der Fehlerfreiheit des Bildes kein Konkurrenzverhältnis zu diesen Vorschriften besteht.)

3. § 123 BGB

bei § 123 BGB sog. „Fehleridentität"

Bei der Täuschung bzw. Drohung nach § 123 I BGB sind immer sowohl Verpflichtungs- als auch Erfüllungsgeschäft anfechtbar, wenn die Täuschung oder Drohung im Zeitpunkt der Erfüllung noch fortwirkt.

120

hemmer-Methode: Denken Sie immer an die Möglichkeit der Fehleridentität: In allen Fällen der Anfechtbarkeit kann der Fehler sowohl dem Grund- als auch dem Erfüllungsgeschäft anhaften. Nur wenn auch der dingliche Vertrag angefochten ist, ist § 985 BGB als Anspruchsgrundlage gegeben. Bei bloßer Anfechtung der schuldrechtlichen causa bleibt nur § 812 I S. 1 Alt. 1 BGB (str., nach a.A. § 812 I S. 2 Alt. 1 BGB). Ficht der Verkäufer den „Kaufvertrag" an und verlangt gleichzeitig Rückgabe der Sache, so ist dies immer auch als Anfechtung der dinglichen Einigung auszulegen.
Der Laie denkt nicht in den Kategorien des Abstraktionsprinzips, da ihm die juristische Idealsprache („ich fechte die dingliche Einigung an") fremd ist. Mit dem Rückgabeverlangen gibt er gleichzeitig zu erkennen, dass er die dingliche Einigung anficht, §§ 133, 157 BGB.

B) Widerruf[139]

§ 130 I S. 2 BGB und v.a. Verbraucherschutz, § 355 BGB

1. Neben dem Widerruf nach § 130 I S. 2 BGB, der bis zum Zugang der zu widerrufenden Willenserklärung stattfinden muss, hat der Gesetzgeber Widerrufsmöglichkeiten in verbraucherschützenden Spezialbereichen geschaffen: Diese Widerrufsrechte wurden durch die Schuldrechtsreform in das BGB integriert. Gem. § 355 I S. 1 BGB besteht nun ein Widerrufsrecht, wenn andere Vorschriften auf § 355 BGB verweisen.

121

Dies sind insbesondere die §§ 312, 312d, 495 (i.V.m. § 506) BGB.

---

[139] Hemmer/Wüst, BGB AT III, Rn. 303 ff.

Sofern es in der Klausur um den verbraucherschützenden Widerruf geht, sollte man immer drei Fragen stellen:

⊃ Liegen die sachlichen Voraussetzungen für den Widerruf vor? (Vor. der §§ 312, 312d, 495 BGB)

⊃ Wurde das Widerrufsrecht ordnungsgemäß ausgeübt? (Vor. des § 355 BGB, insbesondere Fristlauf, der abhängig ist von ordnungsgemäßer Belehrung, beachte § 355 IV S. 3 BGB)

⊃ Welche Rechtsfolgen ergeben sich aus dem ausgeübten Widerruf? (§ 357 BGB verweist auf §§ 346 ff. BGB, modifiziert diese aber; beachte auch § 312e)

hemmer-Methode: Verschaffen Sie sich einen Überblick über die oben genannten Regelungen, insbesondere §§ 312 - 312a, 312b ff. 491 - 512 BGB. Diese Regelungen sind kasuistisch und regeln viele Details. Zur Auslegung der Vorschriften und einigen Standardproblemen arbeiten Sie die einschlägigen Passagen im Skript BGB AT III durch!

weitere Fälle des „rechtsvernichtenden" Widerrufs

2. Das BGB sieht zudem weitere Fälle des rechtsvernichtenden Widerrufs i.e.S. vor, v.a. die §§ 530 f., 671 BGB, sowie die selteneren §§ 658, 790 BGB (jeweils lesen!). Zum Widerruf eines Zahlungsvertrages vgl. § 675p BGB.

hemmer-Methode: Alle diese Vorschriften spielen selten eine Rolle. Sie sollten aber wissen, dass es sie gibt und bei der Lektüre des Sachverhalts daran denken, z.B. an einen Widerruf nach § 530 BGB, wenn der Schenker die Schenkung „wegen der Untaten des Beschenkten aufkündigen" will.

C) Rücktritt[140]

Umwandlung in Rückgewährschuldverhältnis

Durch den Rücktritt wird das Schuldverhältnis in ein Rückgewährschuldverhältnis umgewandelt. Hinsichtlich der primären Leistungspflichten stellt der Rücktritt eine rechtsvernichtende Einwendung dar. Die primäre Leistungspflicht entfällt.

vertragl. RücktrittsR

1. Selten spielt das vertragliche Rücktrittsrecht eine Rolle, das die Parteien in den Grenzen des § 308 Nr. 3 BGB vereinbaren können.

gesetzl. RücktrittsR

2. Gesetzliche Rücktrittsrechte können sich v.a. aus den durch die Schuldrechtsreform neu geregelten §§ 323 ff. BGB ergeben. (Zu deren Voraussetzungen Näheres im Kapitel „Leistungsstörungen".)

---

[140] Hemmer/Wüst, BGB AT III, Rn. 364 ff.

§ 3 RECHTSVERNICHTENDE EINWENDUNGEN

Die Rückabwicklung des Vertrages erfolgt sowohl beim vertraglichen als auch beim gesetzlichen Rücktrittsrecht nach den §§ 346 ff. BGB. Danach sind die ausgetauschten Leistungen Zug um Zug zurückzugewähren, § 348 BGB. § 346 BGB ist durch die Schuldrechtsreform völlig neu strukturiert worden und ähnelt im Aufbau der bereicherungsrechtlichen Rückabwicklungsvorschrift des § 818 BGB.

Wertersatzpflicht, § 346 II BGB

Sofern eine Herausgabe gem. § 346 I BGB nicht möglich ist, ist gem. § 346 II Wertersatz zu leisten. Nr.1 gilt dabei insbesondere für Dienstleistungen. Aus Nr.3 ergibt sich im Umkehrschluss, dass auch die schuldhafte Zerstörung der Sache nicht zum Ausschluss des Rücktrittsrechts führt. Dies war nach altem Recht anders. Nach der Neuregelung wird die Zerstörung über die Wertersatzpflicht sanktioniert. Ein Grund für den Ausschluss des Rücktrittsrechts ist darin nicht zu sehen. Denn auch die Zerstörung der Sache ändert nichts am Vorliegen eines Rücktrittsgrundes (= Pflichtverletzung).

u.U.(-) wegen § 346 III BGB, insbes. Nr. 3

Sofern jedoch der Rücktrittsberechtigte hinsichtlich der Beschädigung bzw. Zerstörung die eigenübliche Sorgfalt hat walten lassen, entfällt die Wertersatzpflicht gem. § 346 II Nr. 3 BGB beim gesetzlichen Rücktrittsrecht wieder. Der aufgrund vertraglicher Befugnis zum Rücktritt Berechtigte ist nicht in derselben Weise schutzwürdig. Er muss jederzeit mit einer Rückgewährpflicht rechnen. Dann ist eine Haftung auch für leichteste Fahrlässigkeit nicht unbillig. Der gesetzlich Rücktrittsberechtigte denkt (zunächst) nicht an eine Rückabwicklung des Vertrages. Er verleibt die Sache dauerhaft in sein Vermögen ein und darf daher seinen Befugnissen aus § 903 BGB entsprechend mit der Sache eigenüblich sorgfältig umgehen.

aber: auch bei gesetzl. Rücktritt nur bis Kenntniserlangung (str.)

Aber: nach überzeugender Ansicht ist § 346 III Nr. 3 BGB dahingehend einzuschränken, dass die Privilegierung auch beim gesetzlichen Rücktrittsrecht nur bis zum Zeitpunkt der diesbezüglichen Kenntniserlangung gelten kann. Hat der Rücktrittsberechtigte Kenntnis vom Rücktrittsrecht, muss er sich auf eine Rückgabe der Sache einstellen. Eine Haftungsprivilegierung ist dann nicht mehr angebracht. Beachten Sie auch die Modifikation durch § 357 III S. 4 BGB.

verschärfte Haftung, § 346 IV BGB

§ 346 IV BGB normiert schließlich eine Schadensersatzpflicht gem. §§ 280 ff. BGB, wenn nach ausgeübtem Rücktritt (vorher gibt es noch keine Pflicht nach Abs. 1) die Rückgabeleistungsverpflichtung aus dem begründeten Rückgewährschuldverhältnis verletzt wird. Auch dies werden Fälle der Zerstörung bzw. Beschädigung sein.

D) Kündigung[141]

Kündigung, mit ex nunc-Wirkung

1. Die Kündigung ist das rechtsvernichtende Gestaltungsrecht für Dauerschuldverhältnisse; wegen der sonst drohenden Abwicklungsschwierigkeiten wirkt sie nur ex nunc.

2. Bei den gesetzlich geregelten Schuldverhältnissen spielt die Kündigung v.a. eine große Rolle im Miet- und Dienstvertragsrecht. Dort finden sich detaillierte Regelungen. Wesentliche Bedeutung kommt hier insbesondere den besonderen Vorschriften des KSchG im Bereich des Arbeitsrechts zu.

Kündigung aus wichtigem Grund

3. Sofern ein bestimmtes Dauerschuldverhältnis nicht zu den gesetzlich geregelten Vertragstypen passt, besteht eine Kündigungsmöglichkeit aus wichtigem Grund gem. § 314 BGB.

E) Erfüllung[142]

Idealfall der

Schuldtilgung

Die Erfüllung ist Schuldtilgung durch Bewirken der geschuldeten Leistung und somit eigentlich der Idealfall der Beendigung eines Schuldverhältnisses. Als solcher macht er in der Klausur nur dann Schwierigkeiten, wenn fraglich ist, ob überhaupt eine Erfüllung vorliegt.

I. Person des Leistungsempfängers

1. Zum Problem der fehlenden Empfangszuständigkeit bei Minderjährigen vgl. o. Rn. 30.

Leistungsempfänger = Gläubiger oder aber §§ 362 II, 185 BGB

2. Leistungsempfänger ist grundsätzlich der Gläubiger. § 362 II BGB erklärt allerdings § 185 BGB für anwendbar, d.h., der Gläubiger kann einem Dritten die Empfangszuständigkeit übertragen bzw. er kann die Leistung an einen Dritten genehmigen. Dies kann ihm einen Anspruch gegen den Dritten aus § 816 II BGB bringen.

3. Nach § 370 BGB gilt der Überbringer einer Quittung stets als empfangsberechtigt. Zu denken ist bei der Abtretung an die §§ 407 - 409 BGB, bei Ansprüchen aus unerlaubter Handlung an § 851 BGB (lesen!).

hemmer-Methode: Denken Sie in diesem Kontext an § 816 II BGB. Wird vom Schuldner an einen Nichtberechtigten schuldnerbefreiend geleistet, z.B. an den Zedenten (Abtretenden), so steht dem Zessionar der Anspruch aus § 816 II BGB gegen den Zedenten zu. Der Schuldner konnte wegen § 407 BGB schuldnerbefreiend leisten. Denken Sie auch in den anderen oben skizzierten Fällen an § 816 II BGB!

---

[141] Hemmer/Wüst, BGB AT III, Rn. 411 ff.
[142] Hemmer/Wüst, BGB AT III, Rn. 196 ff.; Bülow, JuS 91, 529 ff.

I.R.d. Abtretung werden häufig für ein und dieselbe Person verschiedene Begrifflichkeiten verwendet.

Folgende Übersicht soll Ihnen bei der Einordnung helfen.

> ⊃ Zedent = Altgläubiger = ursprünglicher Gläubiger
>
> ⊃ Zessionar = Neugläubiger = neuer Gläubiger

II. Gegenstand der Erfüllung

Erfüllt werden kann grds. nur mit der geschuldeten Leistung, wobei nicht nur Leistungshandlung, sondern auch Leistungserfolg geschuldet sind. Inwiefern auch anders als mit der geschuldeten Leistung erfüllt werden kann, ist eine Frage der Erfüllungssurrogate.

F) Erfüllungssurrogate[143]

I. § 364 BGB

§ 364 BGB nennt in seinen beiden Absätzen zwei unterschiedliche Erfüllungssurrogate:

1. Leistung an Erfüllungs statt

Leistung an Erfüllungs statt

Bei der Leistung an Erfüllungs statt, § 364 I BGB, erlischt die Forderung sofort, hinsichtlich der an Erfüllungs statt geleisteten Gegenstände greift aber über § 365 BGB das entsprechende Gewährleistungsrecht ein.

hemmer-Methode: Wichtigster Fall für die Klausur ist die Inzahlunggabe des gebrauchten Pkws beim Neuwagenkauf. Hier wird kein gesonderter Vertrag geschlossen, sondern dem Neuwagenkäufer eine sog. Ersetzungsbefugnis eingeräumt: Obwohl er originär den Kaufpreis schuldet, darf er einen Teil seiner Schuld mit dem Gebrauchtwagen begleichen. Die Rechtsprechung wendet für die Ersetzungsbefugnis § 364 I BGB entsprechend an.
§ 364 I BGB passt vom Wortlaut her nicht direkt („andere als die geschuldete Leistung"), da die Ersetzungsbefugnis bzgl. des Altwagens bereits vorher (beim Vertragsschluss) vereinbart wird.

---

[143] Hemmer/Wüst, BGB AT III, Rn. 214 ff.

Über § 365 BGB können Mängelrechte bezogen auf den Altwagen in Betracht kommen. Die Rechtsprechung arbeitet hier allerdings häufig mit einem konkludenten Haftungsausschluss. Der Neuwagenkäufer rechnet nicht damit, wegen des Gebrauchtwagens in Anspruch genommen zu werden. Nur in den Fällen des § 444 BGB unterliegt der Neuwagenkäufer der Haftung.

2. Leistung erfüllungshalber

Leistung erfüllungshalber

Dagegen führt die Leistung erfüllungshalber, § 364 II BGB, nicht sofort zum Erlöschen der ursprünglichen Schuld, vielmehr erhält der Gläubiger am geleisteten Gegenstand ein Befriedigungsrecht. Erst wenn er sich erfolgreich daraus befriedigen konnte, erlischt auch die ursprüngliche Forderung.[144]

130

II. Hinterlegung[145]

Hinterlegung

Für bestimmte Fallgestaltungen, v.a. den Gläubigerverzug, ist in §§ 372 ff. BGB geregelt, dass der Schuldner die geschuldete Sache unter bestimmten Voraussetzungen hinterlegen darf. Ist die Rücknahme ausgeschlossen i.S.d. § 376 II BGB, tritt durch die Hinterlegung nach § 378 BGB Erfüllungswirkung ein.

131

III. Aufrechnung[146]

1. Rechtsfolge

Aufrechnung

Im Gegensatz zur Hinterlegung äußerst klausurrelevant ist die Aufrechnung, deren Rechtsfolge ggf. ebenfalls das (teilweise) Erlöschen der betroffenen Forderungen ist, § 389 BGB.

132

2. Voraussetzungen

Nach § 387 BGB sind folgende vier Voraussetzungen erforderlich:[147]

1. Gegenseitigkeit der Forderungen
2. Gleichartigkeit des Leistungsgegenstandes
3. Gültigkeit, Fälligkeit und Durchsetzbarkeit der Gegenforderung
4. Bestehen und Erfüllbarkeit der Hauptforderung

---

[144] **Hemmer/Wüst, BGB AT III,** Rn. 214 ff.; hier auch näher zu den Abgrenzungen bei der sog. Ersetzungsbefugnis.
[145] **Hemmer/Wüst, BGB AT III,** Rn. 231 ff.
[146] **Hemmer/Wüst, BGB AT III,** Rn. 249 ff.
[147] Ausführlich **Hemmer/Wüst, BGB AT III,** Rn. 255 ff.

§ 3 RECHTSVERNICHTENDE EINWENDUNGEN

Aufrechnungsverbote

133 Darüber hinaus darf kein Aufrechnungsverbot eingreifen; die wichtigsten gesetzlichen Aufrechnungsverbote sind:[148]

a) § 392 BGB verbietet die Aufrechnung gegen eine beschlagnahmte (§ 829 ZPO) Forderung.

b) § 394 S. 1 BGB schließt eine Aufrechnung gegen eine Forderung aus, soweit diese unpfändbar ist.

c) § 393 BGB (klausurrelevant!) versagt die Aufrechnung gegen eine Forderung, die aus einer vorsätzlichen unerlaubten Handlung herrührt.

3. Aufrechnung im Prozess

134 Von großer praktischer Bedeutung, aber auch Gegenstand einiger klausurrelevanter dogmatischer Probleme, ist die Aufrechnung im Prozess:[149] Hier ist v.a. auf die Zulässigkeit einer Eventualaufrechnung sowie auf die Rechtskraftwirkung des § 322 II ZPO hinzuweisen.

hemmer-Methode: Basics-Zivilrecht dient dem Einstieg und dem Überblick. Wie Sie schon gesehen haben, stellt sich immer das Problem ob der Vertrag grundsätzlich entstanden ist (WE, Vertretung), ob er wegen einer rechtshindernden Einwendung aus sonstigen Gründen nicht entstanden ist, wegen einer vernichtenden Einwendung nachträglich entfallen ist, oder aber ob der entstandene Anspruch wegen einer rechtshemmenden Einrede nicht durchsetzbar ist. Diesem Rechtsfolgensystem trägt unsere Skriptenreihe BGB AT I - III Rechnung. Dabei sind die Skripten als großer Fall gedacht, in denen alle wichtigen Prüfungspunkte zusammengefasst und mit der „hemmer-Methode" als „Gebrauchsanweisung" klausurtypisch kommentiert werden. Lernen Sie daher anwendungsspezifisch und nicht nur abstrakt. Zur Vertiefung der angesprochenen Problemkreise sind die Bände BGB AT I - III heranzuziehen.

G) Rechtshemmende Einreden[150]

Unterscheide: rechtshemmende Einreden

134a **1.** Gerade keine rechtsvernichtenden Einwendungen sind die Einreden i.e.S.: Zum einen sind sie zu erheben, werden also i.d.R. nicht von Amts wegen beachtet, zum anderen vernichten sie das Rechtsverhältnis nicht, sondern betreffen „nur" die Durchsetzbarkeit des Anspruchs. Der Anspruch kann nicht mehr durchgesetzt werden, bleibt aber erfüllbar. Eine trotz Bestehen einer Einrede vorgenommene Leistung erfolgt also nicht rechtsgrundlos, kann daher nicht rückabgewickelt werden.

---

[148] Hemmer/Wüst, BGB AT III, Rn. 272 ff.
[149] Hemmer/Wüst, BGB AT III, Rn. 283 f., 287 ff.
[150] Ausführlich dazu **Hemmer/Wüst**, BGB AT III, Rn. 628 ff.

2. Von der Interessenlage her ähnlich sind ab Erhebung aber zumindest die dauernden Einreden, v.a. §§ 214 I, 821, 853 BGB (lesen!), weil nach ihrer Erhebung der Primäranspruch dauerhaft nicht durchsetzbar ist.

3. Dagegen führen die aufschiebenden (v.a. §§ 519, 770, 771 BGB) und anspruchsbeschränkenden (v.a. §§ 273, 320 BGB) Einreden oft nur dazu, dass der Primäranspruch später bzw. nur Zug um Zug zu erfüllen ist.

Neben den oben genannten, spielen insbesondere die durch die Schuldrechtsreform neu eingefügten §§ 275 II, III BGB eine wichtige Rolle.

> *Bsp.:* A kauft bei B einen neuen Mercedes A 170. Dieser hat zwanzig Stück auf seinem Gelände. Noch vor der Übergabe werden alle Zwanzig durch einen Großbrand zerstört. Hat A nach wie vor einen Anspruch aus § 433 I S. 1 BGB?

Der Anspruch ist nicht nach § 275 I BGB untergegangen. Es handelt sich um einen Neuwagen. Solange dieser von der Daimler AG noch hergestellt wird, ist eine Lieferung noch möglich. Es handelt sich auch nicht um eine Vorratsschuld. Bei einem Händler darf ein verständiger Käufer von einer dauerhaften Belieferungsmöglichkeit durch den Hersteller ausgehen.

Dem Anspruch des A könnte B aber möglicherweise die Einrede des § 275 II BGB entgegensetzen. Fraglich ist insbesondere, ob es B noch zumutbar ist, einen neuen Wagen zu besorgen. Immerhin sind zwanzig Wagen zerstört worden.

Darauf kommt es indes nicht an. Es handelt sich um eine Gattungsschuld. Dabei ist der Verkäufer verpflichtet zu liefern, solange eine Lieferung aus der Gattung noch möglich ist. Er übernimmt ein Beschaffungsrisiko. Weigert sich B, einen neuen Wagen zu liefern, kann A nach Fristsetzung gem. §§ 280 I, III, 281 BGB Schadensersatz statt der Leistung verlangen, denn aufgrund der Übernahme des Beschaffungsrisikos hat B die Nichtleistung zu vertreten, vgl. §§ 275 II S. 2, 276 I BGB.

> **hemmer-Methode:** Die Hauptbedeutung des § 275 II BGB liegt bei der Gattungsschuld. I.R.d. Stückschuld gibt es letztlich nur ein Anwendungsbeispiel, das durch alle Lehrbücher geistert: Der Schuldner verpflichtet sich zur Übereignung eines Ringes. Dieser fällt auf den Meeresboden. Technisch ist eine Bergung möglich (daher § 275 I BGB nicht gegeben); ein vernünftiger Gläubiger kann aber eine Bergung nicht verlangen.
> Beispiele bei Gattungsschulden, in denen sich der Schuldner erfolgreich auf § 275 II BGB berufen kann: Das Beschaffungsrisiko endet dann, wenn atypische Umstände zur Lieferbehinderung führen. Beispiele dafür sind insbesondere Bürgerkriege, Naturkatastrophen, die eine Beschaffung unzumutbar machen.

§ 4 LEISTUNGSSTÖRUNGEN

Durch die Schuldrechtsreform ist das Recht der Leistungsstörungen grundlegend geändert worden. Diese Änderungen sind der eigentliche Gegenstand der Schuldrechtsreform. Während die Neuerungen i.R.d. Kauf- oder Werkvertragsrecht bzw. die Integration der Verbraucherschutzgesetze auf die Umsetzung europäischer Richtlinien zurückzuführen ist, beruht die Neustrukturierung des Leistungsstörungsrechts auf einer originären Entscheidung des deutschen Gesetzgebers.

Das Leistungsstörungsrecht greift jedoch nach wie vor auf die bereits gewohnten verschiedenen Arten der Leistungsstörung zurück, obwohl ursprünglich geplant war, zwischen den Arten der Leistungsstörungen nicht mehr zu differenzieren.

Das Leistungsstörungsrecht ist insofern vereinfacht worden, als Anknüpfungspunkt für dessen Eingreifen stets das Vorliegen einer Pflichtverletzung ist, vgl. § 280 I BGB. Diesbezüglich ist eine Unterscheidung zwischen den einzelnen Leistungsstörungen zunächst nicht erforderlich. Pflichtverletzung ist beispielsweise sowohl die verspätete als auch die schlechte Erbringung der Leistung. Die Unterscheidung wird erst dann relevant, wenn es um die Art der Rechtsfolge geht. Die wichtigsten Rechtsfolgen sind dabei: Ersatz des Begleitschadens i.w.S, Schadensersatz statt der Leistung (ehemals „wegen Nichterfüllung") und Rücktritt.

hemmer-Methode: Nochmals: Das neue Recht geht systematisch von den Rechtsfolgen einer Pflichtverletzung aus und fragt erst bei der Art der gewünschten Rechtsfolge nach der Art der Pflichtverletzung. Dieser Systematik soll bei der nachfolgenden Darstellung gefolgt werden. Für Kenner unserer Skripten ist das jedoch nichts Neues. Wir haben bereits vor der Schuldrechtsreform ein rechtsfolgenorientiertes Denken bevorzugt. So verfolgen z.B. unsere Skripten „Herausgabeansprüche" bzw. „Rückgriffsansprüche" genau diesen Ansatz. Nur eine rechtsfolgenorientierte Darstellung wird den Anforderungen des Examens gerecht.

Anknüpfungspunkt für das Leistungsstörungsrecht ist also eine vertragliche Pflichtverletzung.

Im Wesentlichen sind dabei zu unterscheiden:

1. Unmöglichkeit
2. Nichtleistung
3. Schlechtleistung
4. Nebenpflichtverletzung, 241 II BGB

Der Begriff der Nebenpflichtverletzung ist dabei sehr weit zu fassen. Das ergibt sich bereits aus der sehr weiten Formulierung des § 241 II BGB.

Ordnet man diese Pflichtverletzungen den verschiedenen Rechtsfolgen zu, ergibt sich folgender grober Überblick:

1. Schadensersatz neben der Leistung gem. § 280 I BGB

➲ Nichtleistung: §§ 280 I, 280 II, 286 BGB (Verzögerungsschaden)

➲ Schlechtleistung: §§ (437 Nr. 3, 634 Nr. 4), 280 I BGB

➲ Nebenpflichtverletzung: § 280 I BGB i.V.m. §§ 241 II, 311 II BGB

➲ Unmöglichkeit: SE neben der Leistung nicht denkbar, s.u.

2. Schadensersatz statt der Leistung gem. §§ 280 I, III, 281 ff. BGB

➲ Unmöglichkeit: §§ 280 I, III, 283 BGB bzw. § 311a II BGB

➲ Nichtleistung: §§ 280 I, III, 281 BGB

➲ Schlechtleistung: §§ (437 Nr. 3, 634 Nr. 4), 281, 283 bzw. § 311a II BGB; s.u.

➲ Nebenpflichtverletzung: §§ 280 I, III, 282 BGB

3. Rücktritt gem. § 323 ff. BGB mit den Rechtsfolgen der §§ 346 ff. BGB

➲ Unmöglichkeit: § 326 V BGB

➲ Nichtleistung: § 323 BGB

➲ Schlechtleistung: §§ (437 Nr. 2, 634 Nr. 3), 323, 326 V BGB

➲ Nebenpflichtverletzung: § 324 BGB

Erläuterungen:

Auch wenn die Erklärung im Detail später erfolgt, hier zwei Anmerkungen zum Verständnis der Übersicht:

bei Unmöglichkeit kein SE neben der Leistung

1) Die Leistungsstörung der Unmöglichkeit fehlt bei der Aufzählung i.R.d. Schadensersatzes neben der Leistung gem. § 280 I BGB. Diese Rechtsfolge kommt für die Unmöglichkeit nicht in Betracht.

Wird der zu erbringende Leistungserfolg unmöglich, hat dies nach § 275 I BGB das Erlöschen der Leistungspflicht des Schuldners zur Folge. Der Primäranspruch fällt weg. Dann gibt es keinen Leistungsanspruch mehr, neben den ein Schadensersatzanspruch treten könnte.

Bsp.: A verkauft ein Auto an B. Noch vor der Übergabe wird das Auto zerstört.

A wird von seiner Leistungspflicht nach § 433 I S. 1 BGB gem. § 275 I BGB frei. Hätte B das Auto nun mit Gewinn weiterveräußern können, kann er diesen entgangenen Gewinn allenfalls „statt der Leistung" verlangen.

Hätte A das Auto hingegen lediglich zu spät geliefert, ändert das nichts am Fortbestand der Leistungspflicht des A. B kann den Gewinn für sich noch realisieren. Gleichwohl kann ihm aber ein Begleitschaden entstehen, der gem. §§ 280 II, 286 BGB (vgl. Übersicht) zu ersetzen wäre, falls sich A mit der Vornahme der Leistungshandlung im Verzug befindet.

Schadensersatz statt der Leistung im Falle der Schlechtleistung

2) Betrachtet man beispielsweise die Verweisungsvorschrift des § 437 Nr. 3 BGB, so fällt auf, dass diese auf §§ 281, 283, 311a II verweist. Dies verwundert, denn dort sind die Pflichtverletzungen der Nichtleistung bzw. Unmöglichkeit geregelt, obwohl es ja bei den §§ 434 ff. BGB um die Schlechtleistung geht. Aber: der Anknüpfungspunkt für die Schadensersatzhaftung statt der Leistung (!) ist nicht die mangelhafte Leistung, sondern die Frage, warum die Nacherfüllung nicht erfolgt ist. Daher ist zunächst zu fragen, ob die Nacherfüllung noch möglich ist. Dann ist § 281 BGB die richtige Anspruchsgrundlage. Ist die Nacherfüllung unmöglich, richtet sich die Haftung nach § 311a II BGB oder § 283 BGB, je nachdem, ob die Unbehebbarkeit des Mangels bereits anfänglich vorlag oder erst nachträglich eingetreten ist.

hemmer-Methode: Achtung: Häufiger Fehler in Examensklausuren: Es kommt bei dieser Frage gerade nicht darauf an, ob der Mangel bereits anfänglich vorgelegen hat oder erst nachträglich eingetreten ist!

Bezugspunkt für Haftung ist nicht die Schlechtleistung

Wenn man dies verstanden hat, ergibt sich aus einer logischen Überlegung heraus auch der Anknüpfungspunkt für das Vertretenmüssen. Es geht nicht darum, ob der Verkäufer die Mangelhaftigkeit zu vertreten hat. Maßgeblich ist, warum die Nacherfüllung nicht erfolgt ist und ob der Verkäufer diesen Umstand zu vertreten hat!!![151]

hemmer-Methode: Es empfiehlt sich, § 280 I BGB als die zentrale Norm des Schadensersatzes stets mitzuzitieren. So bedarf es für jeden Anspruch auf Schadensersatz eines Schuldverhältnisses und einer Pflichtverletzung, die der Schuldner zu vertreten hat. Die übrigen Vorschriften konkretisieren letztlich lediglich die Anforderungen, abhängig von der Art der Pflichtverletzung.

---

[151] Vgl. ausführlich **Hemmer/Wüst, Schuldrecht BT I**, Rn. 290c ff.

Anspruchsgrundlage für den Verzögerungsschaden wäre dann § 280 I BGB i.V.m. §§ 280 II, 286 BGB. § 280 I BGB ist – von § 311a II BGB abgesehen – die einzige Anspruchsgrundlage für Schadensersatz aufgrund einer gestörten Leistung im Schuldrecht AT. Der Anspruch soll immer aus § 280 I BGB erfolgen, ggf. in Verbindung mit weiteren Vorschriften.[152] Das ergibt sich im Übrigen bereits aus den Verweisungen in den §§ 281 - 283 BGB auf § 280 I BGB.

A) Schadensersatz neben der Leistung, § 280 I BGB

I. Allgemeines

§ 280 I BGB ist die zentrale Anspruchsgrundlage für Schadensersatz im Recht der vertraglichen Pflichtverletzungen. Sie verlangt auf Tatbestandsebene eine vom Schuldner zu vertretende Pflichtverletzung, wobei die Beweislast für das Verschulden umgekehrt ist, vgl. § 280 I S. 2 BGB, und gewährt auf der Rechtsfolgenseite Ersatz des dadurch verursachten Schadens (Kausalität!).

hemmer-Methode: Ersetzt wird nur ein kausal durch die Pflichtverletzung verursachter Schaden. Betritt Kaufinteressent A beispielsweise das Gelände des potentiellen Verkäufers B und wird dort von dessen freilaufendem Hund B gebissen, hat er keinen Anspruch auf Ersatz der vorher angefallenen Fahrtkosten nach §§ 280 I, 241 II, 311 II BGB, wenn er nach dem Hundebiss nicht mehr am Kauf interessiert ist. Die Fahrtkosten sind nicht durch die Pflichtverletzung (= Nichtanleinen des Hundes) verursacht worden. Es fehlt die Kausalität von schädigendem Ereignis und Schaden.

II. Ersatz des Begleitschadens gem. §§ 280 I, II, 286 BGB

Besteht die Pflichtverletzung in der nicht rechtzeitigen Erbringung der Leistung, kann der Gläubiger Ersatz seines Verzögerungsschadens verlangen, wenn sich der Schuldner zusätzlich im Schuldnerverzug befindet, § 280 II BGB.

hemmer-Methode: Erkennen Sie die Systematik? An dieser Stelle muss nun nach der Art der Pflichtverletzung unterschieden werden (hier: Nichtleistung). Unterscheiden Sie dabei aber unbedingt die nicht rechtzeitige Lieferung vom Verzug. Nicht jede nicht rechtzeitig vorgenommene Leistungshandlung führt automatisch zum Verzug! Verzug ist auch keine Pflichtverletzung, sondern eine Rechtsfolge, die eintritt, wenn der Schuldner nicht leistet und die weiteren Voraussetzungen des § 286 BGB erfüllt sind.

---

[152] Siehe Schwab, Jus 2002, 3, Heft 1.

Bsp.: A kauft bei B einen Pkw und nimmt diesen gleich mit. Als A nach zwei Tagen noch nicht bezahlt hat, verlangt B Zinsen auf den geschuldeten Kaufpreis. Zu Recht?

Zweifelsohne hätte B den Kaufpreis sofort entrichten müssen. Ohne abweichende Vereinbarung (Stundung) kann der Gläubiger die Leistung sofort verlangen, § 271 BGB. A hat demnach eine Pflichtverletzung i.S.d. § 280 I BGB begangen. Er hat nicht rechtzeitig geleistet. Gem. § 280 II BGB führt dies aber nur dann zu einer Schadensersatzpflicht wenn sich A darüber hinaus im Schuldnerverzug befindet. Das ist hier jedoch nicht der Fall. Bloße Fälligkeit führt nicht zum Verzug.

Als Schuldnerverzug bezeichnet man die schuldhafte Nichtleistung trotz Möglichkeit, Fälligkeit, Mahnung und Einredefreiheit, § 286 I, IV BGB.[153]

141

Vergleicht man diese Voraussetzungen mit dem Beispielsfall, so fehlt es dort an der nach § 286 I BGB erforderlichen Mahnung. Ohne Mahnung grundsätzlich kein Verzug!

Die Mahnung hat dabei die Funktion, den Schuldner letztmalig zu warnen, die Leistungshandlung vorzunehmen. Entspricht er dieser Mahnung nicht, kommt er in Verzug. Dann bleibt die Nichtleistung nicht mehr ohne Konsequenzen. Es besteht bei Vorliegen eines Schadens der Anspruch aus §§ 280 I, II, 286 BGB.

Beispiele für einen typischen Verzögerungsschaden: Mietkosten, die anfallen, weil eine Maschine zu spät geliefert wird; Kosten der Rechtsverfolgung (RA-Kosten). Ersatzfähig sind hingegen nicht die Kosten für die verzugsbegründende Mahnung, da es hier an der erforderlichen Kausalität des Verzugs für den Schaden fehlt.

Für die Zinszahlungspflicht des § 288 BGB ist ein Schaden hingegen nicht erforderlich.

Verzugszinsen

Der Zinssatz beträgt fünf Prozentpunkte über dem Basiszinssatz.[154] § 352 I S. 1 HGB, wonach der gesetzliche Zinssatz bei beiderseitigen Handelsgeschäften 5 % beträgt, wurde dahin gehend geändert, dass dieser Zinssatz jetzt nicht mehr für Verzugszinsen gilt. Hier gilt stattdessen ebenfalls § 288 BGB, und zwar in der Regel § 288 II BGB, der der Umsetzung der Richtlinie zur Bekämpfung des Zahlungsverzuges im Geschäftsverkehr dient.

142

Achtung: Gem. §§ 288 III, 286 BGB können auch höhere Zinsen als Verzugsschaden geltend gemacht werden. Aufgrund der angehobenen Zinsen in § 288 I BGB wird es darauf indes nicht häufig ankommen.

---

[153] Vgl. zu einer Konkretisierung der Voraussetzungen auch BGH, Urteil vom 25.10.2007, Az.: III ZR 91/07 = NJW 2008, 50 ff. = **Life&Law 2008, 215 ff.**
[154] Vgl. § 247 BGB. Dieser ändert sich halbjährig jeweils zum 01.01. und 01.07. eines Jahres.

1. Nichtleistung trotz Möglichkeit

Nichteintritt des nachholbaren Leistungserfolgs

Nur wenn der Leistungserfolg noch nachholbar ist, kann überhaupt der Vorwurf der Nichtleistung erhoben werden. Ist der Leistungserfolg nicht nachholbar, so ist immer Unmöglichkeit gegeben. Nichtleistung und Unmöglichkeit schließen sich damit gegenseitig aus. Ist die Leistung nicht nachholbar, wird die Nichtleistung von der Unmöglichkeit als speziellerer Pflichtverletzung verdrängt; allerdings nur mit ex-nunc-Wirkung.

> *Bsp.:* Malermeister M bekommt den Auftrag, im Haus des X die Fassade zu streichen. Der sich im Schuldnerverzug befindliche M weigert sich jedoch, die Arbeiten durchzuführen. X lässt wegen des bevorstehenden Herbstes die Arbeiten durch den Malermeister A durchführen.
>
> Schuldnerverzug des M kann nur so lange angenommen werden, wie der Leistungserfolg durch M noch herbeigeführt werden kann. Dies ist hier aber nur bis zum Streichen durch A der Fall. Zwar kann die Leistungshandlung, nämlich das Streichen der Fassade, noch nachgeholt werden. Der Leistungserfolg, nämlich die Renovierung der Fassade, ist aber schon eingetreten.
>
> Nachdem A die Fassade gestrichen hat, liegt deshalb Unmöglichkeit vor. Der Leistungserfolg ist bereits endgültig herbeigeführt.

**hemmer-Methode: Aus diesem Grunde ist in Gedanken Unmöglichkeit stets vor der Nichtleistung zu prüfen. Fragen Sie sich deshalb immer zuerst, ob der Leistungserfolg noch herbeigeführt werden kann. Abgegrenzt wird danach, ob der Leistungserfolg noch nachholbar ist. Können Sie die Unmöglichkeit positiv feststellen, so ist damit klar, dass im Ergebnis die Pflichtverletzung der Nichtleistung nicht mehr vorliegen kann.
Diese Erkenntnis bestimmt dann Ihren Aufbau in der Klausur: Empfehlenswert ist es, die Abgrenzung i.R.d. Anspruchs vorzunehmen, für den Sie sich letztendlich entscheiden. Deshalb muss schon beim Ausformulieren der Lösung für Sie feststehen, was im Ergebnis zutrifft. Die Gliederung muss stehen. Gehen Sie im Kopf vorweg die in Betracht kommenden Möglichkeiten durch.**

absolutes Fixgeschäft:
⇨ *Unmöglichkeit*

Ein Sonderfall bei der Abgrenzung Nichtleistung/Unmöglichkeit ist das absolute Fixgeschäft. Hier liegt mit Zeitablauf ebenfalls Unmöglichkeit vor, da der Leistungserfolg nicht mehr herbeigeführt werden kann.

*relatives Fixge-
schäft: Rücktritt*

Bsp.: Das Hochzeitskleid muss pünktlich zur Hochzeit fertiggestellt sein.

Anders als beim absoluten Fixgeschäft, das einen Anspruch auf Schadensersatz ermöglicht, § 283 BGB, besteht beim sog. relativen Fixgeschäft nur die Möglichkeit, unter erleichterten Bedingungen vom Vertrag zurückzutreten, vgl. § 323 II Nr. 2 BGB, dazu unten. Für einen Anspruch auf Schadensersatz ist indes eine Fristsetzung erforderlich, § 281 I S. 1 BGB.

2. Fälligkeit und Einredefreiheit

Fälligkeit, § 271 BGB

Auszugehen ist vom Grundsatz des § 271 BGB. Fälligkeit besteht damit grds. mit Abschluss eines wirksamen Vertrags.

und grds. Einredefreiheit

Besonderheiten bestehen jedoch dann, wenn dem Anspruch des Gläubigers Einreden des Schuldners entgegenstehen. Grundsätzlich gilt: Schon das Bestehen einer Einrede wirkt verzugshindernd.

Eine Einrede kann etwa dann bestehen, wenn Gläubiger und Schuldner vereinbaren, dass der Kaufpreis erst zwei Wochen nach Vertragsschluss zu entrichten ist (= Stundung). Dann kann der Schuldner in diesen zwei Wochen nicht in Verzug geraten. Er hat eine (vorübergehende) Einrede.

hemmer-Methode: Soundsatz: „Schon das Bestehen einer Einrede wirkt grds. verzugshindernd." Es handelt sich um ein typisches Klausurproblem. Immer wenn es um Verzug geht, muss der Sachverhalt nach möglichen Einreden untersucht werden.

3. Mahnung

Mahnung, § 286 I BGB

Weitere Voraussetzung für den Schuldnerverzug ist eine ausreichend bestimmte, nicht formgebundene Mahnung, § 286 I BGB, der die Erhebung einer Leistungsklage oder die Zustellung eines Mahnbescheids gleichsteht, § 286 I S. 2 BGB. Diese ist entsprechend ihres Schutzzwecks unter den Voraussetzungen des § 286 II BGB entbehrlich.

Folgende Besonderheiten sind zu berücksichtigen: Insbesondere treten in Absatz 2 bei der Entbehrlichkeit der Mahnung neben die bestimmte (Nr. 1) und bestimmbare (Nr. 2, früher nur bei Kündigungen) Leistungszeit nun ausdrücklich normiert die ernsthafte und endgültige Erfüllungsverweigerung des Schuldners (Nr. 3). Diese Figur wurde schon früher aus § 242 BGB hergeleitet. Dazu tritt die generalklauselartige Regelung in Nr. 4. Beispiele könnten etwa besonders eilige Reparaturen wie bei einem Wasserrohrbruch sein.

Bei Geldschulden ist § 286 III S. 1 BGB zu beachten. Danach kommt der Schuldner einer Geldleistung spätestens in Verzug, wenn er nicht innerhalb von 30 Tagen nach Fälligkeit und Zugang einer Rechnung oder gleichwertigen Zahlungsaufforderung leistet. Das ändert aber nichts an der Möglichkeit, den Schuldner bereits früher durch eine Mahnung in Verzug zu setzen („spätestens").

§ 286 III BGB ist nicht als lex specialis zu den Absätzen 1 und 2 anzusehen, sondern als ein gläubigerfreundlicher Sonderfall, in dem die Mahnung entbehrlich ist. Weiterhin ist gem. S. 2 die Verbrauchersonderregel zu beachten, wonach auf den Absatz 3 besonders hingewiesen werden muss, damit die dort genannte Rechtsfolge eintreten kann.

4. Vertretenmüssen

kein Schuldnerverzug ohne Vertretenmüssen der Nichtleistung

Der Schuldner kommt nicht in Verzug, wenn er die Nichtleistung nicht zu vertreten hat. Für dessen Nichtvorliegen trifft freilich den Schuldner die Beweislast, § 286 IV BGB.[155]

147

Das BGB sieht das Vertretenmüssen demnach nicht als Voraussetzung des Verzugs, sondern das Nichtvertretenmüssen als Befreiungsgrund an. Dieses bestimmt sich nach den allgemeinen Vorschriften, also §§ 276 - 278 BGB.

Hier ist der veränderte Haftungsmaßstab des § 276 BGB zu berücksichtigen, der besonders auf den Inhalt des Schuldverhältnisses abstellt. Hier können insbesondere Garantien eine Rolle spielen.

5. Keine Beendigung

Unmöglichkeit beendet den Verzug (s.o.), ebenso ein Erlöschen des Anspruchs z.B. durch Anfechtung und auch das Entstehen und die Möglichkeit der Ausübung einer Einrede.

148

Die Beendigung ist in der Klausur nicht anzusprechen, wenn sich dafür kein Anhaltspunkt zeigt.

III. Schlechtleistung, §§ (437 Nr. 3, 634 Nr. 4), 280 I BGB

Von Schlechtleistung spricht man, wenn der Schuldner die Leistung qualitativ nicht wie geschuldet erbringt.

149

---

[155] Palandt, § 286 BGB, Rn. 49.

Die Schlechtleistung bezieht sich immer auf die primäre Leistungspflicht. Sofern die einzelnen Vertragstypen für die Schlechtleistung keine Regelung treffen, ist § 280 I BGB unmittelbar anwendbar.

Bsp.: *Eine Musikerband stellt den Verstärker beim Konzert so ein, dass manche Zuschauer beim Spielen der Musik Schäden am Gehörgang erleiden.*

Anspruchsgrundlage ist dann § 280 I wegen Schlechterfüllung des Dienstvertrages. Die schuldhafte Pflichtverletzung aus dem Dienstvertrag liegt in dem zu lauten Spielen. Die Folge ist ein Mangelfolgeschaden an den Rechtsgütern der Dienstberechtigten. Dieser Schaden wird unter § 280 I BGB gefasst.

Im Kauf- und Werkvertragsrecht ist hingegen immer die jeweilige Verweisungsvorschrift mit zu zitieren, §§ 437 Nr. 3, 634 Nr. 4 BGB. Achtung: Es gibt Vertragstypen mit besonderem Schlechtleistungsrecht, z.B. das Mietrecht, §§ 536, 536a BGB, oder das Reisevertragsrecht, §§ 651c ff. BGB. Dann sind die §§ 280 ff. BGB nicht anwendbar.

150

Da § 280 I BGB nur die sog. Begleitschäden ersetzt, kann es in diesen Fällen nie um den Ersatz des Mangelschadens, sondern nur um Ersatz des Mangelfolgeschadens gehen, der infolge der Schlechtleistung entsteht.

Bsp.: *A kauft bei B ein Auto. Der Gaszug des Wagens ist defekt. A fährt daher ungebremst in seine Garage. Sowohl Pkw als auch Garage werden beschädigt. A verlangt Ersatz.*

Sofern es um den Ersatz des Schadens an der Garage geht, handelt es sich um einen Mangelfolgeschaden. Diesen muss B gem. §§ 437 Nr. 3, 280 I BGB ersetzen. Der Ersatz dieses Schadens unterliegt nicht dem Vorrang der Nacherfüllung, denn er könnte auch durch die Nacherfüllung nicht beseitigt werden. Sowohl Nachlieferung als auch Nachbesserung hätten keinen Einfluss auf den Schaden. Der Schaden an dem Pkw selbst ist hingegen ein Mangelschaden. Der Schaden ist an dem Leistungsgegenstand selbst eingetreten. Das Äquivalenzverhältnis zwischen Leistung und Gegenleistung ist gestört. Daher kann hier allenfalls Schadensersatz statt der Leistung gewährt werden. Das setzt jedoch grundsätzlich voraus, dass B dem A eine Frist zur Nacherfüllung setzt, vgl. §§ 437 Nr. 3, 281 I, 280 I BGB.

hemmer-Methode: Diese Problematik wird aufgrund der Besonderheiten des Kaufrechts im Kapitel Mängelrecht behandelt. Bereits hier sei aber erwähnt, dass es Anliegen der Reform war, die Erfüllung des Vertrages zu stärken, „Vorrang der Erfüllung".

Bevor ein Käufer daher die Möglichkeit bekommt, Schadensersatz statt der Leistung zu verlangen bzw. vom Vertrag zurückzutreten, muss er dem Verkäufer die Möglichkeit geben, den Mangel zu beseitigen, also aus der Schlechtleistung eine vertragsgemäße zu machen, vgl. §§ 437 Nr. 3, 281 I, 323 I BGB. Da aber hinsichtlich des Mangelfolgeschadens (Garage) eine Nacherfüllung nicht möglich ist (die Garage – auch wenn sie reparabel ist - ist nicht Leistungsgegenstand und damit nicht Gegenstand der Nachbesserung), kann hier unter den „einfachen" Voraussetzungen des § 280 I BGB Schadensersatz verlangt werden. Merksatz: Alle Schäden, die nicht durch eine Nacherfüllung beseitigt werden können, werden über §§ 437 Nr. 3, 280 I BGB ersetzt.

IV. Nebenpflichtverletzungen, §§ 280 I, 241 II, 311 II BGB

Das Schuldverhältnis verpflichtet die Vertragsparteien nicht nur zur Erbringung der geschuldeten Leistungen (Übereignung und Zahlung, vgl. § 433 BGB), sondern auch dazu, die Rechte und Rechtsgüter der jeweils anderen Partei nicht zu verletzen. Dieser Grundsatz, der im BGB bis zur Schuldrechtsreform nicht verankert war, wurde von Rechtsprechung und Lehre geschaffen und unter den Haftungsinstituten der positiven Vertragsverletzung (pVV) und des Verschuldens bei Vertragsschluss (c.i.c.) stetig fortentwickelt.

Mit § 241 II BGB hat der Gesetzgeber diese Nebenpflichten kodifiziert, ohne indes konkret zu werden. Die Frage, wann eine solche Pflichtverletzung gegeben ist, ist nach wie vor durch Rechtsprechung und Lehre zu beantworten. Auf die so gebildeten Fallgruppen kann auch nach der Schuldrechtsreform zurückgegriffen werden. § 311 II BGB erstreckt diesen Pflichtenkatalog auf den vorvertraglichen Bereich.

hemmer-Methode: Ausgangspunkt dieser Überlegungen war die Erkenntnis, dass das Deliktsrecht keinen ausreichenden Schutz des Vertragspartners gewährleistet (kein umfassender Vermögensschutz, keine Verschuldenszurechnung), es aber erforderlich ist, gegenüber dem Vertragspartner einen höheren Sorgfaltsmaßstab anzusetzen, als gegenüber am Vertrag unbeteiligten Personen.

1. § 280 I BGB i.V.m. § 241 II BGB

- Schuldverhältnis
- Pflichtverletzung
- Vertretenmüssen

- Schaden
- Haftungsausfüllende Kausalität

a) Schuldverhältnis

Schuldverhältnisse in diesem Sinne sind: 153

- Verträge, auch bei Naturalobligationen, z.B. § 656 BGB
- Vertragsähnliche Sonderverbindungen (c.i.c.), § 311 II BGB
- Gesetzliches Schuldverhältnis, z.B. GoA[156], die Gemeinschaft

Vertrag

aa) Relativ unproblematisch sind dabei die Fälle vertraglicher Schuldverhältnisse, wie beispielsweise Kauf-, Werkvertrag, Auftrag, Tausch und Schenkung. Diskutiert wird das Bestehen von Pflichten i.S.d. § 241 II BGB sogar im Rahmen sogenannter Gefälligkeitsverhältnisse mit rechtsgeschäftlichem Charakter. Es handelt sich hierbei um Sonderverbindungen, aus denen mangels Rechtsbindungswillens keine Primärpflicht entsteht, in denen aber nach vertraglichen Grundsätzen gehaftet werden soll. 154

Bsp.: Das Versprechen an einen guten Freund, diesem für einen Tag den eigenen Ferrari Testarossa zu Repräsentationszwecken zu überlassen, führt zwar nicht zu einer schuldrechtlichen Überlassungspflicht. Für Beschädigungen des Wagens haftet der Freund aber möglicherweise gem. § 280 I BGB wegen einer Pflichtverletzung gem. § 241 II BGB aus dem Gefälligkeitsverhältnis mit rechtsgeschäftlichem Charakter. Dieses kann man auf § 311 II Nr.3 BGB stützen.

Gesetz

bb) Auch auf gesetzliche Schuldverhältnisse findet § 280 I BGB grundsätzlich Anwendung, sofern im jeweiligen Schuldverhältnis keine Sonderregelung besteht, die § 280 I BGB verdrängt. 155

Bsp.: A entdeckt eines Tages auf einem Flohmarkt eine alte Märklin Modelleisenbahn. Da er weiß, dass sein Freund B leidenschaftlicher Sammler alten Spielzeugs ist, erwirbt er sie im Namen des B. Dabei geht er zu Recht davon aus, dass B mit dem Ankauf der Eisenbahn vollkommen einverstanden ist. Allerdings stellt sich A beim Transport in seine Wohnung so ungeschickt an, dass die Modelleisenbahn leicht beschädigt wird.

---

[156] Vgl. zu den Schuldverhältnissen der GoA, der §§ 812 ff. BGB und den §§ 823 ff. BGB **Hemmer/Wüst, Basics Zivilrecht II**.

B könnte gegen A einen Anspruch aus § 280 I BGB wegen Pflichtverletzung im Rahmen einer berechtigten GoA haben. A hat mit dem Erwerb der Eisenbahn zunächst ein neutrales Geschäft abgeschlossen. Dieses wurde indes durch seinen Willen zu einem subjektiv fremden Geschäft. Dafür lag kein Auftrag des B vor. Die Voraussetzungen einer GoA i.S.d. § 677 BGB liegen somit vor. Sofern die Geschäftsführung dem Willen des B entspricht – davon soll hier einmal ausgegangen werden – handelt es sich um eine berechtigte GoA i.S.d. § 683 BGB. Ein Schuldverhältnis i.S.v. § 280 I BGB liegt also vor.

Hier ist zwar nicht die Herausgabe der Lokomotive durch den Geschäftsführer nach §§ 681 S.2, 667 BGB unmöglich geworden (§ 275 BGB), aber A hat seine aus der berechtigten GoA entstehende Pflicht zur sorgsamen Behandlung der Eisenbahn schuldhaft verletzt, vgl. § 677 BGB. Er ist daher aus § 280 I BGB wegen Verletzung einer Nebenpflicht aus dem gesetzlichen Schuldverhältnis der „berechtigten GoA" haftbar.

hemmer-Methode: Handelte es sich demgegenüber um eine unberechtigte GoA, wäre § 678 BGB als Anspruchsgrundlage einschlägig. Ob daneben § 280 I BGB Anwendung auf das sog. Ausführungsverschulden findet, ist umstritten.

Dasselbe gilt, wenn ein zufällig vorbeikommender Arzt einen bewusstlosen Motorradfahrer fahrlässig falsch behandelt. Er haftet aus der schuldhaften Verletzung einer Pflicht aus der berechtigten GoA, § 280 I BGB i.V.m. § 241 II BGB. Das Haftungsprivileg des § 680 BGB kommt nach h.M. einem professionellen Nothelfer nicht zugute. Professioneller Nothelfer ist ein Arzt aber nur dann, wenn er in der Notfallmedizin tätig ist.

Weitere Beispiele für gesetzliche Schuldverhältnisse, in deren Rahmen eine Haftung aus § 280 I BGB denkbar ist, sind die Grunddienstbarkeiten, das Wohnungseigentum oder das durch eine bereits geschehene, deliktische Schädigung entstandene Abwicklungsverhältnis.[157]

nicht bei bloßen Gemeinschaftsverhältnissen

cc) Ausreichend als Schuldverhältnis ist ebenfalls das Gemeinschaftsverhältnis i.S.v. §§ 741 ff. BGB, soweit es um die in §§ 742 ff. BGB geregelten Pflichten geht.[158] Beim nachbarschaftlichen Gemeinschaftsverhältnis soll es sich nach wohl h.M. nicht um ein Schuldverhältnis i.S.d. § 280 I BGB handeln.[159]

---

[157] Vgl. **Hemmer/Wüst, Schadensersatzrecht III, Rn. 263 f.** zu §§ 823, 278 BGB und **Hemmer/Wüst, Sachenrecht II, Rn. 193 zum EBV**, § 278 BGB.
[158] Palandt, § 280 BGB, Rn. 9.
[159] Vgl. OLG Düsseldorf, NJW-RR 2002, 306; BGH, Urteil vom 18.09.2009, V ZR 75/08 = ZNotP 2009, 438 ff. = **Life&Law 2010, 1 ff.**

b) Pflichtverletzung

Pflichtverletzung

Der Schuldner muss eine Pflicht aus diesem Schuldverhältnis verletzen. Diese Voraussetzung ist sehr weit gefasst, umfasst im Prinzip jegliches Fehlverhalten im Zusammenhang mit einem Vertrag.

aa) Abgrenzung zur Schlechtleistung

Schlechtleistung

Es muss sich um eine Nebenpflichtverletzung handeln. Die Abgrenzung zur Schlechtleistung kann in Einzelfällen problematisch sein, da einzelne Nebenpflichten in engem Zusammenhang mit der geschuldeten Leistung stehen können. Bei der Schlechtleistung geht es um Sachverhalte, in denen der Schuldner die aus dem jeweiligen Schuldverhältnis primär geschuldete Leistung nicht in der geschuldeten Weise, sondern eben schlecht erbringt.

Bsp.: Der Arzt behandelt seinen Patienten falsch, der Rechtsanwalt berät seinen Mandanten unrichtig.

Konkurrenzverhältnisse beachten

Hier liegt keine Nebenpflichtverletzung vor. Denn es wird die vertraglich geschuldete Leistung nicht gehörig erbracht. Wie bereits erwähnt, muss hier darauf geachtet werden, ob § 280 I BGB direkt anwendbar ist, oder aber erst über eine Verweisungsvorschrift, vgl. etwa § 437 Nr. 3 BGB oder § 634 Nr. 4 BGB. Jedenfalls haben diese Fälle nichts mit § 241 II BGB zu tun.

Abgrenzung notwendig

Wenn sich die Pflichtverletzung indes auf die Beschaffenheit der Ware oder der Werkleistung bezieht oder deren Transport und Auslieferung betrifft, ist die Abgrenzung nicht immer einfach. Man spricht dann von leistungsbezogenen Nebenpflichten.

Bspe.: Dauerabnehmer eines Produkts wird vom Produzenten nicht auf wesentliche Änderung der Produktbeschaffenheit hingewiesen, Mangelschäden infolge unzureichender Verpackung der gekauften Sache, Beifügen einer falschen Bedienungsanleitung, vgl. auch § 434 II S. 2 BGB.[160]

In der Sache stehen diese Fälle einer Schlechtleistung nahe, sodass sich auch dieselben Abgrenzungsprobleme ergeben. Maßgeblich ist stets die Bedeutung der einzelnen Pflicht. So kann etwa die Verpackung durch Vereinbarung zur Leistungspflicht werden. Bei Verletzung der Pflicht handelt es sich dann um eine Schlechtleistung. Ist die Verpackung indes nicht von Bedeutung, bleibt § 280 I BGB i.V.m. § 241 II BGB Anspruchsgrundlage, wenn durch die fehlerhafte Verpackung ein Schaden eintritt.

---

[160] Palandt, § 280 BGB, Rn. 23.

hemmer-Methode: Sie müssen immer bedacht sein, Leistungs- und Nebenpflichten zu unterscheiden. Leistungspflichten kennzeichnen sich dadurch, dass ein Anspruch darauf besteht. Sie können zum Gegenstand einer Klage gemacht werden. Auf die Beachtung von Nebenpflichten kann indes nicht geklagt werden. Hier bleibt lediglich die Sanktionierung bei deren Verletzung. Die Frage, ob eine Leistungspflicht eine sog. Haupt- oder Nebenleistungspflicht ist, ist für die Einordnung in die Systematik der §§ 280 ff. BGB nicht von Bedeutung. Diese Abgrenzung spielt eine größere Rolle, wenn es um die Frage einer synallagmatischen Verknüpfung mit der geschuldeten Gegenleistung geht.

bb) Nebenpflichtverletzungen

Nebenpflichtverletzungen

I.R.d. § 241 II BGB kommt eine unüberschaubare Vielfalt möglicher Fallgestaltungen in Betracht, sodass eine Bildung weiterer abschließender Untergruppen nicht möglich ist. In diesem Überblicksskript sollen nur die wichtigsten typischen Beispiele angeführt werden.

161

Wichtig: Die Nebenpflichtverletzungen, die eine Haftung aus §§ 280 I, 241 II BGB begründen, können nur solche sein, die **nicht leistungsbezogen** sind. Das sind solche Pflichten, auf deren Erfüllung der Gläubiger keinen Anspruch hat. Dabei ist zu berücksichtigen, dass auch eine Nebenpflicht leistungsbezogen sein kann (s.o.). Noch einmal: Im Falle der Leistungsbezogenheit liegt ein Fall der Schlechtleistung, der Nichtleistung oder der Unmöglichkeit vor, der dann nach den für diese Pflichtverletzungen geltenden Rechtsfolgen zu beurteilen ist!

Bsp.: Abnahmeverpflichtung des Käufers aus § 433 II BGB.

Verletzt der Käufer diese Pflicht, hat dies mit § 241 II BGB nichts zu tun, da es sich um eine (Neben-)Leistungspflicht handelt!

(1) Schutzpflichtverletzungen[161]

Pflicht zum Schutz

Jede Partei trifft i.R.d. Abwicklung eines Vertrages die Pflicht, sich so zu verhalten, dass Person, Eigentum und andere Rechtsgüter des anderen Teils nicht verletzt werden.

162

Bspe.: Dachdecker lässt aus Unachtsamkeit einen Werkzeugkasten vom Baugerüst fallen. Dieser trifft den Besteller, der gerade in diesem Augenblick sein Haus verlassen hatte und verletzt ihn schwer.

---

[161] Palandt, § 280 BGB, Rn. 28 ff.

Heizöllieferant schließt den Einfüllschlauch nicht ordnungsgemäß am Einfüllstutzen an, sodass 100 l Heizöl auslaufen und das Erdreich im Garten des Käufers verunreinigen.

(2) Verletzung von leistungssichernden Aufklärungs- und Auskunftspflichten[162]

Aufklärungs- und Auskunftspflichten

Eine zu verletzende Auskunfts- oder Aufklärungspflicht kann sich dabei entweder aus dem Gesetz selbst (z.B. § 666 BGB), aus einer vertraglichen Vereinbarung oder aus Treu und Glauben ergeben (§ 242 BGB). Grundsätzlich muss sich zwar jede Partei die für den Vertragsschluss wichtigen Informationen selbst besorgen. Etwas anderes ergibt sich jedoch, wenn der eine Teil ohne Verschulden bestimmte Umstände nicht kennt, der andere Teil aber diese erkennbare Unkenntnis unschwer beseitigen kann.[163]

163

Bspe.: Der für die A-GmbH tätige Handelsvertreter V hat bezüglich der Kreditwürdigkeit des mit der A-GmbH in ständigem geschäftlichen Kontakt stehenden B erhebliche Zweifel. Dennoch weist er die A-GmbH nicht darauf hin, sondern schließt weiter für die A-GmbH Verträge mit B.

Der Stromerzeuger muss die Stromabnehmer von geplanten längeren Stromabschaltungen rechtzeitig unterrichten.

(3) Verletzung der Leistungstreuepflicht[164]

Leistungstreuepflichtverletzung

Jede Partei eines Schuldverhältnisses trifft die Pflicht, Vertragszweck und Leistungserfolg weder zu gefährden noch zu beeinträchtigen. Dabei kann allerdings die Frage, ab wann eine für die Annahme einer Haftung ausreichende schuldhafte Verletzung dieser Leistungstreuepflicht vorliegt, nur anhand des konkreten Einzelfalls beantwortet werden. Bei Dauerschuldverhältnissen, die ein dauerndes Zusammenwirken der Parteien erfordern, sind jedoch generell strengere Anforderungen zu stellen.

164

Bspe.:

⊃ So stellt bereits die rechtswidrige Kündigung eines Mietvertrages wegen in Wahrheit nicht gegebenen Eigenbedarfs eine Vertragsverletzung des Mietvertrags dar.

⊃ Eine Pflichtverletzung liegt auch vor, wenn ein Gesellschafter gegen die gesellschaftsrechtliche Treuepflicht verstößt, oder wenn sich eine Partei weigert, die vereinbarten Vertragsbedingungen einzuhalten.

---

[162] Palandt, § 280 BGB, Rn. 30.
[163] Palandt, § 280 BGB, Rn. 30.
[164] Palandt, § 280 BGB, Rn. 25 ff.

sonstige Anwendungsfälle

Neben den bisher behandelten Falltypen gibt es zwar noch weitere Anwendungsbereiche der Regelungen, wie beispielsweise die Erteilung eines falschen Arbeitszeugnisses oder die Verletzung der vertraglichen Friedenspflicht, doch wird der Hauptanwendungsbereich durch die oben gebildeten Fallgruppen abgedeckt.

> **hemmer-Methode: Achtung:** Hier wird auch die Erfüllungsverweigerung des Schuldners eingeordnet, nur dass der Gesetzgeber hier selbst Spezialregelungen getroffen hat, §§ 281 II, 323 II Nr. 1, 286 II Nr. 3 BGB. Diese Einordnung zeigt, dass es sich hier um eine „echte" Leistungspflichtverletzung handelt. Wird die Erfüllung allerdings bereits vor Fälligkeit ernsthaft und endgültig verweigert, handelt es sich um eine sog. Leistungstreuepflichtverletzung, die unter § 241 II BGB fällt (vgl. für den Rücktritt allerdings § 323 IV BGB).

c) Vertretenmüssen

Vertretenmüssen, §§ 276 ff. BGB

Das Vertretenmüssen ist i.R.d. § 280 I BGB immer anhand der §§ 276 ff. BGB zu ermitteln, insbesondere ist an die Zurechnung eines Verschuldens von Erfüllungsgehilfen über die Norm des § 278 BGB zu denken. Wenn sich in der Klausur keine Anhaltspunkte für das Vertretenmüssen finden lassen, ist die Beweislastverteilung des § 280 I S. 2 BGB zu beachten: das Vertretenmüssen wird vermutet (wichtige Ausnahme: § 619a BGB: keine Vermutung zu Lasten des AN).

Hier ist insbesondere i.R.d. § 276 BGB zu berücksichtigen, dass für Beschaffungsversprechen und die Übernahme sonstiger Garantien ein verschärfter Haftungsmaßstab gilt.

Milderungen im Verschuldensmaßstab

Aus dem jeweiligen Schuldverhältnis, in dessen Rahmen § 280 I BGB gegeben ist, können sich Milderungen des Verschuldensmaßstabs ergeben.

> **Bsp.:** *Passant B droht zu stürzen. A erfasst in letzter Sekunde den Arm des B, um den Sturz abzuwenden. Dabei beschädigt er leicht fahrlässig dessen Kleidung.*
>
> Soweit B den A nicht mit der Hilfe beauftragt hat, kommt hier als maßgebliches Schuldverhältnis nur eine berechtigte GoA in Betracht (§§ 677, 683 BGB). Ein Ersatzanspruch des B bezüglich seiner Kleidung könnte sich daher zunächst aus § 280 I BGB hinsichtlich der berechtigten GoA ergeben.
>
> Zu berücksichtigen ist aber die Haftungsmilderung des § 680 BGB, nach der bei einer GoA zur Gefahrenabwehr nur für grobe Fahrlässigkeit gehaftet wird. Da aber A nur leicht fahrlässig gehandelt hat, scheidet der Anspruch aus § 280 I BGB aus.

§ 680 BGB muss dabei auch i.R. eines Anspruchs aus §§ 823 ff. BGB gelten, da ansonsten die Haftungsprivilegierung oft leer liefe.[165]

d) Schaden und haftungsausfüllende Kausalität[166]

Schaden notwendig

aa) Soweit mit dem Anspruch aus § 280 I BGB Schadensersatz für das negative Interesse verlangt wird, setzt er selbstverständlich das tatsächliche Bestehen eines Schadens voraus: Dabei ist der ersatzfähige Schadensumfang anhand der §§ 249 ff. BGB zu ermitteln.

Kausalität

bb) Gegeben sein muss aber immer auch die sogenannte haftungsausfüllende Kausalität. Das bedeutet, dass der zu ersetzende Schaden kausal und zurechenbar durch die für den Tatbestand des § 280 I BGB maßgebliche Pflichtverletzung verursacht worden sein muss. Wie bei allen Kausalitätsprüfungen ist auch in diesem Rahmen das Vorliegen von Äquivalenz, Adäquanz und Schutzzweck der Norm zu untersuchen.

hemmer-Methode: Beachten Sie, dass hier nur die haftungsausfüllende Kausalität zu prüfen ist. Eine haftungsbegründende Kausalität zwischen Verletzungshandlung und Rechtsgutsverletzung wie bei § 823 I BGB scheidet aus, weil sich der haftungsbegründende Tatbestand im Vorliegen einer Pflichtverletzung erschöpft!

e) Anspruchskürzendes Mitverschulden und Verjährung

Mitverschulden, § 254 BGB

a) Auch der Anspruch aus § 280 I BGB unterliegt gemäß § 254 BGB einer anteiligen Kürzung, wenn den Geschädigten ein Mitverschulden im Hinblick auf Schadensentstehung oder Schadensabwendung trifft.

Verjährung §§ 195, 199 BGB

b) Für die Verjährung des Anspruchs aus § 280 I BGB gilt die dreijährige Verjährungsfrist des § 195 BGB, beginnend mit der Kenntnis i.S.d. § 199 BGB.

Zur Wiederholung: Mit dem Anspruch aus § 280 I BGB kann Ersatz all der Schäden verlangt werden, die unmittelbar oder mittelbar auf der Pflichtverletzung beruhen. Dieser Anspruch auf Ersatz der „Begleitschäden" tritt nicht an die Stelle, sondern neben den Primäranspruch aus dem Schuldverhältnis.[167]

Bsp.: Bei Anlieferung des bestellten Schrankes beschädigt der Verkäufer V den Türstock der Eigentumswohnung des Käufers.

---

[165] Palandt, § 680 BGB, Rn. 1.
[166] Palandt, § 280 BGB, Rn. 38 f.
[167] BGHZ 11, 84.; nur unter den zusätzlichen Voraussetzungen des § 282 BGB kann Schadensersatz statt der Leistung verlangt werden.

Hier kann der Käufer natürlich weiter nach § 433 I S. 1 BGB aus dem Kaufvertrag Übergabe und Übereignung des Schrankes verlangen. Zusätzlich („neben" dieser Leistung) erhält er nun aber Schadensersatz für seinen beschädigten Türstock.

2. § 280 I BGB i.V.m. §§ 241 II, 311 II BGB

Die Anspruchsgrundlage bei Verletzung einer Pflicht aus § 241 II BGB ist immer § 280 I BGB. § 311 II BGB erweitert den Pflichtenkatalog des § 241 II BGB auf den vorvertraglichen Bereich und kodifiziert damit die Grundsätze der culpa in contrahendo.

> ⮕ Anwendbarkeit der c.i.c. (nur bei Konfliktfeldern, z.B. Mängelrecht, Anfechtung)
>
> ⮕ Vorvertragliche Sonderverbindung
>
> ⮕ Pflichtverletzung
>
> ⮕ Vertretenmüssen
>
> ⮕ Schaden
>
> ⮕ Haftungsausfüllende Kausalität
>
> ⮕ U.U.: Mitverschulden (§ 254 BGB), Verjährung

172

Das System ist dabei ganz einfach. Grundsätzlich gibt es Schadensersatz aus § 280 I BGB für jede Art von Pflichtverletzung i.S.d. § 241 II BGB erst nach Entstehen des Schuldverhältnisses. § 311 II Nr. 1 bis 3 BGB bestimmt jedoch, dass Sorgfaltspflichten auch bereits im Vorfeld eines möglichen Vertragsschlusses entstehen können.

c.i.c. Auch die c.i.c. gehört also weiterhin zum für Klausurlösungen unerlässlichen Handwerkszeug. Es soll daher im Folgenden ein Überblick über die wichtigsten Problemkreise dieses Rechtsinstituts gegeben werden.

173

a) Anwendbarkeit der c.i.c.[168]

Anwendbarkeit Da die c.i.c. in § 311 II BGB sehr allgemein gehalten ist, gilt es darauf zu achten, gesetzlich speziellere Regelungen nicht zu unterlaufen. Es stellen sich schwierige Abgrenzungsprobleme, die den Rahmen dieses Überblickskripts sprengen würden.

174

---

[168] Ausführlich hierzu: Palandt, § 311 BGB, Rn. 24 ff.

Zusammenfassend lässt sich sagen:

spezielle Regelungen Gewährleistungsrecht

aa) Neben dem speziell geregelten Mängelrecht scheidet die c.i.c. aus, soweit dessen Anwendungsbereich reicht. Andernfalls könnten die Mängelvorschriften unterlaufen werden, etwa weil die Verjährung der Ansprüche aus § 437 BGB kürzer ist (§ 438 BGB, zwei Jahre ab Übergabe) als die Verjährung nach §§ 195, 199 BGB (drei Jahre ab Kenntnis). Außerdem gilt im Mängelrecht der Vorrang der Nacherfüllung. Über die c.i.c. könnte aber sofort Vertragsaufhebung gem. § 249 I BGB verlangt werden. Der Vorrang würde unterlaufen werden.

175

Neben den §§ 434 ff. BGB ist die c.i.c. nach h.M. daher nur anwendbar, soweit sich das Verschulden nicht auf Fehler der Kaufsache bezieht.

Bsp.: Verkäufer wendet vor Beginn einer Probefahrt mit dem Wagen, den der K kaufen will und überfährt dabei den Dackel des K, den dieser zu den Vertragsverhandlungen mitgebracht hatte.

Allerdings lässt die Rechtsprechung bei Vorsatz die c.i.c. neben den §§ 434 ff. BGB zu.[169] Dies hat der BGH nun auch für die Rechtslage nach der Schuldrechtsreform bestätigt.[170] Dann ist der Verkäufer nicht schutzwürdig. Im Übrigen verjähren dann auch die Mängelansprüche innerhalb der allgemeinen Verjährungsfrist.

bei Anfechtung Problem des § 124 BGB

bb) Ein Konkurrenzverhältnis kann sich auch zwischen §§ 311 II, 280 I BGB und den Anfechtungsregeln, insbesondere aber zu § 123 BGB entwickeln: über §§ 311 II, 241 II, 280 I BGB kann nämlich der Geschädigte u.U. nicht nur bei Arglist, sondern schon bei jeder Fahrlässigkeit Vertragsaufhebung verlangen, § 249 I BGB. Außerdem ergibt sich wiederum aus der längeren Verjährungsfrist der c.i.c. ein Konflikt zu § 124 BGB.

176

aber anderes Schutzgut

Anders als § 123 BGB schützt jedoch das Institut der c.i.c. nicht die Willensfreiheit, sondern das Vermögen. Sie setzt daher auch zusätzlich noch einen Schaden voraus.[171] Nach h.M. können § 123 I BGB und die c.i.c. daher uneingeschränkt nebeneinander stehen.

Ein weiteres Problem ergibt sich im Verhältnis zu § 122 BGB, wenn eine Anfechtung gem. § 119 BGB erfolgte und der Irrtum schuldhaft herbeigeführt wurde. Während nach § 122 II BGB bei Kenntnis vom Irrtum oder Kennenmüssen der Anspruch komplett ausgeschlossen ist, ist über § 254 BGB i.R.d. c.i.c. u.U. eine gegenüber dem Alles-oder-Nichts-Prinzip der Anfechtung flexiblere Rechtsfolge möglich. Deswegen lässt die ganz h.M. die c.i.c. neben den §§ 119 ff. BGB uneingeschränkt zu.[172]

---

[169] BGH, NJW 1992, 2564.
[170] Vgl. BGH, Urteil vom 27.03.2009, V ZR 30/08 = **Life&Law 2009, 433 ff., Heft 7**.
[171] BGH, NJW 1998, 302.
[172] Palandt, § 311 BGB, Rn. 25.

Vertretungsrecht

cc) Ähnliches gilt für das Vertretungsrecht. Auch hier werden die §§ 177 - 179 BGB überwiegend als nicht abschließend angesehen, sodass daneben noch Raum für einen Anspruch aus c.i.c. gegen den Vertretenen bleibt.[173]

177

b) Vorvertragliche Sonderverbindung

Verschuldenszurechnung über § 278 BGB möglich

aa) Die quasivertragliche Haftung aus c.i.c. setzt das Vorliegen einer besonderen vorvertraglichen Sonderverbindung voraus, § 311 II BGB. Dafür reicht dem gesetzlichen Wortlaut nach nicht jede beliebige Form eines gesteigerten sozialen Kontakts. Erforderlich ist vielmehr ein geschäftlicher Kontakt, der auf Abschluss eines Vertrages oder zumindest auf Anbahnung geschäftlicher Beziehungen gerichtet ist.[174]

178

Dabei helfen die Fallgruppen des § 311 II BGB bei der Bestimmung, ob ein vorvertragliches Schuldverhältnis vorliegt:

➲ Aufnahme von Vertragsverhandlungen, § 311 II Nr. 1 BGB

Bspe.:

➲ *A betritt den Laden des B, weil er dort sein Frühstücksmüsli besorgen möchte.*

➲ *Der Kunde K fährt auf den Kundenparkplatz des Warenhauses W, um dort Einkäufe zu tätigen.*

Nicht ausreichend wäre es hingegen, wenn K den Parkplatz nur als Parkmöglichkeit verwendet, um im nahegelegenen Park einen Spaziergang zu machen.

➲ Anbahnung eines Vertrags mit Einwirkungsmöglichkeit auf Rechte des einen Teils oder Anvertrauung dieser Rechte, § 311 II Nr. 2 BGB

➲ Ähnliche geschäftliche Kontakte, § 311 II Nr. 3 BGB

kein späterer Vertrag notwendig

bb) Zu beachten gilt es dabei auch, dass es für die Haftung aus c.i.c. keine Rolle spielt, ob später ein wirksamer Vertrag geschlossen wird. Bei der Haftung gem. § 311 II BGB kommt es darauf an, ob in dem Zeitpunkt der Pflichtverletzung der Vertrag schon geschlossen wurde. In diesem Fall würden dann §§ 241 II, 280 I BGB direkt eingreifen.

179

---

[173] Palandt, § 179 BGB, Rn. 9. Problematisch ist die Haftung dann, wenn sich der Vorwurf darauf beschränkt, dass der Vertreter ohne Vertretungsmacht gehandelt hat und dieser Vorwurf dem Vertretenen zugerechnet werden soll. Hier kann die c.i.c. mit der Wertung der §§ 177 ff. BGB kollidieren, nach der der Vertretene gerade keine Haftung zu befürchten hat, wenn er die Genehmigung des schwebend unwirksamen Vertrages verweigert.

[174] Palandt, § 311 BGB, Rn. 16 ff.

hemmer-Methode: Lernen Sie von vornherein, die Grenze zwischen §§ 311 II, 280 I BGB und § 280 I BGB richtig zu ziehen. Allein entscheidend ist der Zeitpunkt der Pflichtverletzung, an die der Anspruch geknüpft wird.
Liegt zu dieser Zeit bereits ein echtes Schuldverhältnis vor, so greift § 280 I BGB direkt, liegt hingegen nur ein geschäftlicher Kontakt vor, so bleibt es beim Anspruch aus §§ 311 II, 280 I BGB, auch wenn später noch ein Vertrag geschlossen wird!

c) Pflichtverletzung

Fallgruppen

Die c.i.c. hat sich in der Praxis vor der Reform zu einer sehr flexiblen und schwer überschaubaren Haftungsgrundlage entwickelt. Da mit der Reform die Regelung noch sehr allgemein gehalten ist, ist die Norm des § 311 II BGB mit den bisher aus der Rechtsprechung gebildeten Fallgruppen auszufüllen. Die wichtigsten klausurrelevanten Fallgruppen waren und bleiben: 180

aa) Schutzpflichtverletzungen

Schutzpflichtverletzung

(1) Bereits i.R.d. Anbahnung eines geschäftlichen Kontaktes trifft alle Parteien die Pflicht, Leben, Eigentum und andere Rechtsgüter des anderen Teils nicht zu verletzen. 181

 Bspe.: Patient wird im Flur der Praxis von einem herabstürzenden Halogenscheinwerfer getroffen, als er sich gerade bei seinem Arzt in Behandlung begeben wollte.

A fährt mit seinem Pkw auf das Werkstattgelände des Kfz-Mechanikers K, um seinen Wagen dort in Reparatur zu geben. Dabei wird der Wagen durch einen hochragenden Kanaldeckel erheblich beschädigt.

Vertrag mit Schutzwirkung

bb) Diese Fallgruppe wird heute noch dadurch erweitert, dass das Institut des Vertrags mit Schutzwirkung zugunsten Dritter bereits auf die c.i.c. angewendet wird. 182

Bsp.: Wird durch den in der Arztpraxis herabstürzenden Scheinwerfer nicht der Patient selbst verletzt, sondern sein ihn begleitendes Kind, so ergeben sich folgende Probleme:

Das Kind wollte nicht selbst einen Behandlungsvertrag abschließen. Es kann daher auch nicht Partner einer vorvertraglichen Sonderverbindung geworden sein. Partner einer solchen Beziehung ist nur der Patient. Allerdings greift hier der Vertrag mit Schutzwirkung zugunsten Dritter ein: Das Kind als Begleitperson war der Gefahr einer Schutzpflichtverletzung im selben Maße ausgesetzt wie der Patient selbst. Der Patient war auch für das Wohl und Wehe seines Kindes verantwortlich, sodass der personenrechtliche Einschlag ebenfalls vorliegt. Zuletzt war beides für den Arzt auch erkennbar. Er wird durch die Einbeziehung des Kindes in die quasivertragliche Haftung daher auch nicht unbillig belastet.

hemmer-Methode: Auswahl klausurtypischen Fallmaterials! In Klausuren besonders beliebt sind immer Drei-Personen-Verhältnisse. Standardfall ist dabei der Vertrag mit Schutzwirkung zugunsten Dritter. Durch die Verknüpfung mit der c.i.c. ergibt sich ein Problem mehr und damit die Möglichkeit der Notendifferenzierung.

bb) Abbruch von Vertragsverhandlungen[175]

grds. keine Pflicht zu Vertragsschluss

Grundsätzlich gilt: Bis zum endgültigen Vertragsschluss sind die Partner von Vertragsverhandlungen in ihren Entschließungen frei. Eine Verpflichtung zum Vertragsschluss besteht nicht. Fraglich ist dann also, wann im Abbruch von Vertragsverhandlungen eine Pflichtverletzung i.S.v. §§ 311 II, 241 II BGB liegen könnte.

183

aber kein Abbrechen ohne triftigen Grund

Ausnahmsweise wird heute eine Ersatzpflicht in den Fällen angenommen, in denen ein Partner die Vertragsverhandlungen ohne triftigen Grund abbricht, nachdem er zunächst in zurechenbarer Weise das Vertrauen erweckt hat, der Vertrag komme wirksam zustande.[176]

184

aber besondere Voraussetzungen notwendig

Jedoch ist hier ein besonders qualifiziertes Vertrauen zu verlangen, um eine Vorabbindung vor Vertragsschluss zu vermeiden. Auch dürfen an die Triftigkeit des Grundes keine zu hohen Anforderungen gestellt werden (ausreichend z.B. ein besseres Angebot von dritter Seite).

185

cc) Abschluss unwirksamer Verträge[177]

verschuldeter Abschluss unwirksamer Verträge

(1) Eine wichtige Rolle spielt § 311 II BGB auch, wenn der der Wirksamkeit des abgeschlossenen Vertrages entgegenstehende Unwirksamkeitsgrund von einer Partei zu vertreten ist. Besonders häufig lässt sich dabei das Vertretenmüssen durch die Verletzung einer Auskunfts- oder Aufklärungspflicht begründen.

186

> **Bsp.:** *Rechtsanwalt A verspricht eines Tages, seinem Neffen B einen gebrauchten Pkw zu schenken. Der rechtsunkundige B kennt die Formvorschrift des § 518 BGB nicht. A weist ihn aber auch nicht darauf hin, sondern erteilt das Schenkungsversprechen bloß schriftlich. Als B Erfüllung des Schenkungsversprechens verlangt, weigert sich A unter Berufung auf den Formmangel (§ 125 BGB).*
>
> Soweit die Formnichtigkeit nicht bereits durch § 242 BGB überwunden wird, kann B gegen A wenigstens einen Schadensersatzanspruch aus §§ 311 II, 241 II, 280 I BGB geltend machen, der auf Ersatz des ihm entstandenen Schadens gerichtet ist.[178]

---

[175] Palandt, § 311 BGB, Rn. 30 ff.
[176] BGHZ 71, 395; NJW 1975, 1774.; BGH, Urteil vom 27.03.2009, V ZR 30/08 = **Life&Law 2001, 465 ff.**
[177] Palandt, § 311 BGB, Rn. 38 f.
[178] Vgl. auch unten Rn. 194.

(2) Zu dieser Fallgruppe gehört auch die Verwendung unwirksamer AGBen gem. § 305 ff. BGB oder sittenwidriger Vertragsbedingungen (§ 138 BGB) durch eine Partei.

dd) Der Abschluss inhaltlich nachteiliger Verträge[179]

inhaltlich nachteilige Verträge aufgrund pflichtwidrigem Einwirken

Ist ein Vertrag wirksam geschlossen worden, so kommt eine Anwendung von §§ 311 II 241 II, 280 I BGB nur dann in Frage, wenn dieser Abschluss auf einer pflichtwidrigen Einwirkung auf die Willensbildung des anderen Teils beruht.

Die erforderliche Pflichtverletzung kann dabei in einer Irreführung oder der Verletzung einer Aufklärungspflicht liegen.[180]

Abgrenzung zu gesetzlichen Regelungen wichtig

In diesem Bereich stellen sich die bereits oben erwähnten Abgrenzungsprobleme zu den für die inhaltlich nachteiligen Verträge an sich vorgesehenen Spezialregelungen: Die Anfechtung und das Mängelgewährleistungsrecht.

Dennoch ist wohl auch hier der Anspruch aus §§ 311 II, 241 II, 280 I BGB grundsätzlich zuzulassen.[181]

Bspe.: Der A füllt das Bewerbungsformular der A-AG aus, während er gleichzeitig im Fernsehen gebannt ein Fußballländerspiel verfolgt. Aus Unachtsamkeit übersieht er daher, dass für die Stelle, um die er sich bewirbt, besondere Qualifikationen erforderlich sind. Er gibt folglich aus Fahrlässigkeit zu Unrecht an, diese Qualifikationen zu besitzen. Nachdem der Arbeitsvertrag mit der A-AG geschlossen worden war, stellt sich die fahrlässige Täuschung heraus.

Hier scheidet mangels Arglist des A eine Anfechtung nach § 123 BGB aus, in Betracht kommt aber ein Anspruch aus §§ 311 II, 280 I BGB i.V.m. § 249 I BGB!

V verkauft der A-AG eine neue Maschine. Dabei weist er nicht darauf hin, dass der Verwendung dieser Maschine bei der A-AG neue Unfallverhütungsvorschriften entgegenstehen.

ee) Eigenhaftung des Vertreters[182]

(1) Normalerweise bestehen die Pflichten aus §§ 311 II, 241 II BGB nur zwischen den Personen, die Partner des zu schließenden Vertrages werden sollten.

---

[179] **Hemmer/Wüst, Schadensersatzrecht II, Rn. 878.**
[180] Palandt, § 311 BGB, Rn. 40.
[181] Zu den Einzelheiten vgl. **Hemmer/Wüst, Schadensersatzrecht II, Rn. 818.**
[182] **Hemmer/Wüst, Schadensersatzrecht II, Rn. 880.**

Eigenhaftung von Vertreter bei besonderen Umständen

Darüber ist aber nun in § 311 III BGB eine Haftung von Vertretern und Verhandlungsgehilfen geregelt, wenn diese ein besonderes eigenes wirtschaftliches Interesse am Abschluss des Vertrages oder ein besonderes persönliches Vertrauen in Anspruch genommen haben.[183]

> **Bspe.:** V haftet für den A bei der B-Bank als selbstschuldnerischer Bürge (§ 773 Nr. 1 BGB). Verhandelt er nunmehr als Vertreter des A mit der B über einen Kredit für den in akuten Geldnöten steckenden A, so hat er am Zustandekommen dieses Darlehens (§ 488 I BGB) ein unmittelbares eigenes wirtschaftliches Interesse.
>
> Ein besonderes persönliches Vertrauen nimmt beispielsweise der Kunstauktionator in Anspruch, der als Vertreter des Verkäufers einen Kunstgegenstand an einen Besucher seiner Auktion verkauft.

ggf. auch Sachwalterhaftung bei typisiertem Vertrauen

(2) In der Literatur besteht die Tendenz, die Haftung für in Anspruch genommenes persönliches Vertrauen über Vertreter und Verhandlungsgehilfen hinaus auszudehnen. Diese sog. Sachwalterhaftung greift auch dann, wenn der Sachwalter einer Partei nicht unmittelbar an den Vertragsverhandlungen beteiligt ist.[184] Die Rechtsprechung tendiert eher zu einer Lösung über die Grundsätze des Vertrages mit Schutzwirkung zugunsten Dritter (vgl. sog. Gutachterfälle).[185]

d) Rechtswidrigkeit

Rechtswidrigkeit

Jede Pflichtverletzung ist auch rechtswidrig, wenn kein Rechtfertigungsgrund eingreift.

e) Verschulden

Schuld, §§ 276 ff. BGB
wichtig: § 278 BGB

Den Maßstab des Verschuldens geben auch hier die §§ 276 ff. BGB an. Dabei ist an die Konkretisierung für Garantie und Beschaffungspflicht zu denken, insbesondere an die Zurechnungsnorm des § 278 BGB: Schon i.R.d. vorvertraglichen Sonderverbindung haftet jeder Teil für das Verschulden der von ihm eingeschalteten Erfüllungsgehilfen ohne Exkulpationsmöglichkeit. Auch die Beweislastverteilung nach Verantwortungsbereichen gem. § 280 I BGB ist anzuwenden.

f) Schaden und haftungsausfüllende Kausalität[186]

aa) Der Umfang des durch den Anspruch ersatzfähigen Schadens wird anhand der Vorschriften der §§ 249 ff. BGB ermittelt.

---

[183] Palandt, § 311 BGB, Rn. 61.
[184] Vgl. **Hemmer/Wüst**, Schadensersatzrecht II, **Rn. 884 f.**
[185] Palandt, § 311 BGB, Rn. 60; § 328 BGB, Rn. 34 m.w.N.
[186] Hierzu **Hemmer/Wüst**, Schadensersatzrecht II, Rn. 894 ff. und allg. **Hemmer/Wüst**, Schadensersatzrecht III, **Rn. 34 ff., Rn. 85 ff.**

bb) Ausnahmsweise kann dies auch Ersatz des Erfüllungsinteresses bedeuten: Wäre ohne das Verschulden bei Vertragsverhandlungen der Vertrag mit dem vom Geschädigten erstrebten Inhalt zustande gekommen, so richtet sich der Schadensersatzanspruch nach § 249 I BGB an sich darauf, dass eben dieser gewünschte Vertrag wirksam abgeschlossen wird. Da durch einen derartigen Inhalt des Anspruchs aber für den Schädiger ein systemwidriger Kontrahierungszwang entstünde, und zugleich Sinn und Zweck der konkreten Unwirksamkeitsnorm umgangen würde, sucht die h.M. eine andere Lösung: Sie erkennt dem Geschädigten den Anspruch auf das Erfüllungsinteresse nur in der Form zu, dass ihm der für eine adäquate Ersatzanschaffung erforderliche Geldbetrag zu zahlen ist.

Bsp.: A verkauft B sein Seegrundstück. Obwohl er im Gegensatz zu B die Vorschrift des § 311b I BGB kennt, hält er eine notarielle Beurkundung unter Freunden nicht für nötig. Zu B sagt er daher, das mit dem Verkauf gehe schon in Ordnung. Der Kaufvertrag wird formlos geschlossen.[187]

Weigert sich der A später unter Berufung auf den Formmangel, Auflassung und Eintragung vorzunehmen, so könnte B nach § 249 I BGB an sich den Abschluss eines notariell beurkundeten Kaufvertrags verlangen. Damit würde aber der Schutzzweck des § 311b I BGB ausgehebelt. Im Ergebnis kann B daher nur den Geldbetrag von A fordern, den er benötigt, um sich ein angemessenes Ersatzgrundstück zu kaufen.[188]

cc) Zuletzt kann sich aus der Anwendung des § 249 I BGB im Rahmen eines c.i.c.-Anspruchs auch ein Anspruch auf Vertragsaufhebung ergeben: Ist nämlich der Vertrag infolge der vorvertraglichen Pflichtverletzung nur mit für den Geschädigten nachteiligen Bedingungen geschlossen worden, so besteht der zu beseitigende Schaden gerade in diesem nachteiligen Vertrag. Problematisch ist dieser Anspruch im Hinblick auf die Konkurrenz zu den Anfechtungsregeln.

hemmer-Methode: Fraglich ist allerdings, inwieweit diese Konstruktion tatsächlich noch mit dem Regelungsgehalt des § 249 BGB zu vereinbaren ist. Die Gesetzesbegründung zur Schuldrechtsreform greift diese Problematik auf, überlässt aber ausdrücklich der Rechtsprechung die Fortentwicklung dieser Problematik. Das ist insofern zu begrüßen, als eine starre gesetzliche Regelung weniger Spielraum für die Entscheidung von Einzelfällen lässt.

---

[187] **Hemmer/Wüst, BGB AT II, Rn. 100**.
[188] BGH, NJW 1965, 812.

kausaler Schaden notwendig

dd) In jedem Fall muss dieser Schaden auch kausal und zurechenbar durch die Pflichtverletzung hervorgerufen worden sein. Diese so genannte haftungsausfüllende Kausalität liegt nur vor, wenn Äquivalenz, Adäquanz und Schutzzweck der Norm gegeben sind. Insoweit ergeben sich aber zu Kausalitätsprüfungen in anderen Bereichen keine Unterschiede.

Von Bedeutung ist im Rahmen der Vertreterhaftung (§ 311 III BGB) in diesem Zusammenhang noch, dass die Haftung des Vertreters nie weiter reichen darf als die Haftung des Vertretenen reichen würde.[189]

g) Mitverschulden und Verjährung

§ 254 BGB bei Mitverschulden

Wie bei jedem Schadensersatzanspruch ist bei Anzeichen für das Vorliegen eines Mitverschuldens eine Anspruchskürzung aus § 254 BGB zu berücksichtigen.[190]

Verjährung ⇨ drei Jahre

Für den Anspruch gilt die allgemeine Verjährungsfrist von drei Jahren (§ 195 BGB).

B) Schadensersatz statt der Leistung

Schadensersatz statt der Leistung bedeutete nach alter Fassung Schadensersatz wegen Nichterfüllung. Während der Anspruch aus § 280 I BGB neben dem Primäranspruch gewährt wird, treten die §§ 280 III, 281 ff., 311a II BGB an die Stelle des Primäranspruchs.

I. Unmöglichkeit, §§ 280 III, 283 BGB bzw. § 311a II BGB

Unterscheide anfängliche und nachträgliche Unmöglichkeit

Bevor der Begriff der Unmöglichkeit genauer untersucht wird, sei bereits an dieser Stelle auf eine wesentliche Unterscheidung hingewiesen: Die §§ 280 III, 283 BGB gelten nur für die nachträgliche Unmöglichkeit, während § 311a II BGB (ohne § 280 BGB!) die Fälle der anfänglichen Unmöglichkeit behandelt. Entscheidendes Abgrenzungskriterium ist dabei die Frage, ob die Unmöglichkeit bereits bei Vertragsschluss vorliegt oder erst danach eintritt.

1. Unmöglichkeit als Pflichtverletzung

Um zu den oben skizzierten Schadensersatzansprüchen zu gelangen, muss zunächst die Unmöglichkeit als Pflichtverletzung eingreifen. Greift sie ein, wird der Schuldner unter den Voraussetzungen des § 275 BGB von seiner Leistungspflicht frei.

---

[189] BGH, Urteil vom 12.01.2011, VIII ZR 346/09 = **Life&Law 2011, 223 ff. = juris**byhemmer
[190] **Hemmer/Wüst, Schadensersatzrecht III, Rn. 260.**

An die Stelle der Leistungspflicht tritt dann bei Vorliegen der übrigen Voraussetzungen der Anspruch auf Schadensersatz statt der Leistung.

a) Begriff

Nach allgemeiner Ansicht lässt sich die Unmöglichkeit als dauerhafte Nichterbringbarkeit des Leistungserfolges definieren: Es muss also entweder jedermann oder zumindest dem Schuldner unmöglich sein, den mit der geschuldeten Leistung bezweckten Erfolg herbeizuführen.

b) Gründe für Unmöglichkeit

Es sind verschiedene Gründe denkbar, weswegen der geschuldete Leistungserfolg nicht erbracht werden kann:

aa) Physische Unmöglichkeit

- *physische Unmöglichkeit (+)*

Am klarsten sind dabei die Fälle, wenn die Leistung schon nach den Naturgesetzen nicht möglich ist. Hier greift § 275 I BGB ein.

> *Bsp.:* Das verkaufte Rennpferd ist vor der Übereignung gestorben; es wird die Herstellung eines „perpetuum mobile" versprochen.[191]

bb) Juristische Unmöglichkeit

- *rechtliche Unmöglichkeit (+)*

Eine juristische Unmöglichkeit liegt immer dann vor, wenn die Vornahme der versprochenen Leistung an rechtlichen Gründen scheitert, § 275 I BGB

> *Bspe.:* Es wird versprochen, eine Hypothek an einem Wohnwagen zu bestellen, obwohl dieser natürlich keine Immobilie darstellt. E kauft von A eine Goldbrosche, die ihm schon gehörte. Die Verpflichtung aus § 433 I S. 1 BGB ist objektiv rechtlich unmöglich, da E schon Eigentümer war. A verpflichtet sich, an B das Gebäude isoliert vom Grundstück zu übereignen. Da das Gebäude nicht sonderrechtsfähig ist, kann es grundsätzlich nicht isoliert veräußert werden, vgl. § 94 I BGB.
>
> In derartigen Fällen gilt es allerdings immer zu beachten, dass ein geschlossener Vertrag bereits nach § 134 BGB nichtig ist, wenn die Vornahme der versprochenen Leistung gegen ein Verbotsgesetz i.S.d. Norm verstößt.[192]

---

[191] Medicus, SchuldR AT, § 33 II 1.
[192] Zur rechtlichen Unmöglichkeit s. Palandt, § 275 BGB, Rn. 16.

cc) Zweckerreichung und Zweckfortfall

- Zweckerreichung (+)

Häufig wird die geschuldete Leistung auch deswegen unmöglich, weil der geschuldete Erfolg bereits auf andere Weise eingetreten ist, als durch Leistung des Schuldners.

206

> *Bsp.: Ein freizuschleppendes Schiff kommt mit Eintritt der Flut von selbst wieder frei.*

In diesen Fällen der Zweckerreichung ist ebenso Unmöglichkeitsrecht anwendbar wie bei einem Zweckfortfall: Ein solcher liegt vor, wenn der Gegenstand zerstört wird, an dem die geschuldete Leistung vorgenommen werden soll.

> *Bsp.: Das freizuschleppende Schiff ist mittlerweile gesunken.*

- Zweckstörung (-)

Dagegen ist die sog. Zweckstörung oder -verfehlung (z.B. Miete eines Busses zu einer wegen Regen ausfallenden Veranstaltung) kein Fall der Unmöglichkeit; es ist allenfalls eine Lösung über die Grundsätze der Störung der Geschäftsgrundlage, § 313 BGB, denkbar[193].

dd) Faktische Unmöglichkeit

- faktische Unmöglichkeit (+)

Unter faktischer Unmöglichkeit sind die Fälle zu verstehen, in denen zwar die Erbringung der Leistung nicht schlechthin ausgeschlossen ist, aber vom Schuldner Anstrengungen erfordert, die der Gläubiger vernünftigerweise nicht erwarten kann.

207

> *Bsp.: Das Aufsuchen und Heben eines Ringes auf dem Meeresgrund.*

Die faktische Unmöglichkeit fällt unter § 275 II S. 1 BGB. Der Anspruch auf die Leistung erlischt nicht kraft Gesetzes. Der Schuldner muss sich auf die Unmöglichkeit berufen. Hier ist die Unmöglichkeit als Leistungsverweigerungsrecht ausgestaltet.

Dabei spielt es für das Berufendürfen auf Unmöglichkeit nach § 275 II S. 2 BGB insbesondere eine entscheidende Rolle, ob der Schuldner das Leistungshindernis zu vertreten hat.

> *Bsp.: So wäre ein Berufen darauf, dass der Ring auf dem Meeresgrund liegt, nur unter erschwerten Bedingungen möglich, wenn der Schuldner den Ring selbst vorsätzlich hineingeworfen hatte.*

---

[193] Vgl. dazu Rn. 309 f.

ee) Moralische Unmöglichkeit

§ 275 III BGB trifft eine Sonderregelung für eine Leistung, die der Schuldner in Person zu erbringen hat. Dies betrifft in erster Linie Dienst-, Arbeits- und Werkverträge. Ergibt eine Abwägung i.S.d. Vorschrift, dass dem Schuldner die Erbringung der Leistung nicht zuzumuten ist, wird dieser aufgrund der Einrede des § 275 III BGB von seiner Leistungspflicht befreit.

hemmer-Methode: Man sieht das libidinöse Verhältnis von Medicus zu dieser Fallgruppe: Sie wurde Gesetz, war aber schon immer Teil medicusscher Erörterung. Durch ein besonderes Verhältnis zu den Bienen kam auch unser guter § 961 in das BGB. Sie sehen: persönliche Einfärbungen wirken weiter.

Hier greift das häufig zitierte Beispiel der Sängerin, die sich wegen der Krankheit des Kindes weigert, aufzutreten. Die Ausgestaltung als Einrede gibt der Sängerin hier einen Spielraum an die Hand, selbst zu entscheiden. Möglicherweise möchte sie ja gerade auftreten, um die Behandlungskosten für das Kind einzuspielen.

ff) „Wirtschaftliche Unmöglichkeit"

Große Schwierigkeiten ergeben sich nach wie vor bei der sog. „wirtschaftlichen Unmöglichkeit". Diese Fallgruppe zeichnet sich dadurch aus, dass dem Schuldner überobligatorische Anstrengungen abverlangt werden, die ihm nicht zumutbar sind.

Problem: wirtschaftliche Unmöglichkeit; h.M. Störung d. Geschäftsgrdl., § 313 BGB

Es ist nicht zu übersehen, dass die Übergänge von der faktischen Unmöglichkeit des § 275 II BGB zur bloß wirtschaftlichen Unmöglichkeit, die als Unterfall der Störung der Geschäftsgrundlage nach § 313 BGB behandelt wird,[194] auch nach der Neuregelung fließend sind. Die Gesetzesbegründung zur Schuldrechtsreform stellt hinsichtlich der faktischen Unmöglichkeit auf die Erwartungshaltung des Gläubigers ab, bei der wirtschaftlichen Unmöglichkeit hingegen auf die Zumutbarkeit der Leistungserbringung für den Schuldner. Ob diese Abgrenzung im Einzelfall weiterhilft, ist eher fraglich.

hemmer-Methode: Es handelt sich bei der wirtschaftlichen Unmöglichkeit auch nach der Reform um den klausurtypischen Grenzfall. Gerade wegen Abgrenzungsschwierigkeiten gilt in diesem Bereich einmal mehr: Lernen Sie interessensgerecht zu argumentieren. Für welche Lösung Sie sich entscheiden, ist häufig nicht entscheidend. Ausschlaggebend ist, wie gut Sie den von Ihnen gewählten Lösungsansatz begründen.

---

[194] Palandt, § 275 BGB, Rn. 21 f..

> Zeigen Sie dabei Differenzierungsvermögen und denken Sie auch praktisch: Eines der entscheidenden Argumente für die Anwendung der Störung der Geschäftsgrundlage nach § 313 BGB ist die flexiblere Rechtsfolge, die nämlich auch eine Vertragsanpassung ermöglicht. Denken Sie frühzeitig an ein billiges Ergebnis. Störung der Geschäftsgrundlage ist das Billigkeitsinstitut. Seien Sie aber gleichwohl vorsichtig in der Annahme: es bleibt dabei: pacta sunt servanda.

c) Abgrenzung der Unmöglichkeit vom Verzug

aa) Verhältnis Unmöglichkeit - Schuldnerverzug

Abgrenzung zu Verzug: Nachholbarkeit der Leistung

Wenn der Schuldner seine Leistung nicht erbringt, so steht zunächst noch nicht fest, ob es sich bei dieser Leistungsstörung tatsächlich um Unmöglichkeit handelt oder ob zunächst bloß Verzug oder eine bloße Verzögerung gegeben ist. Beide Institute sind daher in Klausuren voneinander abzugrenzen. Dies gilt umso mehr deshalb, weil beide Leistungsstörungen zueinander häufig in einem Ausschließlichkeitsverhältnis stehen: Ab dem Zeitpunkt einer Unmöglichkeit scheidet ein weiterer Verzug als Rechtsfolge aus; unbenommen bleibt dem Gläubiger allerdings das Recht, bisher aufgelaufene Verzugsschäden zu verlangen.

Auf der anderen Seite kann ein Rücktritt wegen Verzuges zum Erlöschen der Leistungspflicht führen. Für den Eintritt der Unmöglichkeit ist dann kein Raum mehr.

Tritt die Unmöglichkeit während des Verzugs ein, ist als Verknüpfungsvorschrift vor allem § 287 S. 2 BGB zu beachten.

Haftungsmaßstab im Verzug

§ 287 BGB ist keine eigene Anspruchsgrundlage, sondern regelt den Haftungsmaßstab ab Verzugseintritt (zu unterscheiden vom Maßstab für das Vertretenmüssen i.S.d. § 286 IV BGB!).

jede Fahrlässigkeit

§ 287 S. 1 BGB stellt klar, dass der Schuldner im Verzug für jede Fahrlässigkeit haftet; da dies ohnehin der Regel des § 276 BGB entspricht, hat § 287 S. 1 BGB Bedeutung nur in Fällen, in denen der Schuldner an sich privilegiert wäre, z.B. der Schenker.

Haftung für Zufall

§ 287 S. 2 BGB erweitert die Haftung sogar auf Haftung für Zufall: Zufall bedeutet hier nicht nur Naturkatastrophen o.Ä., sondern liegt vor, wenn der Schaden nach allgemeinen Regeln weder vom Schuldner noch vom Gläubiger zu vertreten wäre. Nicht § 287 S. 2 BGB (i.V.m. einer Anspruchsgrundlage!), sondern bereits §§ 280 I, II, 286 I BGB greifen ein, wenn der Schaden adäquat kausale Folge des Verzugs ist.

> **Bsp.:** Der Kunsthändler V und K hatten vereinbart, dass V dem K am 14.04. ein Gemälde liefern sollte, das K mit 2.000,- € Gewinn an D hätte weiterverkaufen können. V vergisst die Lieferung, in der Nacht zum 15.04. wird das Bild aus dem vorschriftsgemäß gesicherten Atelier des V gestohlen. K verlangt von V den entgangenen Gewinn.

K könnte gegen V einen Anspruch aus § 280 I, III BGB i.V.m. § 283 BGB haben:

Die synallagmatische Lieferungspflicht aus dem Kaufvertrag ist V unmöglich geworden, § 275 I BGB. Allerdings hätte V dies nach allgemeinen Regeln nicht zu vertreten, wenn das Atelier ordnungsgemäß gesichert ist. Indes war V am 14.04. in Verzug geraten (§ 286 II BGB!), sodass er auch für Zufall haftet, § 287 S. 2 BGB. Der Anspruch des K ist also begründet.

hemmer-Methode: Sehen Sie jetzt, wie wichtig die richtige Einordnung ist? Obwohl V in Verzug geriet, ergibt sich der Anspruch aus der später eintretenden Unmöglichkeit. Für diesen Anspruch ist aber wiederum auf den Verzug zurückzugreifen.
Ein ähnliches Problemfeld stellt sich auch beim Eigentümer-Besitzer-Verhältnis (EBV). Auch bei § 990 II BGB hat § 287 S. 2 BGB Bedeutung. Ohne die Bestimmung des § 990 II BGB i.V.m. § 287 S. 2 BGB entfiele die Haftung für Zufall im EBV, vgl. § 993 I HS 2 BGB.

bb) Fixgeschäfte

relatives Fixgeschäft:
„stehen u. fallen"

Die Parteien eines Schuldverhältnisses können die Einhaltung einer bestimmten Leistungszeit als so wesentlich vereinbaren, dass damit das gesamte Geschäft „stehen und fallen" soll.

212

Beim relativen Fixgeschäft scheidet Unmöglichkeit aus, vielmehr führt die Versäumung des vereinbarten Termins nur zum erleichterten Rücktritt nach § 323 II Nr. 2 BGB.[195]

In seltenen Ausnahmefällen ist aber darüber hinaus die Einhaltung des vereinbarten Zeitpunkts für das ganze Geschäft derartig wesentlich, dass eine verspätete Leistung überhaupt keine Erfüllung mehr darstellt.

Bsp.: Ein Taxi wird bestellt, um erkennbar einen bestimmten Zug zu erreichen. Das Taxi kommt erst nach Abfahrt des Zuges.

Unmöglichkeit

Bei diesen absoluten Fixgeschäften führt folglich die Überschreitung der Leistungszeit sofort zur Unmöglichkeit.

hemmer-Methode: Maßgeblich ist dabei der Leistungserfolg, nicht die Leistungshandlung. So sind im Taxibeispiel der Zweck des Vertrages und die Interessenlage festzustellen. Durch Auslegung kann sich damit ergeben, dass die verspätete Leistung für den Gläubiger keine Erfüllung mehr darstellt.

---

[195] vgl. aber § 376 HGB, der zusätzlich einen Anspruch auf Schadensersatz im Falle des relativen Fixgeschäfts gewährt.

cc) Vorübergehende Unmöglichkeit

Abgrenzung Verzug - vorübergehende Unmöglichkeit

Eine weitere Rolle in der Abgrenzung zwischen Unmöglichkeit und Verzug spielt die vorübergehende Unmöglichkeit, die auch nach der Reform nicht gesetzlich geregelt wurde (obwohl ursprünglich im Regierungsentwurf noch geplant). Dennoch stellt sich die Problematik, ob bei vorübergehender Unmöglichkeit die Unmöglichkeitsregeln oder die Verzugsregeln angewandt werden sollten. Dabei ist wie bisher auf die Zumutbarkeit für den Gläubiger abzustellen, um ihm den Zwang zum Warten zu ersparen. Damit liegt Unmöglichkeit vor, wenn nicht vorhersehbar ist, wann die Leistung möglich sein wird und daher das Warten dem Gläubiger nicht zuzumuten ist.

213

> **Bsp.:** *Schuldner verpflichtet sich zur Beschaffung hochwertiger ausländischer Computer aus den USA. Diese sind aber aus militärstrategischen Gründen vorübergehend nicht lieferbar. Ist ein Ende des Hindernisses nicht absehbar, ist dem Gläubiger das Warten nicht zuzumuten. Damit liegt Unmöglichkeit vor.*

dd) Verhältnis Unmöglichkeit - Gläubigerverzug

Gläubigerverzug

Ganz ähnliche Abgrenzungsschwierigkeiten stellen sich auch im Verhältnis zwischen Unmöglichkeit und Annahmeverzug. Hier ist aber wohl auf die Nachholbarkeit der Leistung abzustellen, denn nur so kann man überhaupt die vorübergehende Unmöglichkeit vom Gläubigerverzug abgrenzen.

214

Ist die Leistung nicht nachholbar (geschuldet ist der Leistungserfolg, nicht die Leistungshandlung), liegt Unmöglichkeit vor. Ist sie grundsätzlich zu jedem Zeitpunkt erbringbar und nimmt der Gläubiger nur nicht an, liegt Verzug vor.

Unmöglichkeit und Unvermögen des Schuldners schließen den Annahmeverzug des Gläubigers aus. Dies gilt auch bei vorübergehender Unmöglichkeit der Leistung, egal, aus wessen Sphäre die Nichterbringbarkeit gründet. Ist der Schuldner nur vorübergehend zur Leistung außerstande, entfällt der Annahmeverzug, vgl. § 297 BGB.

Allerdings ist denkbar, dass der Gläubiger mit der Nichtannahme der Leistung sowohl in Gläubigerverzug als auch in Schuldnerverzug gerät. Dies ist z.B. der Fall, wenn die Annahme als Rechtspflicht geschuldet wird, so z.B. beim Kaufvertrag, vgl. § 433 II BGB. Kann die Leistung, mit deren Abnahme der Gläubiger in Verzug geraten ist, auch noch zu einem späteren Zeitpunkt erbracht werden, dann liegt ausschließlich Annahmeverzug vor.

hemmer-Methode: Neben den Hauptleistungspflichten, die den Vertragstyp kennzeichnen, gibt es auch sog. Nebenleistungspflichten. Um eine solche handelt es sich bei der gesetzlich normierten Abnahmepflicht des Käufers. Im Einzelfall kann aber der Abnahmepflicht eine solche Bedeutung zukommen, dass sie zur Hauptleistungspflicht wird.
Dies ergibt sich durch Parteivereinbarung, Auslegung oder Interessenlage (z.B. leicht verderbliche Ware wird veräußert oder Verkauf wegen Platzbedarf, sog. Abrufverpflichtung).

2. Nachträgliche Unmöglichkeit, §§ 280 III, 283 BGB

a) Erlöschen der Leistungspflicht

Schuldner wird von der Leistung frei

aa) Im Falle der nachträglichen Unmöglichkeit wird der Schuldner gem. § 275 I BGB von seiner Leistungspflicht befreit, im Anwendungsbereich der Abs. 2 und 3 nur dann, wenn er sich auf Unmöglichkeit beruft.

Bsp.: A verkauft an B eine Vase. Diese war nach Abschluss des Vertrags zerstört.

Der Primäranspruch aus § 433 I BGB, wonach der Käufer Eigentumsübertragung und Übergabe verlangen kann, erlischt automatisch gem. § 275 I BGB.

Dasselbe gilt bei der anfänglichen Unmöglichkeit, siehe unten. § 275 I BGB regelt die Leistungsgefahr. Grundsätzlich verliert er aber auch den Anspruch auf die Gegenleistung (= Preisgefahr), vgl. § 326 I BGB.

Neuregelung der Gattungsschuld

bb) Die Regelung des § 275 BGB umfasst auch die Gattungsschuld. Bei der Gattungsschuld ist der Schuldner jedoch grundsätzlich solange zur Leistung verpflichtet, solange die Gattung als solche noch existiert. Unmöglichkeit liegt damit erst dann vor, wenn die Gattung als solche untergegangen ist. Der Verkäufer einer nur der Gattung nach bestimmten Sache übernimmt ein Beschaffungsrisiko, § 276 BGB, und wird daher erst dann frei, wenn eine Beschaffung nicht mehr möglich ist. Das ist bei einer sog. beschränkten Gattungsschuld bzw. Vorratsschuld dann der Fall, wenn der gesamte Vorrat untergegangen ist.

cc) Daneben wird der Schuldner von seiner Leistung frei, wenn Konkretisierung gem. § 243 II BGB oder Annahmeverzug gem. § 300 II BGB vorliegt, da in diesen Fällen die Leistungsgefahr auf den Gläubiger übergeht.

Stellvertretendes commodum, § 285 BGB

dd) Mit der Unmöglichkeit erlischt jedoch das Leistungsverhältnis nicht notwendig als solches. Selbst wenn die Leistungspflicht des Schuldners nach § 275 I BGB erloschen ist oder er die Einreden nach § 275 II oder III BGB erhoben hat, kann dem Gläubiger noch das Recht aus § 285 I BGB zustehen.

Der Schuldner hat ihm dann das so genannte „stellvertretende commodum" herauszugeben.

Darunter ist jeder Ersatz zu verstehen, den der Schuldner für die zerstörte Sache erhält, insbesondere – im Gegensatz zu § 818 I BGB – auch ein Ersatz, der erst durch ein Rechtsgeschäft des Schuldners erworben wurde, unabhängig davon, ob der Ersatzgegenstand mehr wert ist als die ursprünglich geschuldete Leistung. Verlangt der Gläubiger das „commodum", besteht dann jedoch nur noch ein verminderter Anspruch auf Schadensersatz (vgl. § 285 II BGB) und er muss gegebenenfalls seine Leistung erbringen, ebenso als wäre der Vertrag vom Schuldner ordnungsgemäß erfüllt worden, § 326 III BGB.

> **Bsp.:** V verspricht K formwirksam (§ 518 BGB), ihm seinen gebrauchten Ferrari zu schenken. Noch vor der Übergabe und der Übereignung wird allerdings der ordnungsgemäß verschlossene Wagen von Unbekannten aus der Garage des V gestohlen. V hatte jedoch eine günstige Vollkaskoversicherung abgeschlossen, die ihm wegen des Diebstahls 100.000,- € ausbezahlt, obwohl der Pkw an sich nur 80.000,- € wert gewesen ist.
>
> (1) Infolge nachträglichen Unvermögens wird V von seiner Pflicht zur Schenkung des Ferraris nach § 275 I BGB frei.
>
> (2) K kann aber von V nach § 285 I BGB in vollem Umfang Auszahlung der Versicherungssumme aus der Vollkaskoversicherung verlangen.

b) Vom Schuldner zu vertreten

Sofern der Schuldner nach § 275 BGB nicht zu leisten braucht, kann der Gläubiger unter den Voraussetzungen des § 280 I BGB Schadensersatz statt der Leistung verlangen, § 283 S. 1 BGB

Beruft sich der Schuldner in den Fällen des § 275 II, III BGB nicht auf Unmöglichkeit, bleibt dem Gläubiger nur der Weg, über § 281 BGB Schadensersatz zu verlangen.

Nachdem also § 280 III BGB auf § 283 BGB verweist, gelangt man über diese Vorschrift wieder zum § 280 I BGB. Denn die allgemeine Schadensersatzvorschrift bleibt § 280 I BGB. Er normiert die allgemeinen Voraussetzungen für die Einstandspflicht des Schuldners. Die Besonderheiten für den Schadensersatz statt der Leistung richten sich nach den §§ 281 ff. BGB.

Hat demnach der Schuldner die Unmöglichkeit als Pflichtverletzung zu vertreten, § 280 I S. 2 BGB, haftet er nach § 280 I BGB auf Schadensersatz statt der Leistung. Dabei ist es völlig ohne Belang, ob es sich um eine synallagmatische Pflicht handelt oder nicht.

3. Anfängliche Unmöglichkeit, § 311a II BGB

§ 311a I BGB stellt nun klar, dass ein Vertrag auch dann wirksam ist, wenn der Schuldner nach § 275 BGB nicht zu leisten braucht und das Hindernis bereits bei Vertragsschluss vorgelegen hat.

Es entsteht also ein Vertrag ohne primäre Leistungspflicht. Das gilt auch für die anfängliche subjektive Unmöglichkeit, also den Fall, in dem nur der Schuldner im Zeitpunkt des Vertragsschlusses nicht imstande ist, den Leistungserfolg herbeizuführen.

An die anfängliche Unmöglichkeit anknüpfend normiert § 311a II BGB einen Anspruch auf Schadensersatz statt der Leistung. Sanktioniert wird damit die sorglose Abgabe eines Leistungsversprechens.

hemmer-Methode: Es geht also nicht um die Verletzung einer Leistungspflicht, denn dann wäre eine Verweisung auf die §§ 280, 283 BGB ausreichend gewesen. Diese Vorschriften regeln die anfängliche Unmöglichkeit aber gerade nicht.

Wie §§ 283, 280 I BGB, verlangt auch § 311a II BGB ein Vertretenmüssen des Schuldners, welches gem. § 311a II S. 2 BGB vermutet wird.

4. Anhang: Schicksal der Gegenleistung beim gegenseitigen Vertrag

Auswirkungen auf Gegenleistung, §§ 275, 326 BGB

Ist der Schuldner nach § 275 BGB von der Leistungspflicht befreit worden, so stellt sich in synallagmatischen Verträgen regelmäßig die Frage, was mit einer vom Gläubiger geschuldeten Gegenleistung geschieht.

hemmer-Methode: Diese Frage hat ihren Aufhänger eigentlich bei der Frage, ob beispielsweise der Verkäufer einen Anspruch aus § 433 II BGB hat. Systematisch gehört dieses Problem also nicht in das Recht des Schadensersatzes. Der Vollständigkeit halber soll die Problematik der Gegenleistung dargestellt werden.

Die maßgebliche Regelung findet sich in § 326 BGB.

**hemmer-Methode: Der richtige Einstieg ist für die Klausur entscheidend. Denken Sie an den Korrektor. Wie im richtigen Leben gilt: „Der erste Eindruck ist maßgebend".
Es wäre ein fataler Fehler, § 326 BGB auf die unmöglich gewordene Leistung anzuwenden. Diese Vorschrift regelt nämlich das Schicksal der Gegenleistung.**

Um derartige Fehler zu vermeiden, sollten Sie in der Klausur auf der gedanklichen Suche nach der richtigen Ausgangsnorm folgendermaßen vorgehen:

(1) Suchen Sie sich aus dem Sachverhalt die Pflicht, die unmöglich geworden ist. Diese ist dann immer „Leistung" i.S.d. § 326 BGB (lesen!). Halten Sie fest, dass diese Pflicht nach § 275 BGB untergegangen ist. § 275 BGB regelt damit die Leistungsgefahr.

(2) Prüfen Sie dann, ob eine zu der unmöglich gewordenen Leistungspflicht im Gegenseitigkeitsverhältnis stehende Pflicht besteht, auf die § 326 BGB anzuwenden ist. Die noch mögliche Leistung ist dann „Gegenleistung" i.S.d. § 326 BGB.

Da eine Unmöglichkeit nur bei der Sachleistung denkbar ist, betrifft dann § 326 BGB das Schicksal der Zahlungspflicht des Käufers/Mieters/Bestellers etc. § 326 BGB betrifft damit die Gegenleistungs- oder auch Preisgefahr.

a) Grundsatz: Anspruch auf Gegenleistung erlischt

Anspruch auf Gegenleistung erlischt

Nach § 326 I S. 1 BGB erlischt im Falle der Unmöglichkeit grundsätzlich auch die Pflicht des Gläubigers zur Erbringung der Gegenleistung. Im Fall des § 275 II, III BGB gilt dies ab dem Moment, in dem der Schuldner die Einrede erhebt. Hatte der Gläubiger die Gegenleistung bereits erbracht, dann kann er sie über die Rechtsfolgenverweisung in § 326 IV BGB nach den Vorschriften des Rücktrittsrechts zurückfordern, also nach den §§ 346 - 348 BGB

222

hemmer-Methode: Wenn der Gläubiger nach § 285 I BGB das stellvertretende commodum herausverlangt, wird weiterhin, entgegen § 326 I BGB, eine entsprechend angepasste Vergütung geschuldet, § 326 III BGB.

Exkurs:

Bei bloß teilweiser Unmöglichkeit greift § 326 I S. 1 HS 2 BGB i.V.m. § 441 III BGB, die Gegenleistung entfällt also wie bei der Minderung in der der teilweisen Unmöglichkeit angepassten Höhe. In besonderen Fällen kann der Gläubiger jedoch gem. § 323 V S. 1 BGB zurücktreten, nämlich dann, wenn er an der bewirkten Leistung kein Interesse hat.

223

Bsp.: A und B schließen einen Vertrag über die Lieferung von 100 Quadratmeter Designer-Teppichboden für einen Festsaal. B kann jedoch, nachdem bei ihm ohne sein Wissen schon vor Vertragsschluss ein Teil der Lagerhallen abgebrannt ist, nur 50 Quadratmeter liefern, auch kann der Teppich nicht mehr hergestellt werden.

A hat jedoch ein nachvollziehbares Interesse an einem einheitlichen Teppich im Saal und kann damit gem. § 323 V S. 1 BGB vom ganzen Vertrag zurücktreten. Er ist damit von seiner Gegenleistung im Ganzen befreit und kann schon geleistete Zahlungen nach §§ 326 IV, 346 ff. BGB zurückverlangen.

Exkurs: Ende

b) Ausnahmen

aa) Allgemeines

Vom Grundsatz des § 326 I S. 1 BGB gibt es allerdings zahlreiche Ausnahmen, in denen die Gegenleistungsgefahr auf den Gläubiger übergeht:

Die wichtigsten Fälle sind dabei §§ 326 II, 446, 447, 615, 616, 644, 645 und 2380 BGB.

Bsp.: Verkäufer V übergibt die verkaufte Sache bereits vor der Übereignung an den Käufer K. Dort wird sie bei einem durch ein implodiertes Fernsehgerät verursachten Zimmerbrand noch am selben Abend zerstört. K hat den Kaufpreis noch nicht bezahlt.

(1) V wird von seiner Pflicht zur Übereignung der verkauften Sache (§ 433 I S. 1 BGB) nach § 275 I BGB frei.

(2) Bezüglich der Zahlungspflicht des K aus § 433 II BGB gilt:

(a) K würde daher an sich nach § 326 I S. 1 HS 1 BGB von seiner Pflicht zur Zahlung des Kaufpreises frei.

(b) Allerdings ist mit der Übergabe der verkauften Sache bereits die Gefahr des zufälligen Untergangs oder zufälliger Verschlechterung nach § 446 BGB auf den Käufer K übergegangen. Daher bleibt er in diesem Fall auch weiter zur Zahlung verpflichtet.

Versendungskauf

Beim Versendungskauf findet der Gefahrübergang auf den Käufer schon mit der Übergabe der Sache an die Transportperson statt.

**hemmer-Methode: In diesen Ausnahmefällen trägt also bereits der Gläubiger die Gegenleistungsgefahr (= Preisgefahr): Das bedeutet, er erhält vom Schuldner nicht mehr die ihm versprochene Leistung, muss aber seinerseits trotzdem die vereinbarte Gegenleistung erbringen!
Hat der Verkäufer bei einem Versendungskauf (vgl. § 447 BGB – beachte aber § 474 II S.2 BGB) die Sache einer Transportperson übergeben, so kann er trotz Untergangs der Kaufsache den Kaufpreis verlangen.**

224

Anspruchsgrundlage ist dann § 433 II BGB. § 326 I BGB greift nicht ein, da ausnahmsweise die Preisgefahr, hier nach § 447 BGB, übergegangen ist.

Da der Käufer durch das bloße Wegschicken der Sache noch nicht Eigentümer geworden ist (in der Regel fehlt eine vorweggenommene Einigung), stehen ihm auch keine deliktischen Ansprüche gegen den Transportunternehmer zu. Vertragliche Ansprüche scheitern, da der Vertrag zwischen Verkäufer und Transportunternehmer keine Schutzwirkung zugunsten des Käufers entfaltet (str.). Eine interessensgerechte Lösung stellt dann die Drittschadensliquidation dar (dazu unten). Achten Sie auf die Sondervorschrift des § 421 HGB. Das Wechselspiel von Regel und Ausnahme gehört zu den beliebtesten Themen im gesamten Schuldrecht. Kennt man allerdings die entscheidenden Ausnahmevorschriften, so ist seine Lösung kein Problem mehr.

bb) Problem: Vom Schuldner zu vertretende Unmöglichkeit

Der Gläubiger hat einen Anspruch auf Schadensersatz statt der Leistung, wenn der Schuldner die Unmöglichkeit zu vertreten hat, §§ 280 I, III, 283 BGB, s.o. Für die Gegenleistung gilt auch in diesem Fall § 326 I BGB, der Gläubiger wird von seiner Pflicht frei.

Berücksichtigung der Gegenleistung

Probleme ergeben sich allerdings daraus, dass bei der Gewährung dieses Schadensersatzes in irgendeiner Weise auch die vom Gläubiger geschuldete Gegenleistung zu berücksichtigen ist. Das ist grundsätzlich auf zweierlei Arten möglich:

Zum einen kann der Gläubiger seine Gegenleistung weiter erbringen und dafür vom Schuldner in vollem Umfang das positive Interesse verlangen. Das ist die Lösung der so genannten Surrogationstheorie.

Bsp.: *A und B wollen untereinander ihre Motorräder austauschen (§ 515 BGB). Doch schon vor Übergabe war das Motorrad des A zerstört worden, was A auch zu vertreten hatte.*

Nach der Surrogationstheorie muss B sein Motorrad weiterhin dem A überlassen, erhält dafür aber nach §§ 280 I, III, 283 BGB von diesem den vollen Wert des zerstörten Motorrads ersetzt.

Vereinfacht wird die Abwicklung durch die Differenztheorie. Nach ihr darf der Gläubiger seine Gegenleistung behalten und kann vom Schuldner bloß die Wertdifferenz als Schaden einfordern.[196]

Bsp.: *A verkauft sein Motorrad (Wert: 10.000,- €) an B für 8.000,- €. Vor Übergabe zerstört A das Motorrad.*

---

[196] BGH, NJW 83, 1605.

Es wäre hier unpraktisch, wenn B noch immer den Kaufpreis von 8.000,- € zahlen müsste, dafür aber von A 10.000,- € Schadensersatz erhielte. Sinnvoller ist es folglich, dass B seine 8.000,- € behält und von A nur 2.000,- € Schadensersatz gezahlt bekommt.

h.M.: abgeschwächte Differenztheorie

Die heute überwiegend vertretene abgeschwächte Differenztheorie lässt grundsätzlich die Abwicklung nach der einfacheren Differenztheorie zu. Nach der Surrogationstheorie hingegen kann verfahren werden, wenn der Gläubiger das ausdrücklich wünscht. Der Gläubiger hat ein Wahlrecht.[197] Dies gilt unabhängig davon, ob die Gegenleistung bereits erbracht wurde oder noch nicht.

226

cc) Vom Gläubiger zu vertretende Unmöglichkeit

vom Gläubiger zu vertretende Unmöglichkeit

§ 326 II Alt. 1 BGB regelt den Fall, dass dem Schuldner die Leistung infolge eines Umstands unmöglich wird, den der Gläubiger dieser Leistung zu vertreten hat.

227

Bsp.: V verkauft K einen gebrauchten Pkw. Noch vor der Übergabe wurde er durch schuldhaftes Handeln des K zerstört.

(1) Dabei stellt sich zunächst das grundlegende Problem, was überhaupt der Gläubiger zu vertreten hat: Denn die §§ 276 ff. BGB regeln nur ein Vertretenmüssen des Schuldners. Im BGB findet sich also keine allgemeine Regelung über das, was der Gläubiger zu vertreten hat. Folgerichtig werden hierzu auch in den Einzelheiten unterschiedliche Meinungen vertreten.[198]

228

echtes Verschulden notwendig

Jedenfalls gilt: Obwohl § 276 BGB nicht unmittelbar anwendbar ist, kann auch den Gläubiger ein echtes (= technisches) Verschulden treffen, wenn er eine allgemeine Rechtspflicht verletzt. Insoweit ist der Rechtsgedanke des § 276 BGB auch hier ein anzuwendender Maßstab.[199]

Bsp.: Der Käufer einer Sache schleicht sich nachts in das Lager des Verkäufers und zerstört dort vorsätzlich die noch nicht übereignete Kaufsache.

daneben auch untechnisches Verschulden

Daneben kommt aber – ähnlich wie bei § 254 BGB – auch ein sog. untechnisches Verschulden des Gläubigers in Betracht, wenn er gegen in seinem eigenen Interesse liegende Obliegenheiten verstößt.[200]

Hauptbeispiel hierfür ist die Obliegenheit, seine Fähigkeit zur Annahme der Leistung nicht zu beeinträchtigen.

---

[197] Palandt, § 281 BGB, Rn. 20 ff.
[198] Vgl. MüKo, § 324 BGB, Rn. 6 ff.
[199] Palandt, § 326 BGB, Rn. 9.
[200] Palandt, § 326 BGB, Rn. 9.

grds. keine Sphärenhaftung

Es besteht allerdings keine allgemeine Risikoverantwortlichkeit des Gläubigers für die Leistungseignung seiner Sphäre.

§ 326 II BGB

(2) Hat der Gläubiger in diesem Sinne die Unmöglichkeit zu vertreten, dann greifen die Rechtsfolgen des § 326 II BGB:

Anspruch auf Gegenleistung bleibt bestehen

Danach behält der Schuldner seinen Anspruch auf die Gegenleistung. Anspruchsgrundlage ist dann § 433 II BGB i.V.m. § 326 II BGB. Allerdings muss er sich über § 326 II S. 2 BGB die Aufwendungen abziehen lassen, die er sich durch die nach § 275 BGB eingetretene Befreiung von seiner Leistungspflicht erspart hat. Gleichgestellt werden dem die Vorteile, die der Schuldner durch eine anderweitige Verwendung seiner wieder frei verfügbar gewordenen Arbeitskraft erwirbt oder böswillig zu erwerben unterlässt.

II. Nichtleistung, §§ 280 I, III, 281 BGB

Schadensersatz statt der Leistung kann der Gläubiger im Falle der nicht rechtzeitigen Leistung gem. § 280 III BGB nur unter den Voraussetzungen des § 281 BGB verlangen. Dies gilt sowohl für einseitige wie für gegenseitige Verträge.

1. Fälliger Anspruch auf die Leistung

Wirksame Leistungspflicht

§ 281 BGB setzt eine fällige, mögliche und wirksame Leistungspflicht voraus.

Ist die Leistungspflicht wegen Unmöglichkeit (geschuldet ist der Leistungserfolg, nicht die Leistungshandlung) nach § 275 BGB ausgeschlossen, fehlt es an einer erbringbaren Leistung, sodass allenfalls noch § 283 BGB einschlägig sein kann. § 281 BGB entfällt.

2. Fristsetzung

Der Gläubiger muss dem Schuldner eine angemessene Frist zur Leistung setzen, wenn der Schuldner die Leistung nicht erbringt, § 281 I S. 1 BGB. Nicht erforderlich ist dabei wie noch nach altem Recht eine Ablehnungsandrohung (vgl. aber §§ 503 II S. 1, 498 I S. 1 Nr. 2 BGB). Läuft die Frist ab, führt dies nicht zum automatischen Erlöschen der Leistungspflicht. Erst wenn der Gläubiger nach Fristablauf Schadensersatz verlangt, ist der Anspruch auf die Leistung ausgeschlossen, § 281 IV BGB.

hemmer-Methode: Darüber hinaus ist bei § 281 BGB auch nicht erforderlich, dass der Schuldner mit der Leistung in Verzug ist. Da aber die Fristsetzung wohl als Mahnung auszulegen ist, wird es den Fall, dass der Gläubiger Schadensersatz verlangt, ohne dass der Schuldner in Verzug ist, wohl nicht geben.

3. Entbehrlichkeit der Fristsetzung

Ausnahmen:

Nach § 281 II BGB ist die Fristsetzung ausnahmsweise entbehrlich: 233

Ernsthafte und endgültige Erfüllungsverweigerung

Wenn der Schuldner die Leistung ernsthaft und endgültig verweigert hat, wäre es eine bloße Förmelei, dem Gläubiger gleichwohl eine Fristsetzung abzuverlangen. Daher ist die Fristsetzung in diesen Fällen gem. § 281 II BGB entbehrlich.

Erfolgt die Verweigerung der Leistung jedoch bereits vor Fälligkeit, ist § 281 BGB entsprechend der bisherigen h.M. nicht anwendbar. Dann ist vielmehr von einer sog. Vertragsaufsage auszugehen, die eine Pflichtverletzung i.S.d. § 241 II BGB darstellt. Schadensersatz statt der Leistung kann dann nur unter den Voraussetzungen des § 282 BGB verlangt werden (sog. Leistungstreuepflichtverletzung).

angemessene Frist

a) Die Nachfrist muss angemessen sein, es darf also vom Schuldner nichts Unmögliches verlangt werden. Freilich ist umgekehrt zu berücksichtigen, dass der Schuldner an sich schon Zeit hatte, die Leistung vorzubereiten bzw. mit ihr zu beginnen. 234

b) Bei einer unangemessen kurzen Frist ist diese i.d.R. nicht völlig wirkungslos, sondern es soll nach h.M. eine angemessene Nachfrist in Gang gesetzt werden.

4. Erfolgloser Fristablauf

Erst wenn die gesetzte Frist abgelaufen ist, kann der Gläubiger Schadensersatz verlangen. Dabei kommt es aber nur darauf an, ob die Leistungshandlung rechtzeitig vorgenommen wird. Ob auch der Erfolg noch innerhalb der Frist eintritt, ist irrelevant. 235

5. Vetretenmüssen

Durch die Bezugnahme auf § 280 I BGB ergibt sich ein Schadensersatzanspruch statt der Leistung auch hier nur, wenn der Schuldner die Nichtleistung zu vertreten hat, wobei wiederum die Beweislastumkehr des § 280 I S. 2 BGB gilt. 236

III. Schlechtleistung, §§ 280 III, 281 Alt.2 BGB

Der Schadensersatzanspruch im Falle der Schlechtleistung ist primär eine Frage des Gewährleistungsrechts. Daher an dieser Stelle nur ein kurzer Überblick: 237

Ist die gelieferte Sache mangelhaft und liegen die übrigen Voraussetzungen des Kaufrechts vor, verweisen §§ 437 Nr. 3, 634 Nr. 4 BGB auf die §§ 280 III, 281, 283, 311a II BGB, soweit es um Schadensersatz statt der Leistung geht.

Frist zur Nacherfüllung

Erbringt der Schuldner die Leistung nicht wie geschuldet, muss eine Frist zur Nachbesserung gesetzt werden. Diese Frist ist unter denselben Voraussetzungen nach § 281 II BGB entbehrlich, wie für die Nichtleistung. Erst nach Fristablauf ist der Anspruch gegeben.

Bei Unmöglichkeit der Nacherfüllung gilt § 283 BGB

Ist die Nacherfüllung hingegen nicht möglich i.S.d. § 275 BGB, dann kann unter den Voraussetzungen der §§ 280 I, III, 283 BGB Schadensersatz statt der Leistung verlangt werden, bei anfänglich unbehebbaren Mängeln gem. § 311a II BGB.

Eine unmittelbare Anwendung der Schuldrecht AT-Regelung kommt dann in Betracht, wenn der zu beurteilende Vertragstyp keine eigenständigen Mängelrechtsregelungen enthält, z.B. beim Dienstvertrag.

IV. Nebenpflichtverletzung, §§ 280 III, 282, 241 II BGB

Liegt eine nicht leistungsbezogene Nebenpflichtverletzung i.S.d. § 241 II BGB vor, kann unter den Voraussetzungen des § 282 BGB Schadensersatz statt der Leistung verlangt werden.

Dem Gläubiger muss das Festhalten an der Primärleistung infolge der Pflichtverletzung unzumutbar sein.[201]

Vertragsaufsage

Zu dieser Fallgruppe wird auch die sog. Vertragsaufsage bzw. Erfüllungsverweigerung vor Fälligkeit gezählt.

Bsp.: Verkäufer verweigert die von ihm geschuldete Übereignung und Übergabe eines gebrauchten Kfz vor Fälligkeit mit den Worten, er habe sich die Sache anders überlegt und der Käufer solle sich bloß nicht mehr bei ihm blicken lassen.

C) Aufwendungsersatz anstelle des Schadensersatzes statt der Leistung

§ 284 BGB gibt dem Gläubiger die Möglichkeit, in all den Fällen[202], in denen er Schadensersatz statt der Leistung verlangen könnte, **anstelle** dieses Anspruchs Ersatz der Aufwendungen zu verlangen, die er im Vertrauen auf den Erhalt der Leistung gemacht hat.

Derartige Aufwendungen sind nicht bereits vom Anspruch auf Schadensersatz statt der Leistung (positives Interesse) umfasst. Bei diesem ist der Gläubiger nämlich so zu stellen, wie er bei ordnungsgemäßer Leistung stünde. In diesem Falle hätte er aber die Aufwendungen ebenfalls vorgenommen.

---

[201] Vgl. das Beispiel unter Rn. 256.
[202] Auch im Fall des anfänglichen Leistungshindernisses, da § 311a II S. 1 BGB ausdrücklich auch auf § 284 BGB verweist.

I. Der Ersatz vergeblicher Aufwendungen ist immer dann problematisch, wenn das Gesetz nur einen Anspruch auf Schadensersatz statt der Leistung vorsieht.

243

Schadensersatz wegen Nichterfüllung erfasst vergebliche Aufwendungen grds. nicht

Hat beispielsweise ein Käufer im Vertrauen auf die Mangelfreiheit der Kaufsache Aufwendungen getätigt (z.B. Renovierung der Sache) und stellt sich dann ein Mangel heraus, kann er diese Aufwendungen nicht nach §§ 437 Nr. 3, 281 ff. BGB geltend machen, da die Vorschrift nur den Schadensersatz statt der Leistung umfasst. Bei ordnungsgemäßer Erfüllung wäre es aber ebenso zu den Aufwendungen gekommen, weshalb grundsätzlich kein Ersatz der Aufwendungen verlangt werden kann. Ein Rückgriff auf die den Vertrauensschaden ersetzende c.i.c. ist im Bereich der §§ 434 ff. BGB jedoch nur bei Vorsatz möglich, um die Wertungen des Mängelrechts nicht auszuhebeln.

sog. „Rentabilitätsvermutung"

II. Bei einem Anspruch auf Schadensersatz statt der Leistung sind wertlos gewordene und damit vergebliche Aufwendungen aber mit der Konstruktion der sog. „Rentabilitätsvermutung" ersatzfähig.

244

Nach dieser von der Rechtsprechung entwickelten Figur wird vermutet, dass sich bei ordnungsgemäßer Erfüllung der getätigte Aufwand später „rentiert" hätte, dass also durch den Erlös aus der Verwendung der Kaufsache der Aufwand gedeckt worden wäre.[203] Dabei handelt es sich aber lediglich um eine Beweiserleichterung und nicht um eine Erweiterung des Schadensbegriffs. Folgerichtig wird der Ersatz „frustrierter Aufwendungen" versagt, wenn der Gläubiger aus dem Geschäft keine materiellen, kostendeckenden Vorteile erlangen kann[204] bzw. lediglich immaterielle Zwecke verfolgt. Nur wenn es sich um erwerbswirtschaftliche Aufwendungen handelt, die unmittelbar dem Erwerb dienen, können diese Aufwendungen über den Schadensersatz statt der Leistung verlangt werden, d.h. die oben angesprochenen Renovierungskosten gerade nicht.

Um eine Ungleichbehandlung von materieller und immaterieller Zwecksetzung der Aufwendung auszuschließen, wurde § 284 BGB neu ins Gesetz aufgenommen. Nach dieser Vorschrift kann der Gläubiger die Aufwendungen, die er im Vertrauen auf die Leistung gemacht hat, ersetzt bekommen.[205]

245

Aus dem Wortlaut der Vorschrift („anstelle") ergibt sich eindeutig, dass die Voraussetzungen für einen Anspruch auf Schadensersatz statt der Leistung vorliegen müssen. Daher gilt auch für diesen Ersatzanspruch § 280 I BGB und damit das Verschuldensprinzip.

---

[203] RGZ 127, 254 (248); BGH, NJW 1983, 442; NJW 1993, 2527; vgl. Palandt, § 281 BGB, Rn. 23, § 249 BGB, Rn. 60 f..

[204] Ein Beispiel aus der Rechtsprechung finden Sie in BGH, NJW 1997, 2813 = **Life&Law 1998, 66 ff.**

[205] Zur Fortgeltung der Rentabilitätsvermutung vgl. BGH, ZIP 2005, 1512 ff. = NJW 2005, 2848 ff. = **Life&Law 2005, 719 ff.** sowie zur Geltung des § 284 BGB Tyroller, „Kurzaufsatz zu Problemen des § 284 BGB" in **Life&Law 2005, 790 ff.**

Ersatzfähig sind aber nur solche Aufwendungen, die der Gläubiger im Vertrauen auf die Leistung getätigt hat. Der Aufwendungsersatzanspruch ersetzt somit einen Teil des sog. Vertrauensschadens (**negatives Interesse**, vgl. § 122 BGB), ist aber aufgrund des Erfordernisses eines freiwilligen Vermögensopfers enger als dieser.

Einschränkend setzt § 284 BGB voraus, dass der Gläubiger die Aufwendung „**billigerweise**" machen durfte. Ausgeschlossen sind aber lediglich solche Aufwendungen, die in einem krassen Missverhältnis zum angestrebten Zweck stehen.

hemmer-Methode: Diese Einschränkung wurde zum Schutz des Schuldners vor unangemessen hohen Aufwendungsersatzforderungen des Gläubigers ins Gesetz aufgenommen.

Aufwendungen, deren Zweck auch ohne die Pflichtverletzung nicht erreicht worden wäre, sind von der Ersatzfähigkeit ausgeschlossen. Es ist also danach zu fragen, ob bei ordnungsgemäßer Leistung durch den Schuldner die Aufwendung den durch sie verfolgten Zweck erreicht hätte oder nicht.

Damit gibt es nun alternativ[206] (d.h. wahlweise) **entweder** Schadensersatz statt der Leistung **oder** Ersatz vergeblicher Aufwendungen:

D) Rücktritt

I. Allgemeines

Schadensersatz neben Rücktritt

Anders als nach altem Recht schließen sich Rücktritt und Schadensersatz statt der Leistung nicht mehr gegenseitig aus, § 325 BGB. Es besteht also kein Entweder - Oder, sondern ein Nebeneinander von Schadensersatz statt der Leistung und Rücktritt.

hemmer-Methode: Wurde nach altem Recht vorschnell der Rücktritt vom Vertrag verlangt, war ein Schadensersatzverlangen nicht mehr möglich. In besonderen Härtefällen hat sich die Rechtsprechung dann sogar in Fällen anwaltlicher Vertretung für eine laiengünstige Auslegung des Rücktritts als Schadensersatzbegehren entschieden. Derartige Verrenkungen sind wegen § 325 BGB nun nicht mehr erforderlich.

entsprechend Schadensersatz statt der Leistung

Nach den §§ 323, 324, 326 V BGB besteht das Recht, vom Vertrag zurückzutreten. Danach ist zunächst erforderlich, dass es sich um einen gegenseitigen Vertrag handelt - bei einem einseitigen Vertrag besteht für einen Rücktritt des Teils, der zu keinerlei Leistung verpflichtet ist, auch gar kein Bedürfnis.

---

[206] Vgl. dazu Canaris, JZ 2001, 499, (517 re.Sp.).

Allerdings muss es sich bei der verletzten Pflicht gerade nicht um eine synallagmatische Pflicht handeln.[207] Ein Rücktritt ist daher wegen Verletzung jedweder vertraglicher Pflicht grundsätzlich möglich.

Für die Erfassung der Systematik ist es besonders erfreulich, dass es zu jedem Fall des Schadensersatzes statt der Leistung ein Rücktrittspendant gibt, wobei für die Schlechtleistung wiederum die kaufrechtlichen Besonderheiten zu berücksichtigen sind:

- Unmöglichkeit

Im Falle der Unmöglichkeit entspricht § 326 V BGB (Rücktritt) den §§ 280 III, 283 BGB (Schadensersatz).

- nicht oder nicht vertragsgemäß

Für die nicht oder nicht vertragsgemäße Leistung greift § 323 BGB (Rücktritt), was §§ 280 III, 281 BGB (Schadensersatz) entspricht.

- Nebenpflichtverletzung

Bei der Nebenpflichtverletzung kann unter den Voraussetzungen des § 324 BGB zurückgetreten werden (entspricht §§ 280 III, 282 BGB für Schadensersatz).

Ein wesentlicher Unterschied liegt darin, dass das Rücktrittsrecht unabhängig vom Vertretenmüssen der anderen Partei besteht.

Rechtsfolgen

Die Rechtsfolgen des Rücktritts ergeben sich seit der Reform sowohl für die gesetzlichen wie auch die vertraglichen Rücktrittsregeln aus §§ 346 ff. BGB.

Der Rücktritt bleibt auch bestehen, falls der Rücktrittsberechtigte den Untergang bzw. die erhebliche Beschädigung der Sache zu vertreten hat. Die gesamte Problematik verlagert sich in die Wertersatzpflicht. Das bedeutet: Wer als Rücktrittsberechtigter den Rücktritt erklärt, hat nach den Voraussetzungen von §§ 346 II und III BGB gegebenenfalls Wertersatz zu leisten (z.B. der zur Rückgewähr eines Pkw Verpflichtete hatte den Pkw schuldhaft an den Baum gefahren. Er schuldet Wertersatz. Danach besteht die Möglichkeit der Aufrechnung: Rückgewähr des Kaufpreises gegen Wertersatz).

Weiterhin kann sich für den Rücktrittsberechtigten die Pflicht zur Herausgabe der gezogenen Nutzungen ergeben, geregelt in §§ 346, 347 BGB.

Eine Schadensersatzpflicht kann sich aus § 346 IV BGB i.V.m. dem allgemeinen Leistungsstörungsrecht ergeben. Wenn also einer der Beteiligten eine Pflicht aus dem Rückgewährschuldverhältnis schuldhaft verletzt, muss er gegebenenfalls aus §§ 280 ff. BGB haften.[208]

---

[207] Palandt, § 323 BGB, Rn. 10.
[208] Diesen Regelungen wurden im Übrigen die Regeln über das verbraucherschützende Widerrufs- und Rückgaberecht, §§ 355 ff. BGB, angepasst, vgl. § 357 BGB.

II. Unmöglichkeit, § 326 V BGB

Wird der Schuldner von seiner Leistungspflicht gem. § 275 BGB frei, kann der Gläubiger vom Vertrag nach § 326 V BGB zurücktreten. Eine Fristsetzung ist hier wie bei § 283 BGB nicht erforderlich.

hemmer-Methode: Die Bedeutung des § 326 V BGB für die Unmöglichkeitsalternative ist gering, da bereits § 326 IV BGB einen Anspruch auf Rückforderung nach den Rücktrittsvorschriften gewährt, falls die nach § 326 I S. 1 BGB nicht geschuldete Gegenleistung bereits erbracht wurde.

III. Verzögerung, § 323 BGB

Die Vorschrift entspricht weitestgehend § 281 BGB für den Schadensersatz. Ein Unterschied besteht - wie bereits erwähnt - darin, dass es auf ein Vertretenmüssen nicht ankommt.

Darüber hinaus ergibt sich eine Besonderheit hinsichtlich der Entbehrlichkeit der Fristsetzung. Wichtig ist zunächst § 323 II Nr. 1 BGB, der den Fall der endgültigen Erfüllungsverweigerung nach Fälligkeit gesetzlich regelt. Darüber hinaus normiert § 323 IV BGB die Möglichkeit bereits vor dem Eintritt der Fälligkeit zurückzutreten, wenn offensichtlich ist, dass die Voraussetzungen des Rücktritts eintreten werden. Das ist insbesondere der Fall bei der endgültigen Erfüllungsverweigerung vor Fälligkeit.

Schließlich normiert § 323 II Nr. 2 BGB das relative Fixgeschäft.

IV. Schlechtleistung, §§ 323, 326 V BGB

Entsprechend der Schadensersatzregelung ergibt sich das Rücktrittsrecht im Falle der Schlechtleistung erst über die Verweisungsvorschriften der §§ 437 Nr. 2, 634 Nr. 3 BGB Die Vorschriften verweisen auf die allgemeinen Rücktrittsregeln. Soweit vertragstypische Besonderheiten bestehen, ergeben sich diese aus den Vorschriften des jeweiligen Gewährleistungsrechts.

V. Nebenpflichtverletzung, §§ 324, 241 II BGB

Verletzt eine Partei des gegenseitigen Vertrages eine Nebenpflicht i.S.d. § 241 II BGB, kann die andere Partei vom Vertrag zurücktreten, wenn ihr ein Festhalten am Vertrag unter diesen Umständen nicht mehr zumutbar ist. Als Beispiel dafür führt die Gesetzesbegründung folgenden Fall an:

Ein Maler führt zwar seine Malerarbeiten ordnungsgemäß aus, beschädigt jedoch ständig irgendwelche Einrichtungsgegenstände des Eigentümers.

Sofern sich die Verletzung der Nebenpflichten aber auf die Hauptleistung auswirkt, richtet sich das Rücktrittsrecht nach § 323 BGB.

Der Rücktritt schließt jedoch den Ersatz der bis dahin aufgelaufenen Begleitschäden nicht aus.

> **Bsp.:** In einem Drei-Sterne-Restaurant verbessert der Gast G, der bereits ein fünfgängiges Menü bestellt hat, das Französisch des Kellners K. Dieser gerät daraufhin in Wut und leert den Inhalt einer Rotweinflasche über der Hose des Gastes aus.
>
> In diesem Fall liegt eine dem Inhaber des Restaurants über § 278 BGB zuzurechnende schuldhafte Pflichtverletzung durch den Kellner vor. Der Gast kann infolgedessen nicht bloß wegen Erschütterung der Vertrauensgrundlage vom atypischen Bewirtungsvertrag zurücktreten, sondern zusätzlich auch Ersatz der Reinigungskosten für seine Hose verlangen.

E) Gläubigerverzug

I. Allgemeines

Der Gläubiger- oder Annahmeverzug taucht in der Klausur seltener auf als der Schuldnerverzug, da er abgesehen von § 304 BGB keine eigenen Anspruchsgrundlagen oder Gestaltungsrechte gibt. Gleichwohl ist er in der Vorbereitung nicht zu unterschätzen, weil er zum einen häufig übersehen wird, zum anderen aufbaumäßig mitunter hohe Anforderungen an den Bearbeiter stellt.

II. Voraussetzungen

Nichtannahme d. (grds. tatsächl. angebotenen) Leistung

1. Nach § 293 BGB kommt der Gläubiger in Verzug, wenn er die angebotene (und erfüllbare, § 271 I, II BGB[209]) Leistung nicht annimmt, wobei nach § 294 BGB grundsätzlich ein tatsächliches Angebot erforderlich ist.

2. Unter den besonderen Voraussetzungen der §§ 295 BGB und § 296 BGB (lesen!) ist nur ein wörtliches oder sogar gar kein Angebot erforderlich.

kein Verschulden erforderlich

3. Keine Voraussetzung ist – im Gegensatz zum Schuldnerverzug – dagegen das Verschulden! Ein gewisses Korrektiv schafft aber § 299 BGB als Ausprägung des Grundsatzes von Treu und Glauben bzw. der Zumutbarkeit:

---

[209] Dazu Palandt, § 271 BGB, Rn. 1, 8 ff.; dort auch zu den Sonderregeln der §§ 551, 584, 604, 608, 614, 641 BGB.

Danach tritt kein Gläubigerverzug ein, wenn der Gläubiger bei unbestimmter Leistungszeit ohne nähere Ankündigung kurzzeitig abwesend ist bzw. über den Wortlaut des § 299 BGB hinaus auch dann nicht, wenn eine Annahme trotz vorheriger Ankündigung unzumutbar ist, z.B. zur Nachtzeit, bei Todesfällen oder Krankheit.[210]

III. Rechtsfolgen

1. § 304 BGB

Ersatz von Mehraufwendungen, § 304 BGB

Als Anspruch unmittelbar aus dem Gläubigerverzug ergibt sich nur der Ersatz von Mehraufwendungen, § 304 BGB. Dazu zählen vor allem Kosten für längere Lagerung und das zusätzlich erforderliche Angebot.

261

> **hemmer-Methode:** Dieser (und noch weitere) Posten können auch als Verzugsschaden aus § 280 I, II BGB i.V.m. § 286 BGB zu ersetzen sein, wenn die Vertragsauslegung ergibt, dass bestimmte Obliegenheiten des Gläubigers zu einer Vertragspflicht werden sollten, z.B. die Abnahme bei schwieriger Lagerung. Beim gegenseitigen Vertrag ist dann Rücktritt gem. § 280 I, II BGB i.V.m. § 281 BGB möglich.

2. § 300 II BGB

Konkretisierung, § 300 II BGB

Oftmals untergeordnete Bedeutung hat § 300 II BGB: Danach geht bei Gattungsschulden die Leistungsgefahr mit dem Annahmeverzug auf den Gläubiger über, zumindest wenn – so die h.M. – auch schon eine Aussonderung stattfand.[211] Vor Eintritt des Gläubigerverzugs wird freilich häufig schon eine Konkretisierung und damit ein Übergang der Leistungsgefahr nach § 243 II BGB stattgefunden haben:[212]

262

Konkretisierung schon durch § 243 BGB

➲ Bei Holschulden (beachte § 269 I BGB, gesetzlicher Leistungsort!) durch Aussonderung aus der Gattung und wörtliches Angebot, selbst wenn wegen § 293 BGB kein Gläubigerverzug eintritt

➲ Bei Schickschulden durch Übergabe an die Transportperson

➲ Bei Bringschulden durch ein tatsächliches Angebot in Annahmeverzug begründender Weise.

Daneben hat § 300 II BGB also keine (eigene) Bedeutung mehr.

---

[210] Palandt, § 299 BGB, Rn.3 f.; Musielak, Grundkurs BGB, Rn. 417.
[211] Palandt, § 300 BGB, Rn. 4.
[212] Dazu Palandt, § 243 BGB, Rn. 5 ff.

hemmer-Methode: Zur Wiederholung: § 300 II BGB regelt die **Leistungsgefahr. Ohne dass es der Konkretisierung bedarf und auch unabhängig von einer Beschränkung der Gattungsschuld, wird der Schuldner von seiner Leistungspflicht befreit. Die vorschnelle Anwendung des § 300 II BGB ist ein häufiger Fehler!** Zwar fallen Sie dadurch i.d.R. nicht „aus der Klausur", zeigen aber Lücken im Systemverständnis des Allgemeinen Schuldrechts.

Anwendungsfälle des § 300 II BGB sind deshalb v.a.:[213]

a) Der Gläubiger einer Bring- bzw. Schickschuld ist durch wörtliches Angebot gem. § 295 BGB oder gem. § 296 BGB in Annahmeverzug geraten, und der Schuldner hat bereits ausgesondert. Eine Konkretisierung nach § 243 II BGB liegt hier dagegen mangels tatsächlichem Angebot nicht vor.

b) Geldschulden, soweit § 243 II BGB hier für unanwendbar gehalten wird (Argumente: § 270 I BGB; es gibt kein Geld „mittlerer Art und Güte" i.S.d. § 243 I, II BGB).

c) U.U. bei Abbedingung des § 243 II BGB, soweit die Auslegung nicht ergibt, dass ausnahmsweise auch § 300 II BGB mit abbedungen sein soll.

3. § 300 I BGB

Haftungsmilderung für Schuldner, § 300 I BGB

Größere Bedeutung für die Fallbearbeitung kann dagegen § 300 I BGB erlangen: Gleichsam als Gegenstück zur verschärften Haftung des Schuldners im Schuldnerverzug nach § 287 S. 2 BGB hat er im Gläubigerverzug nur Vorsatz und grobe Fahrlässigkeit zu vertreten.

4. § 326 II BGB

§ 326 II BGB

§ 326 II BGB ist (ebenso wie z.B. §§ 446, 447 BGB) als Ausnahme zu § 326 I S. 1 BGB zu verstehen: Der Schuldner behält seinen Anspruch auf die Gegenleistung. Dabei ist zu beachten: Während z.B. § 280 BGB einen eigenen, neuen Anspruch gibt, wirkt § 326 II BGB nur anspruchserhaltend; der ursprüngliche vertragliche Anspruch (also z.B. auf Zahlung aus § 433 II BGB) geht also trotz Unmöglichkeit der Leistung nicht unter, sondern bleibt bestehen.

Bsp.: A hat mit B einen Kaufvertrag über sein altes Auto geschlossen. Wie verabredet will A das Auto am 2. August um 18.00 Uhr mit allen erforderlichen Papieren zu B bringen. Weil B nicht zu Hause ist und in der Folgezeit nicht auftaucht, fährt A um 19.30 Uhr nach Hause, um das Auto nicht unbeaufsichtigt bei B stehen zu lassen.

---

[213] Vgl. Palandt, § 300 BGB, Rn. 5.

Infolge leichter Fahrlässigkeit verursacht A dabei einen Unfall, bei dem das Auto völlig zerstört wird. B weigert sich, den Kaufpreis zu zahlen, und erklärt, er „kündige den Vertrag, weil A das Auto zerstört habe".

A könnte einen Anspruch aus § 433 II BGB haben.

1) Ein wirksamer Kaufvertrag wurde geschlossen.

2) Der Anspruch könnte gem. § 326 I S. 1 BGB entfallen sein. Die geschuldete Leistung wurde unmöglich, § 275 I BGB.

3) Der Anspruch könnte jedoch gem. § 326 II S. 1 Alt. 2 BGB erhalten bleiben. A handelte zwar fahrlässig; indes hat er dies nach § 300 I BGB nicht zu vertreten, da sich B im Annahmeverzug befand: A hatte die Leistung wie verabredet termingerecht tatsächlich angeboten, § 293 BGB. B war nicht anwesend, auf ein Verschulden kommt es nicht an.

4) Ein Anspruch des A ist also aus § 433 II BGB i.V.m. § 326 II BGB gegeben.

hemmer-Methode: Die entscheidenden Weichen werden bei § 326 II BGB durch den Gläubigerverzug gestellt! Machen Sie sich noch einmal das Zusammenspiel von § 300 I BGB und § 326 II BGB klar.
Unterscheiden Sie auch noch einmal die in § 326 II BGB übergehende Preisgefahr von der oben in § 300 II BGB angesprochenen Leistungsgefahr. Auch § 300 II BGB könnte einmal eine Vorfrage zu § 326 II BGB (bzw. zu § 326 I BGB) sein, wenn es nämlich um die Frage geht, ob tatsächlich Unmöglichkeit vorliegt.

5. § 615 BGB

Bedeutung kann der Annahmeverzug für den Dienstvertrag, insbesondere in Arbeitsrechtsklausuren, erlangen:

Abweichend vom Grundsatz „Lohn nur für geleistete Arbeit" bewirkt § 615 BGB, dass dem Dienstverpflichteten/Arbeitnehmer der Vergütungsanspruch aus § 611 BGB ohne Pflicht zur Mehrarbeit erhalten bleibt, wenn der Dienst wegen Annahmeverzug des Dienstberechtigten/Arbeitgebers nicht geleistet werden kann.[214]

---

[214] Palandt, § 615 BGB, Rn. 3.

Abgrenzung zu § 326 BGB

a) Wichtig ist hier die Abgrenzung zu § 326 I BGB, nach dem ja der Lohnanspruch entfiele; nach dem Schutzzweck des § 615 BGB lässt sich als Faustregel[215] sagen: Trotz des Fixschuldcharakters vieler Dienst- (insbesondere Arbeits-) Leistungen werden diese nur unmöglich, wenn sie auch theoretisch nicht nachgeholt werden können; bei Vollzeitdienst- oder Arbeitsverhältnissen fallen bloße Unterbrechungen immer unter § 615 BGB.

§ 615 BGB bei Kündigungsschutzklagen

b) Im Arbeitsrecht ist ferner zu beachten, dass das BAG relativ großzügig einen Annahmeverzug nach §§ 295, 296 BGB annimmt: Wurde eine Kündigung durch den Arbeitgeber vom Arbeitnehmer erfolgreich gerichtlich angegriffen, kann er i.d.R. nach §§ 611, 615 BGB für die Zeit bis zum Kündigungsschutzprozess auch ohne Arbeit Lohn verlangen, da der Arbeitgeber nach der fristlosen Kündigung bzw. nach Ablauf der Kündigungsfrist den Arbeitnehmer erst wieder ausdrücklich zur Arbeit auffordern muss, also nach § 296 BGB selbst ohne Angebot in Annahmeverzug geraten ist.[216]

---

[215] Im Einzelnen vieles str., vgl. Palandt, § 615 BGB, Rn. 4 ff.
[216] Vgl. BAG, NJW 1993, 2637.

§ 5 MÄNGELRECHT

hemmer-Methode: Mängelrecht ist die Regelung von Leistungsstörungen als spezielle Form der Schlechterfüllung. Im Folgenden geht es um das gesetzlich geregelte Mängelrecht, das in seinem Anwendungsbereich eine Sonderregelung darstellt, jedoch nach neuer Rechtslage weitestgehend auf die allgemeinen Vorschriften des Leistungsstörungsrechts verweist. So regelt das Mängelrecht letztlich lediglich einige Besonderheiten für die Pflichtverletzung der Schlechtleistung. Gleichwohl soll an dieser Stelle eine gesonderte Darstellung erfolgen, die (auch) ganz allgemeine – nach wie vor bestehende – Grundzüge des Rechts der Schlechtleistung herausstellt. Dabei sollen auch von der Schuldrechtsreform nicht direkt betroffene Bereiche angesprochen werden.

A) Voraussetzungen

I. Anwendungsbereich

Eigene Mängelrechte sieht das Gesetz nur für Kauf-, Werk-, Miet-, Reise- und Schenkungsvertrag vor, sodass nur bei einem solchen Vertragstyp eine spezielle Mängelhaftung in Frage kommt.[217] Beim Dienstvertrag gibt es demgegenüber keine speziellen Regelungen, so dass eine Schlechtleistung nach den Regelungen des Schuldrecht AT zu behandeln ist.

268

II. Mangel

Sachmangel: Fehler und Fehlen zugesicherter Eigenschaften

Während bei Verzug oder Unmöglichkeit die geschuldete Leistung zu spät oder gar nicht erbracht wird, ist in Fällen der Mängelhaftung die gelieferte oder überlassene Sache bzw. Reiseleistung geringwertiger als nach dem Vertrag vereinbart.

269

1. Sachmangel

Mangel: vorrangig subj. zu bestimmen

Der (nach h.M. in allen Vorschriften ähnlich zu bestimmende) Begriff des Mangels definiert sich nach der gesetzlich normierten subjektiven Auffassung als die dem Käufer, Besteller usw. ungünstige Abweichung der Ist- von der vertraglich vorgesehenen Soll-Beschaffenheit, vgl. etwa § 434 I S. 1 BGB.

270

---

[217] U.U. können die Mängelrechte auch bei gemischten oder atypischen Verträgen eingreifen, wenn ein Schwergewicht auf einem der genannten Vertragstypen liegt; zu den gemischten Verträgen Palandt, Überbl v § 311 BGB, Rn. 26.

Auf Elemente der objektiven Theorie, die auf Abweichungen vom objektiven Standard abstellt, wird etwa in § 434 I S. 2 BGB und § 633 II S. 1 HS 2 BGB Bezug genommen. Danach liegt, wenn keine vertragliche Vereinbarung über die Beschaffenheit vorgenommen wurde, ein Sachmangel vor, wenn die Sache nicht dem objektiven Standard entspricht. Dieser objektive Standard wird auch nach der Werbung und Beschreibung der Sache durch den Hersteller beurteilt, § 434 I S. 3 BGB. Interessant ist in diesem Bereich noch, dass ein Sachmangel im Kaufrecht auch bei mangelhafter Montageanleitung vorliegt („Ikea-Klausel", § 434 II S. 2 BGB).[218]

2. Aliud

Ein aliud liegt dann vor, wenn eine andere als die vereinbarte Sache geliefert oder hergestellt wurde. Es kann problematisch sein, ob die Sache zwar noch der vereinbarten Gattung entspricht, aber mangelhaft ist, oder ob eine andere Sache geliefert wurde.

> **Bsp.:** A kauft von B einen „Sandkuchen ohne Rosinen". B liefert einen „Sandkuchen mit Rosinen". Ist dies nun ein anderer Kuchen oder ein mangelhafter Sandkuchen ohne Rosinen?

Mit der Schuldrechtsreform ist die Notwendigkeit dieser Unterscheidung zumindest in den wirklich schwierigen Bereichen weggefallen. Grundsätzlich ist gem. §§ 434 III und 633 II S. 2 BGB festgelegt, dass die Lieferung einer anderen Sache zumindest im Rahmen einer Gattungsschuld[219] - und im Übrigen auch eine Zuwenig-Lieferung - prinzipiell einem Sachmangel gleichsteht, unabhängig von der Genehmigungsfähigkeit. Das bedeutet, dass sowohl Schlechtleistung als auch aliud-Lieferung auf der Rechtsfolgenseite nach denselben Regelungen behandelt werden, obwohl es sich bei einer aliud-Lieferung eigentlich um eine Nichtleistung handelt.

3. Rechtsmangel

Ein Rechtsmangel liegt vor, wenn die Sache mit dem Recht eines Dritten belastet ist, z.B. einem Pfandrecht.[220] Seit der Schuldrechtsreform wird der Rechtsmangel dem Sachmangel in der Rechtsfolge gleichgestellt und genauso behandelt, § 437 BGB.

---

[218] Allgemein zum Mangelbegriff **Hemmer/Wüst, Schuldrecht BT I, Rn. 87 ff.**

[219] **Hemmer/Wüst, Schuldrecht BT I, Rn. 133** zur umstrittenen Frage der Anwendbarkeit des § 434 III BGB auf die Stückschuld.

[220] Vgl. zu weiteren Beispielen Palandt, § 435 BGB, Rn. 12 ff.

III. Weitere Voraussetzungen

vertragl. Gewährleistungsausschluss

1. Die Mängelhaftung darf nicht vertraglich ausgeschlossen sein, wobei die Grenzen des § 309 Nr. 8b BGB und für den Verbrauchsgüterkauf die des § 475 BGB zu beachten sind; außerdem kann sich der Verkäufer auf einen Ausschluss nicht berufen, wenn er den Mangel arglistig verschwiegen hat, §§ 444, 536d, 639 BGB.[221] Beim Reisevertrag ist § 651h I BGB zu berücksichtigen.

273

hemmer-Methode: Achtung Falle! Wenn in Allgemeinen Geschäftsbedingungen die Mängelhaftung komplett ausgeschlossen wird, liegt – unabhängig von § 309 Nr. 8b BGB – ein Fall des § 309 Nr. 7a bzw. b BGB vor. Denn eine dort genannte Rechtsgutsverletzung kann auch aufgrund einer mangelhaften Leistung eintreten (sog. Mangelfolgeschaden). Ein kompletter Haftungsausschluss erfasst aber eben auch die Fälle, welche § 309 Nr. 7 BGB verbietet. Wegen des Verbots der geltungserhaltenden Reduktion ist dann der gesamte Haftungsausschluss unwirksam. Das gilt auch im Geschäftsverkehr unter Unternehmern. Zwar ist gem. § 310 I S. 1 BGB § 309 BGB nicht anwendbar. Bei der Überprüfung, ob eine unangemessene Benachteiligung i.S.d. § 307 BGB vorliegt, sind aber die Klauselverbote der §§ 308, 309 BGB wertungsmäßig zu berücksichtigen. Da hinsichtlich der in § 309 Nr. 7 BGB genannten Rechtsgüter kein Unterschied zwischen Unternehmern und Verbrauchern angezeigt ist, scheitert die Klausel nach Ansicht des BGH an § 307 BGB.

gesetzl. Gewährleistungsausschluss

2. Gesetzlich ausgeschlossen ist die Mängelhaftung, wenn dem Käufer (vgl. § 442 S. 1 BGB) oder dem Mieter (§ 536b S. 1 BGB) der Mangel bei Abschluss des Vertrages bekannt ist; bei grob fahrlässiger Unkenntnis des Käufers/Mieters gilt die Einschränkung der §§ 442 S. 2, 536b S. 2 BGB. Beim Werkvertrag muss der Besteller sich bei Abnahme seine Rechte vorbehalten, wenn er den Mangel kennt, § 640 II BGB.

274

Verjährung

3. Des Weiteren darf der Gewährleistungsanspruch noch nicht verjährt sein: hier gilt bei der Miete § 195 BGB (beachte: § 548 BGB gilt nur für Ansprüche des Vermieters und Verwendungsersatzansprüche des Mieters!), während bei Kauf-, Werk- und Reisevertrag die Gewährleistungsansprüche nach den (z.T.) kürzeren Fristen der §§ 438, 634a und 651g II BGB verjähren.

Dabei ist zu beachten: Die kurzen Fristen gelten nach §§ 438 III, 634a III BGB nicht, wenn der Mangel arglistig verschwiegen wurde. Dann gelten auch hier die §§ 195, 199 BGB.

Beim Reisevertrag ist zusätzlich noch die einmonatige Ausschlussfrist des § 651g I BGB einzuhalten.

---

[221] Vgl. generell zur Zulässigkeit von Haftungsausschlüssen OLG Hamm, ZGS 2005, 318 ff. = **Life&Law 2005, 666 ff.**

§ 5 MÄNGELRECHT

B) Rechtsfolgen/Mängelrechte

Arten der Mängelrechte

I. Da die mangelhafte Leistung keine Erfüllung darstellt, vgl. etwa § 433 I S. 2 BGB, greift als erstrebte und übliche Rechtsfolge zunächst einmal der Nacherfüllungsanspruch, „Vorrang der Erfüllung". Ist dieser nicht möglich, weigert sich der Schuldner oder hat der Gläubiger auf die Nacherfüllung lange genug gewartet, können an Stelle des Erfüllungsanspruchs Rechte auf Rückgängigmachung des Vertrages, Herabsetzung des Entgelts oder Schadensersatz statt der Leistung entstehen.

275

Der Gesetzgeber hat diese Rechte und Ansprüche bei den verschiedenen Vertragstypen unterschiedlich konstruiert. Diese Unterschiede bestehen in Einzelheiten auch nach der Reform weiter. So ist z.B. bei § 635 BGB im Gegensatz zum Nacherfüllungsanspruch des Käufers in § 439 BGB kein Wahlrecht des Gläubigers vorgesehen, ob er Mängelbeseitigung oder Lieferung einer mangelfreien Sache wünscht. Der Unternehmer hat die Wahl, ob er den Mangel beseitigt oder ein neues Werk herstellt.

II. Beachten Sie zum besseren Überblick folgendes Schema über die verschiedenen Rechtsfolgemöglichkeiten:[222]

Vertragstyp:	Nacherfüllung:	Rü, Mi, SchaE:
Kaufvertrag:	Nacherfüllung, §§ 437 Nr. 1, 439 BGB	Rücktritt, Mi und SchaE, §§ 437 Nr. 2, 3, 440, 441 BGB i.V.m. den allgemeinen Vorschriften
Mietvertrag:	Erhaltungspflicht, § 535 I S. 2 BGB	Kü, Mi, und SchaE, §§ 536, 536a, 543 BGB
Werkvertrag:	Nachbesserung, Neuherstellung, §§ 633, 631 BGB	Rücktritt, Mi, und SchaE, §§ 634, 635 BGB
Reisevertrag:	Abhilfe, §651c BGB	Kü, Mi und SchaE, §§ 651d - f BGB
Schenkungsvertrag:	Nachlieferung, § 523 II BGB	wie Kaufrecht, § 523 II S. 2 BGB

Erhaltungs-/ Herstellungspflicht

1. Der Anspruch geht primär auf die Herstellung bzw. Erhaltung des vertragsmäßigen Zustands. Im Vordergrund steht damit der ursprüngliche Erfüllungsanspruch.

276

---

[222] Angelehnt an Brox/Elsing, JuS 76, 1 ff. (4).

Minderung	**2.** Bei Miete und Reisevertrag ist der Mietzins bzw. der Reisepreis kraft Gesetzes gemindert, ohne dass der Mieter/Reisende die Minderung geltend machen muss.
	Bei Kauf- und Werkvertrag stellt die Minderung ein Gestaltungsrecht dar, der Gläubiger kann durch Erklärung gegenüber dem Vertragspartner mindern, §§ 441 I, 638 I BGB.
	Eine noch nicht erfüllte Forderung erlischt anteilig i.H. des geminderten Betrages. Ein bereits bezahlter Betrag kann zurückgefordert werden. Der frühere Streit über die Anspruchsgrundlage für die Rückabwicklung hat sich durch die ausdrückliche Regelung in §§ 441 IV S. 2, 638 IV S. 2 BGB erledigt: Es werden bei der Minderung nun die Rückabwicklungsvorschriften der §§ 346 ff. BGB angewendet.
	Im Mietrecht gilt § 812 I S. 1 Alt. 1 BGB. Beim Reisevertrag wird auf § 638 IV BGB verwiesen, vgl. § 651d I S. 2 BGB.
Rückabwicklung (Wandelung, Kündigung)	**3.** Auch eine Rückabwicklung ist möglich, wobei an die Stelle des Rücktritts bei Miet- und Reisevertrag die Kündigung (§§ 542, 651e BGB), also eine Lösung ex nunc, tritt. Bei Kauf-, Werk- und Reisevertrag ist eine Rückabwicklung außerdem grds. erst möglich, wenn dem Partner erfolglos eine Frist zur Schaffung vertragsgemäßer Zustände gesetzt wurde. In den Fällen der §§ 323 II, 326 V, 440 BGB bedarf es dieser Fristsetzung jedoch grundsätzlich nicht.
Schadensersatz	**4.** Alle genannten Vertragstypen sehen auch einen Anspruch auf Schadensersatz vor (§§ 437, 536a, 634 BGB und § 651f BGB), bei dem freilich die weiteren Voraussetzungen differieren:[223]
	a) Beim Kaufvertrag ist Schadensersatz nur unter den Voraussetzungen des § 437 Nr. 3 BGB i.V.m. §§ 440, 280, 281, 283, 311a BGB möglich. Schadensersatz neben der Leistung wird gem. §§ 437 Nr. 3, 280 I BGB geschuldet.
	Schadensersatz statt der Leistung erhält der Käufer gem. §§ 280 III, 281 BGB nur bei vorheriger Fristsetzung zur Nacherfüllung, wenn diese ergebnislos abgelaufen ist oder gemäß §§ 281 II, 283, 440 BGB entbehrlich ist.
	b) Beim Mietvertrag besteht ein Schadensersatzanspruch bei bereits bei Vertragsschluss vorhandenen Mängeln auch ohne Verschulden, § 536a I Alt. 1 BGB,[224] umfasst werden nach h.M. auch Mangelfolgeschäden. Bei später auftretenden Mängeln haftet der Vermieter nur bei Verschulden, § 536a I Alt. 2 BGB.[225]

---

[223] Ausführlich dazu **Hemmer/Wüst, Schadensersatzrecht I, Rn. 112 - 228 und Rn. 280 - 392**.
[224] **Hemmer/Wüst, Schadensersatzrecht I, Rn. 184 ff.**
[225] **Hemmer/Wüst, Schadensersatzrecht I, Rn. 327 ff.**

hemmer-Methode: Z.B. haftet der Vermieter auch dann, wenn er von einem Mangel, der dem Grunde nach vorhanden ist, nichts weiß (Kabelbrandfälle – es kommt einzig darauf an, ob der Mangel bei Vertragsschluss schon angelegt war).

c) Beim Werkvertrag stellt § 634 Nr. 4 BGB[226] eine dem § 437 Nr. 3 BGB vergleichbare Verweisungsvorschrift dar.

d) Beim Reisevertrag[227] ist ebenfalls Verschulden erforderlich, § 651f I BGB, wobei dieses vermutet wird. Die Vorschrift erfasst sowohl Mangel- als auch Mangelfolgeschäden. Als echte Besonderheit ist hier ein Ersatz immaterieller Einbußen gem. § 651f II BGB möglich. Es handelt sich um einen gesetzlich geregelten Fall im Sinne des § 253 I BGB.

 hemmer-Methode: Sie sehen, das Mängelrecht ist in seiner Grundstruktur leicht fassbar. Wichtig ist hier v.a., dass Sie das System und die verschiedenen Regelungsmöglichkeiten verstehen. Vertiefend dazu ist unsere Skriptenreihe, insbesondere die Bände Schuldrecht BT I und Schuldrecht III (*wird demnächst umbenannt in Schuldrecht BT II*). Alles andere ergibt sich dann aus dem Gesetz und später im Hauptkurs aus dem Training am großen Fall.

C) Die Besonderheiten im Verbrauchsgüterkaufrecht[228]

Auch wenn die Darstellung des Mängelrechts an dieser Stelle nicht umfassend erfolgen kann, sei an dieser Stelle auf die Regelungen des Verbrauchsgüterkaufs hingewiesen, die gegenüber dem „normalen" Kaufrecht einige Abweichungen enthalten. Denn ausschlaggebend für die gesamte Neuordnung des Kaufrechts war die Verbrauchsgüterkaufrichtlinie. Dabei hätte der deutsche Gesetzgeber sich auf eine Umsetzung für die Verbrauchergeschäfte beschränken können. Damit aber nicht verschiedene Haftungssysteme entstehen, hat man sich dafür entschieden, die Vorgaben der Richtlinie einheitlich umzusetzen. Nur einzelne Bereiche sind den Verbrauchergeschäften vorbehalten, §§ 474 ff. BGB.

I. Begriff des Verbrauchsgüterkaufs

bewegliche Sache von Unternehmer an Verbraucher

Nach § 474 I BGB liegt ein Verbrauchsgüterkauf vor, wenn ein Verbraucher (§ 13 BGB) vom einem Unternehmer (§ 14 BGB) eine bewegliche Sache kauft. Dass es sich bei dieser beweglichen Sache um ein „Verbrauchsgut" (z.B. Kauf eines Anzugs bei C&A) handeln muss, ergibt sich allerdings weniger aus dieser Vorschrift, als aus der Definition des Verbrauchers in § 13 BGB.

---

[226] **Hemmer/Wüst, Schadensersatzrecht I, Rn. 332**.
[227] Hemmer/Wüst, Schadensersatzrecht I, Rn. 364 ff.
[228] Eine Übersicht zu den examensrelevanten Problemen der §§ 474 ff. BGB finden Sie bei Tyroller, „Der Verbrauchsgüterkauf gem. § 474 BGB in der Rechtsprechung", **Life&Law 2006, 573 ff, Heft 8**.

Denn Verbraucher ist nur, wer die Sache nicht zu gewerblichen oder selbstständigen beruflichen Zwecken anschafft. Daraus ergibt sich im Umkehrschluss das Erfordernis der eigenen und privaten Nutzung.

Unternehmer ist spiegelbildlich jede natürliche und juristische Person, die in Ausübung ihrer gewerblichen oder selbstständig beruflichen Tätigkeit handelt. Es kommt dabei nach der Richtlinie nicht darauf an, dass der Verkauf von Gegenständen zum typischen Geschäftsbereich des Unternehmers zählt.

Bsp.: *Ein Anwalt verkauft seinen Geschäftswagen an einen Privatmann. Legt man den Begriff des Unternehmers nicht einengend aus, handelt es sich hierbei um einen Verbrauchsgüterkauf.*

hemmer-Methode: Keine Anwendung finden die Vorschriften, wenn ein Unternehmer an einen Unternehmer, ein Verbraucher an einen Verbraucher oder ein Verbraucher an einen Unternehmer verkauft.

§ 474 II S.2 BGB nimmt die §§ 445 und 447 BGB aus der Anwendung beim Verbrauchsgüterkauf heraus.

II. Nichtgeltung des § 445 BGB

§ 445 BGB nicht mit Richtlinie vereinbar

§ 445 BGB wurde ausgeklammert, weil die dort angeordnete Haftungserleichterung für den Verkäufer nicht den Anforderungen der Verbrauchsgüterkaufrichtlinie entspricht.

281

III. Nichtgeltung des § 447 BGB

auch bei Schickschuld gilt § 446 BGB für Gefahrübergang, nicht § 447 BGB

Für Klausur und Praxis wichtiger ist der Ausschluss des § 447 BGB i.R.d. Verbrauchsgüterkaufs. Der Unternehmer trägt demnach die Preisgefahr gem. § 326 I S. 1 BGB auch nach Übergabe der Sache an die Transportperson. Die Gefahr geht erst dann auf den Verbraucher über, wenn ihm die Sache übergeben wird, § 446 BGB.

282

§ 447 BGB unangemessen

Dies wird zum einen damit begründet, dass der Unternehmer mehr als der Verbraucher Einfluss auf die Beförderung hat. Er bestimmt die Verpackung, die Art der Beförderung und vor allem die Person des Transporteurs.

Der Gesetzgeber bezweckt zudem, die Abwicklung von schadensersatzrechtlichen Ansprüchen in dem Verhältnis vorzunehmen, in welchem ein Vertragsverhältnis besteht. Die Konstruktion der Drittschadensliquidation, die wertend in die Schadensabwicklung eingreift, soll so vermieden werden. Das gilt auch vor dem Hintergrund, dass die Problematik im Anwendungsbereich des Transportrechts durch § 421 HGB entschärft wurde.[229]

---

[229] Vgl. zu dieser Problematik, die außerhalb des Verbrauchsgüterkaufs jedenfalls unverändert fortbesteht **Life&Law 1998, 678 ff.**

IV. Abweichende Vereinbarungen, § 475 I BGB

bestimmte Vorschriften nicht dispositiv

§ 475 I BGB will verhindern, dass der Verkäufer bereits bei Abschluss des Kaufvertrages von den in § 475 I BGB genannten Vorschriften abweicht. Diese Vorschriften, deren Regelungsgehalt auf der Verbrauchsgüterkaufrichtlinie beruht, sind nicht abdingbar. Selbstverständlich können die Parteien aber nach Feststellen der Mangelhaftigkeit (oder im Bewusstsein der Mangelhaftigkeit) freie Vereinbarungen treffen, wie etwa einen Vergleich schließen.

insbesondere Verjährungsregeln

§ 475 II BGB schränkt ausdrücklich eine Abweichung von den Verjährungsvorschriften des § 437 BGB ein, soweit die Vereinbarung unter Zugrundelegung des gesetzlichen Verjährungsbeginns eine Frist von weniger als zwei Jahren zur Folge hat, bei gebrauchten Sachen von weniger als einem Jahr.

Ausnahme: SE-Ansprüche

§ 475 III BGB nimmt Schadensersatzansprüche von dieser Regelung aus, erachtet eine Kontrolle i.R.d. §§ 307 bis 309 BGB (~ §§ 9 - 11 AGBG) insoweit für ausreichend. Das hat seinen Grund darin, dass die Richtlinie dem nationalen Gesetzgeber hinsichtlich der Schadensersatzansprüche keine Vorgaben gemacht hat.

V. Beweislastumkehr, § 476 BGB

sechs Monate ab Gefahrübergang

§ 476 BGB trifft eine Regelung zur Beweislast. Im allgemeinen Kaufrecht muss der Käufer einen Mangel (1.) bei Gefahrübergang (2.) beweisen. Ob § 476 BGB den Verbraucher nur hinsichtlich des zweiten Punktes (so der BGH) oder auch hinsichtlich des ersten Punktes (so die Lit.) begünstigen möchte, ist höchst umstritten.[230]

Bsp.: Taucht innerhalb von sechs Monaten nach Gefahrübergang ein Motorschaden auf, liegt darin unstreitig ein Mangel. Genauso unstreitig lag aber dieser Mangel noch nicht bei Gefahrübergang vor. Der BGH verlangt vom Verbraucher zunächst den Nachweis dahingehend, dass Ursache für den Motorschaden wiederum ein Mangel ist (sog. Grundmangel). Nur wenn er diesen Nachweis führen kann, greift die nach BGH allein in zeitlicher Hinsicht wirkende Vermutungsregelung des § 476 BGB ein und es wird vermutet, dass der nachgewiesene Grundmangel bereits bei Gefahrübergang vorgelegen hat. Nach Ansicht der Literatur erfasst § 476 BGB aber auch die Vermutung, dass Ursache für den aufgetretenen Mangel wiederum ein Mangel war. Dafür sprechen der eindeutige Wortlaut und vor allem die Intention der Vorschrift, welche den Verbraucher u.a. von technischen Beweisfragen entlasten wollte.

---

[230] In diesem Bereich gibt es mittlerweile eine gefestigte Rechtsprechung zur Auslegung dieser Vorschrift, vgl. **Hemmer/Wüst, Schuldrecht BT I, Rn. 466 ff.** sowie BGH, Urteil vom 29.03.2001, AZ VIII ZR 173/03 = **Life&Law 2006, 507 ff., Heft 8.**

VI. Sonderbestimmungen für Garantien

besondere Anforderungen an Garantie für Verbraucher

§ 477 BGB normiert bestimmte Anforderungen an Garantieerklärungen, die ein Unternehmer gegenüber einem Verbraucher abgibt. Werden diese Anforderungen nicht eingehalten, hat das auf die Wirksamkeit der Garantieerklärung keinen Einfluss. Es wäre auch widersinnig, die Anforderungen gegenüber dem Verbraucher zu erhöhen, um ihn im Falle der Nichterfüllung mit der Unwirksamkeit der Garantie zu bestrafen.

Vermeidung von Beweisproblemen

Sinn der Vorschrift ist es, dem Verbraucher etwaige Beweisschwierigkeiten hinsichtlich des Inhalts der Garantie zu ersparen. Daher kann der Verbraucher insbesondere die Textform (§ 126b BGB) verlangen, § 477 II BGB.

Sanktion ausnahmsweise über §§ 311 II, 241 II, 280 I BGB

Wenn nach § 477 III BGB die Nichterfüllung der Anforderungen keine Auswirkungen auf die Garantie hat, stellt sich die Frage, warum der Unternehmer diese überhaupt erfüllen soll. Haftungsrechtliche Bedeutung kommt dem allenfalls dadurch zu, dass der Unternehmer eine Pflicht verletzt, die nach §§ 311 II, 241 II, 280 I BGB zu einer Schadensersatzverpflichtung führen kann, deren Folge die Aufhebung des Vertrages wäre. Das setzt allerdings voraus, dass die fehlerhafte Unterrichtung über die Garantie kausal für den Abschluss des Vertrages war.

So wird die Verletzung der Vorschrift durch den Unternehmer wohl vor allem i.R.d. Wettbewerbsrechts eine Rolle spielen, was aber das Verhältnis zum Verbraucher nicht unmittelbar tangiert.

VII. Rückgriff des Unternehmers beim Lieferanten

Regress gegen Lieferanten, § 478 BGB

Da der Verbrauchsgüterkauf den Unternehmer im Verhältnis zum gewöhnlichen Kaufrecht stärker belastet, er aber nicht immer die Ursache für die Mangelhaftigkeit der Sache gesetzt hat, stellen die §§ 478, 479 BGB dem Unternehmer erleichterte Rückgriffsvorschriften gegenüber dem Lieferanten zur Seite.

1. Erleichterter Rücktritt

Modifikation der Rechte aus § 437 BGB

§ 478 BGB gibt dem Letztverkäufer keine neuen Rechte, sondern modifiziert unter bestimmten Voraussetzungen den Rückgriff gegen den Lieferanten nach den allgemeinen Vorschriften der §§ 434 ff. BGB. Ein Rücktritt nach §§ 437 Nr. 2, 323 BGB bedarf danach keiner vorherigen Fristsetzung zur Nacherfüllung. Der Letztverkäufer soll die Sache ohne große Probleme an den Lieferanten weiterleiten können.

Rücknahme erforderlich

Der Letztverkäufer muss die Sache zurückgenommen haben. Das ist möglich durch die Ausübung des Rechts auf Nacherfüllung (§ 439 IV BGB), infolge Rücktritts[231] oder durch Geltendmachung des großen Schadensersatzes durch den Verbraucher.

Die Rücknahme muss gerade auf der Mangelhaftigkeit der Sache beruhen („musste"). Dieses strenge Kausalitätserfordernis ist notwendig, weil beispielsweise auch eine Rücknahme aufgrund Widerrufs durch den Verbraucher denkbar ist. Dann aber ist ein erleichterter Rücktritt nicht gerechtfertigt.

hemmer-Methode: Da die Verbraucherwiderrufsrechte unabhängig von der Mangelhaftigkeit der Sache bestehen, wird in diesen Fällen häufig schon gar keine Rückgriffsmöglichkeit nach § 437 BGB bestehen, sodass auch die Erleichterung keinen Sinn macht. Sollte die Sache im Falle des Widerrufs aber (zufällig) auch mangelhaft sein, soll § 478 BGB ausweislich der Gesetzesbegründung keine Anwendung finden.

nur bei neu hergestellten Sachen

Schließlich muss es sich um eine neu hergestellte Sache handeln. Nur dann erfolgt die Veräußerung regelmäßig im Rahmen einer Lieferkette, was die Erleichterung rechtfertigt.

hemmer-Methode: Da der Gesetzgeber die Vorgaben der Verbrauchsgüterkaufrichtlinie hinsichtlich des Fehlerbegriffs allgemein gültig umgesetzt hat, ergeben sich im Übrigen keine Schwierigkeiten. Das wäre anders gewesen, wenn sich die Fehlerbegriffe nach §§ 433 ff. BGB und §§ 474 ff. BGB unterscheiden würden. Dann könnte nämlich der Rückgriff gegenüber dem Lieferanten bereits am Fehlen der allgemeinen Voraussetzungen der Gewährleistungsrechte scheitern. Der Letztverkäufer könnte dann keinen Regress nehmen, obwohl er für die Mangelhaftigkeit der Sache im Verhältnis zum Verbraucher häufig gar nicht verantwortlich ist. Dieses Problem ist durch den Gleichlauf des Fehlerbegriffs entschärft worden.
Aber Achtung: Da nach § 434 BGB der subjektive Fehlerbegriff gilt, können in den einzelnen Vertragsverhältnissen natürlich unterschiedliche Vereinbarungen getroffen werden. Für den Fall bleibt das Problem erhalten. Wird beispielsweise im Verhältnis Letztverkäufer/Verbraucher eine Beschaffenheit vereinbart, die im Verhältnis Lieferant/Letztverkäufer nicht maßgeblich sein soll, ist der Regress gegen den Lieferanten nicht möglich, wenn der Letztverkäufer die Sache vom Verbraucher wegen Nichtvorliegens des Beschaffenheitsmerkmals zurücknehmen muss.

---

[231] Denkbar ist dabei auch ein Rücktritt durch den Unternehmer, wenn der Verbraucher die Mängeleinrede geltend macht, § 438 IV S. 3 BGB

2. Aufwendungsersatz

besond. Anspruch auf Aufwendungsersatz

§ 478 II BGB gewährt dem Letztverkäufer einen von § 437 BGB unabhängigen zusätzlichen Anspruch. **288**

Damit wird der Schutz des Letztverkäufers für den Fall erweitert, dass er die Sache zwar nicht zurücknehmen muss, jedoch i.R.d. Nacherfüllungsanspruchs des Verbrauchers Aufwendungen tragen muss, vgl. § 439 II BGB. Ohne diese Anspruchsgrundlage müsste der Letztverkäufer diese Kosten – unbeschadet abweichender Vereinbarungen mit dem Lieferanten und der verschuldensabhängigen Schadensersatzhaftung nach §§ 280 ff. BGB – selbst tragen, auch wenn die Ursache für diese Aufwendungen in der fehlerhaften Herstellung der Sache liegt.

nur „zwingende" Aufwendungen

Ersetzt werden nur die Aufwendungen, die dem Letztverkäufer zwingend entstanden sind. Übernimmt er hingegen aus Kulanzgründen weitere Aufwendungen, auf deren Tragung der Verbraucher keinen Anspruch hat, ergibt sich im Verhältnis zum Lieferanten kein Anspruch.

entscheidender Zeitpunkt: Gefahrübergang auf Letztverkäufer

Da § 478 II BGB eine eigene Anspruchsgrundlage ist, wird hier anders als im Abs. 1 ausdrücklich darauf hingewiesen, dass der Mangel (selbstverständlich) bereits bei Gefahrübergang auf den Letztverkäufer vorgelegen haben muss. Resultiert der Mangel etwa aus der sorglosen Lagerung, scheidet ein Rückgriff aus.

3. Beweislastumkehr

§ 476 BGB ausnahmsweise auch im Verhältnis Letztverkäufer/Lieferant

§ 478 III BGB erweitert die Beweislastumkehr des § 476 BGB auf das Verhältnis zum Lieferanten. Der Regress soll nicht an Beweisschwierigkeiten scheitern. Wenn der Letztverkäufer gegenüber dem Verbraucher wegen § 476 BGB nicht nachweisen kann, dass der Mangel bei Übergabe an diesen noch nicht vorgelegen hat, dann wird ihm der – nach allgemeinen Beweisregeln – erforderliche Nachweis gegenüber dem Lieferanten, dass nämlich der Fehler bereits bei Gefahrübergang an ihn selbst vorgelegen hat, in der Regel auch nicht gelingen. Ab wann der Mangel vorhanden war, lässt sich in diesen Fällen häufig überhaupt nicht klären. Wenn aber der Letztverkäufer im Verhältnis zum Verbraucher von der Beweislastumkehr des § 476 BGB belastet ist, dann soll er im Verhältnis zum Lieferanten umgekehrt davon profitieren. **289**

4. Haftungsausschluss

Im Verhältnis zweier Unternehmer zueinander kann nach Maßgabe des § 444 BGB[232] grds. die Mängelhaftung begrenzt bzw. ausgeschlossen werden. § 475 BGB grenzt diese Möglichkeit für den Verbrauchsgüterkauf ein. **290**

---

[232] Bzw. § 307 BGB.

Schutz des Letztverkäufers durch Ausdehnung des § 475 BGB

§ 478 IV BGB übernimmt den Wortlaut des § 475 BGB und erstreckt die Beschränkung der Möglichkeit des Gewährleistungsausschlusses auf das Verhältnis des Letztverkäufers zu seinem Lieferanten. § 478 IV S. 2 BGB nimmt Bezug auf § 475 III BGB, sodass auch hier der Schadensersatzanspruch abbedungen werden kann.

hemmer-Methode: Zum Verständnis: Selbstverständlich ist der Letztverkäufer, der an einen Verbraucher verkauft, nicht mehr und auch nicht weniger verantwortlich für die Mangelhaftigkeit der Sache als ein Zwischenhändler. I.R.d. §§ 474 ff. BGB ist aber die Möglichkeit, sich von dieser Haftung zu befreien, sehr stark eingeschränkt. Selbst wenn also, und das wird der Regelfall sein, die Fehlerhaftigkeit der Sache aus dem Herstellungsprozess resultiert, kann sich der Letztverkäufer nicht von der Haftung befreien. Dies soll dann aber auch Auswirkungen auf das Verhältnis Letztverkäufer/Lieferant haben, sodass der Letztverkäufer nicht „der Dumme" bleibt, sondern entsprechend der Verantwortlichkeiten Regress nehmen kann. Vor diesem Hintergrund sind die §§ 478, 479 BGB aus sich selbst heraus verständlich.[233]

5. Fortgeltung des Handelsrechts und Erweiterung auf die gesamte Lieferkette

Durch die Besonderheiten des § 478 BGB soll in den dort angesprochenen Fällen jedoch kein Sonderrecht für Kaufleute geschaffen werden, nur weil der Letztabnehmer ein Verbraucher ist. Es bleibt daher unbeschadet der Vorschrift des § 478 BGB bei der handelsrechtlichen Rügepflicht nach § 377 HGB, § 478 VI BGB. Das wäre allein deshalb nicht anders machbar, da im Zeitpunkt der Lieferung an den Letztverkäufer noch gar nicht zwingend feststeht, ob dieser an einen Verbraucher weiterverkauft. Es muss aber zu diesem Zeitpunkt Klarheit darüber herrschen, ob der Letztverkäufer die Ware untersuchen und ggf. rügen muss, oder nicht.

291

hemmer-Methode: Da im Fall des § 478 BGB regelmäßig zwei Kaufleute miteinander streiten werden, kommt diese Vorschrift nur zur Anwendung, wenn es sich um versteckte Mängel handelt, da erkennbare Fehler nach § 377 HGB unverzüglich gerügt werden müssen.

Schließlich stellt § 478 V BGB klar, dass der Lieferant seinerseits nicht der Letztverpflichtete sein soll, wenn er selbst die Ware beim Hersteller oder einem weiteren Zwischenhändler bezogen hat.

---

[233] Zu den Erleichterungen in Bezug auf die Verjährung der Regressansprüche, § 479 BGB, vgl. unten, Rn. 384 ff.

§ 6 STÖRUNG DER GESCHÄFTSGRUNDLAGE

A) Einleitung

spezielle gesetzliche Regelungen

Es gilt der Grundsatz „pacta sunt servanda". Es gibt aber keine Regel ohne Ausnahme. In manchen Situationen erscheint es unbillig, die Parteien an der vertraglichen Bindung festzuhalten. Dann muss eine Anpassung der vertraglichen Vereinbarungen möglich sein.

hemmer-Methode: Die genaue Herleitung und Ausgestaltung der Lehre von der Geschäftsgrundlage waren schon immer äußerst umstritten und mussten schon früher nicht beherrscht werden. Mit der Kodifikation müssen Sie nun nur auf § 313 BGB verweisen, um das Institut anwenden zu können!

B) Anwendbarkeit

Billigkeitslehre

Letztlich entwickelte sich das Institut der Störung der Geschäftsgrundlage aus einer „allgemeine Billigkeitslehre".[234] Das bedeutet auch nach der Reform, dass sie gegenüber vielen anderen Instituten subsidiär ist, insbesondere, da die Regelung sehr allgemein gehalten ist und daher speziellere Regelungen vorgehen.

hemmer-Methode: Grundsätzlich gilt: Die Störung der Geschäftsgrundlage ist subsidiär. Die Abgrenzung zu anderen Möglichkeiten der Abstandnahme vom Vertrag ist daher in der Klausur immer von Bedeutung. Es ist daher besonders wichtig, den Wegfall der Geschäftsgrundlage von vornherein gleich im Zusammenhang mit solchen konkurrierenden gesetzlichen Regelungen zu lernen und zu verstehen.

I. Gesetzliche Sonderregelungen der Geschäftsgrundlage

Vorrang spezieller gesetzlichen Regelungen

Oben bereits erwähnt wurden die §§ 321, 519, 528, 530, 651j BGB; zu denken ist ferner an die §§ 775 I Nr. 1 und 2, 779, 1612a, 2077, 2079 BGB, aber auch an das Kündigungsrecht aus wichtigem Grund bei Dauerschuldverhältnissen (z.B. § 626 BGB). Diese speziellen Regelungen gehen der allgemeinen Regelung des § 313 BGB vor.

Soweit eine dieser Sonderregelungen eingreift, darf also nicht auf die allgemeine Lehre vom Wegfall der Geschäftsgrundlage zurückgegriffen werden.

---

[234] Medicus, Bürgerliches Recht, Rn. 151.

II. Durch Auslegung ermittelter Vertragsinhalt

Umstände außerhalb des Vertrages

Geschäftsgrundlage sind nur außerhalb des Vertrages liegende Umstände.²³⁵ Soweit der Vertrag selbst Regelungen für den Fall des Fehlens oder Wegfalls bestimmter Umstände enthält, sind diese vertraglichen Vereinbarungen vorrangig heranzuziehen.

295

ergänzende Vertragsauslegung vorrangig

Deswegen muss vor einer Anwendung der Lehre von der Geschäftsgrundlage immer der wahre Vertragsinhalt durch (notfalls auch ergänzende) Auslegung (§§ 133, 157 BGB) ermittelt werden.²³⁶

296

> *Bsp.: Wird in einem Stromlieferungsvertrag zwischen Energielieferanten und Stromabnehmer in zulässiger Weise eine so genannte Preisänderungsklausel vereinbart, so ist bei verändertem Marktpreis und veränderter Wirtschaftslage eine Lösung über diese Preisänderungsklausel zu suchen. Ein Rückgriff auf die Lehre von der Geschäftsgrundlage ist daneben unzulässig.*

Somit ist der Wegfall der Geschäftsgrundlage erst dann anwendbar, wenn ein Ereignis die Verhältnisse so grundlegend ändert, dass es sich einer Beurteilung nach dem wirklichen oder hypothetischen Parteiwillen entzieht.

III. Vereinbarung einer Bedingung

Bedingung (§ 158 BGB) ebenfalls vorrangig

Gelingt es einer der Parteien, einen bestimmten Umstand zu einer Bedingung des Vertrages zu erheben, dann ist allein die Regelung des § 158 BGB einschlägig. Dies ist freilich nur ein Sonderfall des „Vorrangs des Vertragsinhalts".

297

IV. Unmöglichkeit

subsidiär gg. Unmöglichkeit

1. Auch gegenüber den Regelungen der anfänglichen und nachträglichen Unmöglichkeit sind die Grundsätze der Geschäftsgrundlage subsidiär. Deshalb zählen die Fälle der Zweckerreichung und des Zweckfortfalls, bei denen der geschuldete Leistungserfolg dauerhaft nicht mehr erbracht werden kann, im Gegensatz zur bloßen Zweckstörung²³⁷ nicht zum Wegfall der Geschäftsgrundlage, sondern zur Unmöglichkeit.

298

> *Bsp.: Das vom Unternehmer zu reparierende Auto funktioniert plötzlich von selbst wieder einwandfrei (Zweckerreichung) oder es explodiert und wird völlig zerstört (Zweckfortfall).*

---

[235] Siehe dazu unten Rn. 302.
[236] Führt eine derartige Auslegung zu dem Ergebnis, dass die vertraglichen Vereinbarungen in sich widersprüchlich sind, so ist der Vertrag im Übrigen wegen Perplexität nichtig; Medicus, Bürgerliches Recht, Rn. 155.
[237] Siehe dazu unten Rn. 309.

wirtschaftliche Unmöglichkeit

2. Schwierige Abgrenzungsprobleme stellen sich aber im Bereich der so genannten „wirtschaftlichen Unmöglichkeit":

299

> **Bsp.:** U soll für B ein Haus errichten. Beim Ausheben der Baugrube stellt sich heraus, dass der Boden für die Errichtung eines Hauses nur nach umfangreichen Abstützarbeiten geeignet ist. Daher entstehen U jetzt wesentlich höhere Kosten als bei seiner ursprünglichen Kalkulation vorgesehen.

Diese Fälle der Leistungserschwerung oder der Äquivalenzstörung werden freilich heute überwiegend über die Grundsätze des Wegfalls der Geschäftsgrundlage, § 313 BGB, gelöst.[238]

V. Gewährleistung

Gewährleistungsrechte beachten

Die in einigen Vertragstypen vorgesehenen Mängelgewährleistungsrechte (§§ 434 ff., 536 ff., 633 ff., 651c ff.) stellen eine abschließende Sonderregelung dar, die durch die Lehre vom Fortfall der Geschäftsgrundlage nicht unterlaufen werden darf, selbst wenn die Gewährleistung beispielsweise infolge Verjährung oder durch eine vertragliche Vereinbarung ausgeschlossen ist.

300

VI. Anfechtung

Irrtümer bei der Willensbildung ⇨ Anfechtung

Während für Irrtümer bei der Willensäußerung von vornherein nur die §§ 119 I, 120 BGB anzuwenden sind, können sich bei Irrtümern i.R.d. Willensbildung (= Motivirrtümer) die Anfechtungsregeln und die Lehre von der Geschäftsgrundlage überdecken.

301

anders bei Irrtümern, die nicht unter Anfechtung fallen

Auch in diesem Bereich gilt aber: Soweit das Gesetz ausnahmsweise in §§ 119 II, 123 und 2078 BGB einen Motivirrtum als Anfechtungsgrund anerkennt, treten die Grundsätze über den Wegfall der Geschäftsgrundlage regelmäßig als subsidiär zurück. Dies gilt auch nach der Reform. Der Anwendungsbereich des Wegfalls der Geschäftsgrundlage ist folglich nur bei Irrtümern über Motive eröffnet, die nicht zur Anfechtung berechtigen, die aber in den, dem Vertragsschluss zugrunde liegenden, Geschäftswillen beider Parteien aufgenommen worden sind.

> **Bsp.:** V verkauft K eine alte Briefmarke. Beide wissen zwar genau, um was für ein Exemplar es sich handelt, sie gehen beide aber irrtümlich davon aus, dass dieses Exemplar einen relativ geringen Wert hat.

> (1) Die Briefmarke war nicht i.S.v. §§ 434 ff. BGB mangelhaft. Auch eine Anfechtung durch eine der Parteien scheidet von vornherein aus: Es liegt nämlich lediglich ein Irrtum über den Wert der verkauften Sache vor, und der Wert einer Sache ist gerade keine verkehrswesentliche Eigenschaft i.S.v. § 119 II BGB.

---

[238] Siehe dazu unten Rn. 311 f.

(2) Eine Anpassung des gezahlten Kaufpreises an den tatsächlichen Wert der verkauften Marke kommt daher allein über die Grundsätze vom Fehlen der Geschäftsgrundlage gem. § 313 BGB in Betracht.

VII. Zweckverfehlungskondiktion (§ 812 I S. 2 Alt. 2 BGB)

Zweckkondiktion, § 812 I S. 2 Alt. 2 BGB

Der Kondiktionsanspruch aus § 812 I S. 2 Alt. 2 BGB unterscheidet sich schon von seinen Voraussetzungen her so wesentlich von der Lehre über die Geschäftsgrundlage, dass beide Institute streng genommen gar nicht miteinander konkurrieren können.[239]

Umso wichtiger ist es allerdings, sich darüber im Klaren zu sein, in welchen Fällen die Geschäftsgrundlage und in welchen Fällen § 812 I S. 2 Alt. 2 BGB einschlägig sind.

Vereinbarung vorausgesetzt

Das zentrale Abgrenzungskriterium liegt darin, dass bei der Störung der Geschäftsgrundlage der verfehlte Zweck nur ein „vorausgesetzter", nicht ein „vereinbarter" sein darf.

hemmer-Methode: Die Abgrenzung der Störung der Geschäftsgrundlage gem. § 313 BGB von § 812 I S. 2 Alt. 2 BGB ist klausurtypisch. Im Fortgeschrittenenstadium müssen auch die anderen in diesem Kontext in Betracht kommenden Rechtsinstitute bekannt sein. So kommt die Rückabwicklung auch wegen einer auflösenden Bedingung in Betracht (dann § 812 I S. 2 Alt. 1 BGB). Denken Sie aber auch bei der Anfechtung daran, dass häufig nur ein bloßer unbeachtlicher Motivirrtum vorliegt.
Bsp.: Mann schenkt Frau goldenen Ring mit den Worten: „In Liebe und ewiger Treue, Dein Michael!". Am nächsten Tag verlässt sie ihn. Michael will („wenigstens") den Ring zurück. Scheiden Bedingung wegen fehlender Vereinbarung, Anfechtung wegen bloßen Motivirrtums, § 812 I S. 2 Alt. 2 BGB wegen fehlender Zweckvereinbarung aus, so bleibt nur Wegfall der GG (zum groben Undank s.u.). Von Ihnen wird in der Klausur erwartet, dass Sie die Rechtsinstitute voneinander abgrenzen können. Zeigen Sie Trennungsschärfe!

---

[239] Medicus, Bürgerliches Recht, Rn. 163; a.A. Vorrang der Geschäftsgrundlage Palandt, Einf v. § 812 BGB, Rn. 6.

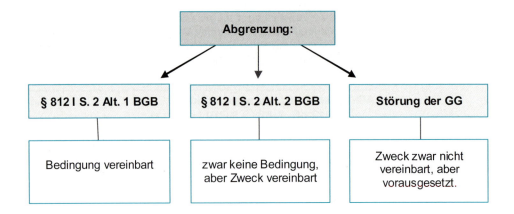

Bsp.: A arbeitet bei einer Konzertagentur. Sein Freund B möchte unbedingt ein von dieser Agentur veranstaltetes Konzert besuchen, das aber bereits nahezu ausverkauft ist. Deshalb schenkt B dem A eine Kiste edlen Rotweins in der von A auch erkannten Erwartung, der A werde ihm dafür eine Eintrittskarte besorgen. A nimmt den Wein an und lässt ihn sich schmecken, die Karte für B aber vergisst er.

In derartigen Fällen besteht zwischen den Parteien der Abrede eine tatsächliche Einigung darüber, welcher besondere Zweck mit der Hingabe des Geschenkes erreicht werden soll. Wird dieser Zweck nicht erreicht, so greift nur § 812 I S. 2 Alt. 2 BGB als Anspruchsgrundlage.

hemmer-Methode: In der Abgrenzung des § 530 BGB (Widerruf der Schenkung wegen groben Undanks) vom Wegfall der Geschäftsgrundlage liegt ein weiteres prüfungsrelevantes Abgrenzungsproblem.

C) Voraussetzungen

3 Voraussetzungen

Die Lehre von der Geschäftsgrundlage wird in drei Schritten geprüft.

Ihre Voraussetzungen sind in einem ersten Überblick:

- Das reale Element
- Das hypothetische Element
- Das normative Element

§ 6 STÖRUNG DER GESCHÄFTSGRUNDLAGE

Zuvor muss aber geklärt werden, was die Geschäftsgrundlage des konkret zu beurteilenden Vertrages geworden ist. Geschäftsgrundlage kann zunächst nur ein Umstand sein, der von mindestens einer Partei beim Vertragsschluss erkennbar (!) vorausgesetzt worden ist.

I. Reales Element

- reales Element

Das reale Element erfordert eine Veränderung der Geschäftsgrundlage. Dem wird gem. § 313 II BGB die Situation gleichgesetzt, in der wesentliche Umstände, die zur Grundlage des Vertrages geworden sind, sich als falsch herausstellen.

II. Hypothetisches Element

- hypothetisches Element

Weiter muss dieser vorausgesetzte Umstand auch so wichtig gewesen sein, dass die Parteien den Vertrag ohne diesen Umstand nicht oder zumindest nicht so abgeschlossen hätten. Dabei ist zu prüfen, ob sich die andere Seite redlicherweise hätte auf etwas anderes einlassen müssen.

III. Normatives Element

normatives Element

Erfüllt ein Umstand diese Voraussetzungen, so ist von der Störung der Geschäftsgrundlage unter folgender Bedingung auszugehen: Die Wirklichkeit muss von diesem Umstand derart abweichen, dass ein unverändertes Festhalten an der vertraglichen Vereinbarung für die benachteiligte Partei unzumutbar geworden ist.[240]

hemmer-Methode: Beim normativen Element wird i.d.R. das zentrale Problem liegen und eine Abgrenzung nach Risikosphären stattfinden. Da die Störung der Geschäftsgrundlage die Ausnahme bleiben muss, bleibt es häufig bei dem Grundsatz „pacta sunt servanda".

Bsp.: Die weitere Verwendbarkeit des Vertragsgegenstandes fällt regelmäßig allein in den Risikobereich des Empfängers.[241]

Das übliche Sinken der Kaufkraft des Geldes ist wegen des Prinzips des Nominalismus, nach dem eine festgelegte Geldsumme geschuldet ist und kein bestimmter Geldwert, regelmäßig alleiniges Risiko des Gläubigers.

---

[240] Medicus, Bürgerliches Recht, Rn. 166.
[241] BGHZ 83, 283; BGH, JZ 1967, 147 ff.

D) Wichtigste Fallgruppen

Fallgruppen

Die Lehre von der Geschäftsgrundlage ist auch bei gesetzlicher Regelung wegen der sehr allgemein gehaltenen Fassung ein sehr flexibles Instrument zur Vermeidung unbilliger Ergebnisse. Ihr Anwendungsbereich lässt sich daher nicht abschließend beschreiben. Es existieren jedoch einige Fallgruppen, in denen der Wegfall der Geschäftsgrundlage allgemein anerkannt ist und die Ihnen bekannt sein sollten.

308

hemmer-Methode: Haben Sie einen Fall zu bearbeiten, der sich keiner dieser Fallgruppen zuordnen lässt, so sollten Sie mit der Annahme eines Wegfalls der Geschäftsgrundlage sehr vorsichtig sein. Vergewissern Sie sich dann vor allem noch einmal, ob wirklich keine andere Lösungsmöglichkeit in Betracht kommt!

I. Zweckstörung

- Zweckstörung

In Fällen von Zweckerreichung und Zweckfortfall greifen unzweifelhaft die Regeln über die Unmöglichkeit. Anders in den Fällen, in denen der geschuldete Erfolg zwar noch herbeigeführt werden kann, der Gläubiger an ihm aber kein Interesse mehr hat.

309

Hier gilt: Grundsätzlich fällt zwar die Verwendbarkeit des Vertragsgegenstandes in den Risikobereich des Empfängers. Hat sich aber der andere Teil die geplante Verwendung soweit zu eigen gemacht, dass auch er sie als wesentliche Grundlage des Vertrages ansieht, dann greift bei einer Zweckstörung die Lehre von der Geschäftsgrundlage.[242]

310

Insbesondere wird das der Fall sein, wenn die beabsichtige Verwendung wesentlich zur Preisgestaltung i.R.d. vertraglichen Vereinbarung mitgespielt hat.

Bspe.:

⊃ V vermietet M ein Bootshaus an einem nahe gelegenen See. Da an diesem See nur noch wenige Bootshäuser frei sind, kann V einen relativ hohen Mietzins verlangen. Nach einem Monat verbietet die zuständige Behörde die Schifffahrt auf dem See.[243]

⊃ K, der über gute Kontakte in den Nahen Osten verfügt, schließt mit der Brauerei B einen Bierlieferungsvertrag. Dabei soll K das von B gebraute Bier in den Iran exportieren. Nach der islamischen Revolution ist jeglicher Alkoholgenuss im Iran streng verboten.[244]

---

[242] Palandt, § 313 BGB, Rn. 35 ff..
[243] BGH, WPM 1971, 1303.
[244] BGH, NJW 1984, 1746.

Hierher gehören nach richtiger Ansicht auch die so genannten Krönungszugfälle: Anmietung eines Zimmers, um den Krönungszug der Englischen Königin verfolgen zu können. Wegen Erkrankung der Queen fällt der Krönungszug aus.

II. Leistungserschwerung

- Leistungserschwerung

Grundsätzlich trägt nach der vertraglichen Risikoverteilung der Schuldner das Risiko nachträglicher Erschwerungen seiner Leistung, die für ihn zu einem höheren Aufwand führen. 311

Es gibt aber auch Fälle, in denen durch nicht im Risikobereich des Schuldners liegende Umstände Leistungserschwerungen eintreten, die über die zumutbare Opfergrenze hinausgehen.[245]

1. Beruht eine derartige Leistungserschwerung auf immateriellen Gründen, so gibt die h.M. eine echte, als ausdrücklich geltend zu machende Einrede unmittelbar aus § 242 BGB, nach der die Leistung jetzt verweigert werden darf, auf Verlangen des Gläubigers aber später erbracht werden muss.[246]

2. Bei Erschwernissen aus wirtschaftlichen Gründen, also Fällen, die als „wirtschaftliche Unmöglichkeit" bezeichnet wurden, wendet man heute überwiegend den Wegfall der Geschäftsgrundlage an. Voraussetzung ist, dass durch die Leistungserschwerung tatsächlich die Zumutbarkeitsgrenze für den Schuldner überschritten wird.

Bsp.: Ein zu reparierendes Schiff sinkt vor Eintreffen des Abschleppkahns und liegt jetzt in 30 m Tiefe auf dem Meeresgrund. Die vom Schuldner aufzuwendenden Kosten für Bergung und Reparatur steigen daher um 60 %, sodass der vorher vereinbarte Werklohn natürlich bei weitem nicht mehr kostendeckend ist.[247]

hemmer-Methode: Das Beispiel zeigt zugleich, wie „eng" die Abgrenzungen sind: Je nach den näheren Angaben im Sachverhalt könnte hier auch ein Fall des Zweckfortfalls vorliegen, wenn sich durch Auslegung ergibt, dass nur Abschleppen und Reparatur, nicht aber Bergung geschuldet sind.

III. Äquivalenzstörung

- Äquivalenzstörung

Bei der Fallgruppe der Äquivalenzstörungen beruht die Störung nicht auf einseitigen Erschwerungen der vom Sachschuldner zu erbringenden Leistung, sondern auf einer Störung des mit gegenseitigen Verträgen ganz allgemein bezweckten angemessenen Verhältnisses des Leistungsaustauschs.[248] 312

---

[245] Palandt, § 313 BGB, Rn. 19 ff.
[246] Medicus, Bürgerliches Recht, Rn. 157.
[247] Palandt, § 313 BGB, Rn. 19 ff.
[248] Medicus, Bürgerliches Recht, Rn. 161.

Hervorgerufen werden solche Äquivalenzstörungen durch die Entwertung der geschuldeten Geld- oder Sachleistung, die aber regelmäßig in den Risikobereich des Gläubigers fallen, sodass sie grundsätzlich nicht geeignet sind, einen Wegfall der Geschäftsgrundlage zu begründen.

Etwas anderes gilt erst in extremen, nicht vorhersehbaren Ausnahmesituationen, wie bspw. in der Zeit der Inflation von 1922/23.

Eher anzuwenden ist die Lehre von der Geschäftsgrundlage nur bei Verträgen, die ganz eindeutig Versorgungscharakter haben. Hier wird nämlich die zumutbare Opfergrenze für den Gläubiger wesentlich überschritten.

IV. Doppelirrtum

- *doppelter Motivirrtum*

1. Irren sich bei Vertragsschluss beide Parteien über ein dem Vertrag zugrunde liegendes Motiv, dann ist der Anwendungsbereich der Lehre von der Geschäftsgrundlage grundsätzlich eröffnet, soweit nicht die Störung der Motivation ausschließlich in den Risikobereich einer der Parteien fällt.[249]

2. Fraglich ist das nur dann, wenn der gemeinschaftliche Motivirrtum ausnahmsweise zur Anfechtung, insbesondere nach § 119 II BGB, berechtigt.

Die h.M. will auch derartige Fälle über den Wegfall der Geschäftsgrundlage lösen, da es unbillig sei, denjenigen, der zufällig als Erster seine Willenserklärung anficht, mit der Ersatzpflicht aus § 122 BGB zu belasten.[250]

Jedoch wird auch beim Doppelirrtum nur derjenige das Geschäft anfechten, für den es nachteilig war. Er allein zieht folglich einen Vorteil aus der Anfechtung, sodass es keineswegs unbillig ist, ihm die Schadensersatzpflicht des § 122 BGB aufzuerlegen.

Da die Lehre von der Geschäftsgrundlage gegenüber speziellen gesetzlichen Regelungen generell subsidiär ist, muss in Fällen eines nach § 119 II BGB beachtlichen Doppelirrtums das Recht der Anfechtung Vorrang vor dem Wegfall der Geschäftsgrundlage haben.[251]

313

Bsp.: *(Leibl-Fall)* Verkäufer und Käufer irren sich nicht bloß über den Wert eines Bildes, sondern auch über seinen Urheber.

---

[249] RGZ 122, 203; BGHZ 25, 392.
[250] Palandt, § 119 BGB, Rn. 30, § 313 BGB, Rn. 38 f.; Larenz, AT, § 20 III.
[251] Medicus, Bürgerliches Recht, Rn. 162.

Zwar berechtigt der Irrtum über den Wert nicht zur Anfechtung nach § 119 II BGB, wohl aber der Irrtum über den Maler. War das Bild in Wahrheit von einem Künstler gemalt, dessen Werke höhere Preise erzielen, so ist das abgeschlossene Geschäft nur dem Verkäufer nachteilig, weil er einen zu geringen Kaufpreis erhalten hat. Deshalb wird er das Geschäft nach § 119 II BGB anfechten. Dafür muss er dann allerdings den Vertrauensschaden des Käufers nach § 122 BGB ersetzen!

hemmer-Methode: Zur Wiederholung: Die Anfechtung nach § 119 II BGB kann sich auch auf die dingliche Einigung erstrecken, wenn eine entsprechende Anfechtungserklärung vorliegt. Der Anfechtende gewinnt damit die Anspruchsgrundlage aus § 985 BGB zusätzlich zu § 812 I BGB.

E) Rechtsfolgen

I. Vertragsanpassung

Rechtsfolge i.d.R. Vertragsanpassung

Grundsätzlich führt das Fehlen oder der Wegfall der Geschäftsgrundlage nur zu einer Anpassung des Vertrages an die wirklichen Verhältnisse, § 313 II BGB. Entscheidende Kriterien für das Ausmaß dieser Anpassung sind dabei die Zumutbarkeit und der Vertragswille der Parteien.[252]

314

II. Rücktritts- oder Kündigungsrecht

ggf. Rücktritt o. Kündigung

Ausnahmsweise können aber Fehlen oder Wegfall der Geschäftsgrundlage auch zu einer Auflösung des Vertrages führen, wenn die weitere Fortsetzung des Vertrages für eine der Vertragsparteien unzumutbar geworden ist, v.a. wenn eine Vertragsanpassung unmöglich ist oder der Vertragspartner seine Mitwirkung an der Anpassung verweigert, § 313 III BGB.

315

Die Auflösung des Vertrages geschieht nicht automatisch, es besteht nur ein Recht zum Rücktritt bzw. bei Dauerschuldverhältnissen ein Kündigungsrecht. Nach erfolgtem Rücktritt muss ein noch nicht voll erfüllter Vertrag rückabgewickelt werden.

Rückabwicklung str.

Umstritten war, ob diese Rückabwicklung nach §§ 346 ff. BGB erfolgt oder ob § 812 I S. 1 Alt. 1 BGB bzw. § 812 I S. 2 Alt. 1 BGB anzuwenden ist. Aber da in § 313 III BGB eindeutig von Rücktritt die Rede ist, ist jetzt wohl auf das gesetzliche Rücktrittsrecht zurückzugreifen.

316

Für die Annahme einer Umwandlung des Vertrages in ein Rückgewährschuldverhältnis spricht außerdem, dass beim Wegfall der Geschäftsgrundlage eben nur die Grundlage des Geschäfts wegfällt, nicht aber das Geschäft als solches.

---

[252] Palandt, § 313 BGB, Rn. 40.

§ 7 SCHADENSERSATZRECHT

A) Einleitung

Anspruchsinhalt des Schadensersatzes

Ist eine Anspruchsgrundlage für Schadensersatz gefunden, stellt sich die Frage nach dem Anspruchsinhalt. Ausführlich und mit allen wichtigen Problemen wird dieses Gebiet im Skript Schadensersatzrecht III behandelt, einige Grundprinzipien sollten Sie sich jedoch schon jetzt einprägen.

hemmer-Methode: Unterscheiden Sie genau: Ein Schadensersatzanspruch setzt voraus, dass sowohl der Anspruchsgrund (Haftungstatbestand) als auch ein Schaden (Anspruchsinhalt) gegeben ist. So ist z.B. kein Anspruch aus § 823 I BGB gegeben, wenn zwar eine Gesundheitsbeeinträchtigung vorliegt, mangels Krankenhauskosten aber ein Schaden fehlt.

Schadensersatz:

Haftungstatbestand:	Anspruchsinhalt:
⇨ „Ob" der Haftung z.B.: §§ 678, 823 BGB	⇨ „welche Art und wie viel" Schadensersatz, §§ 249 ff. BGB

B) Schadensermittlung

I. Begriff

Schaden = unfreiwillige Einbuße an geschützten Gütern

Der Begriff des Schadens wird definiert als unfreiwillige (im Gegensatz zur Aufwendung) Einbuße an rechtlich geschützten Gütern und umfasst damit auch Nichtvermögens- (= immaterielle) Schäden.[253]

---

[253] **Hemmer/Wüst, Schadensersatzrecht III, Rn. 29**; Palandt, Vorb v § 249 BGB, Rn. 9.

Differenzhypothese

Freilich stellt sich die Frage, ob überhaupt ein Schaden vorliegt, typischerweise bei Vermögensschäden, für die die sog. Differenzhypothese gilt:

319

Danach ist ein Vermögensschaden gegeben, wenn der jetzige tatsächliche Wert des Vermögens geringer ist als der Wert, den das Vermögen ohne das die Ersatzpflicht begründende Ereignis jetzt haben würde.[254]

hemmer-Methode: Falsch ist der häufig zitierte Satz: „Schaden ist der Vergleich der Vermögenslage vor und nach dem schädigenden Ereignis". Dem Schadensbegriff wohnt eine dynamische Betrachtungsweise inne, die die weitere (tatsächliche sowie hypothetische) Entwicklung nach dem schädigenden Ereignis mit in die Schadensberechnung einbezieht.

II. Normativer Schadensbegriff

Bei der Differenzhypothese kann jedoch nicht in jedem Fall stehen geblieben werden:

320

Bsp.: A verletzt fahrlässig B, sodass dieser drei Tage lang seinen kleinen Laden nicht betreiben kann. Da B für diese Zeit keine Aushilfe einstellen will, vertritt ihn unentgeltlich seine Tochter, die gerade drei Tage Urlaub hat.

unbefriedigende Ergebnisse der Differenzhypothese ⇔ normat. Schadensbegriff

Die strenge Anwendung der Differenzhypothese würde dazu führen, dass B (zumindest hinsichtlich seines dreitägigen Ausfalls) keinen Vermögensschaden erlitten hat. Da aber die Hilfsbereitschaft der Tochter nicht dem Schädiger A zugute kommen soll, ist bei wertender Betrachtung ein sog. „normativer Schaden" des B zu bejahen. A soll nicht besser stehen, als wenn B eine Ersatzkraft eingestellt hätte.

Damit ist von einem Schaden in Höhe der üblichen Lohnkosten für einen Vertreter auszugehen.[255]

III. Vorteilsanrechnung

Vorteilsanrechnung

1. Problemstellung

gleichz. Schaden und Vorteil

Es kann passieren, dass dem Geschädigten durch das schädigende Ereignis zugleich Vorteile erwachsen.

321

Bsp.: Das Kind, das durch den Unfall seine ihm unterhaltsverpflichteten Eltern verliert (§ 844 II BGB!), wird deren Erbe.

---

[254] BGHZ 27, 183; 73, 371.
[255] Palandt, Vorb v § 249 BGB, Rn. 13; **Hemmer/Wüst, Schadensersatzrecht III, Rn. 32** mit dem Bsp. einer Versicherungsleistung.

> *Wird ein gegen Feuer versichertes Haus bei einem Brand zerstört, so verliert der Eigentümer zwar sein Haus, er erhält dafür aber die Versicherungssumme.*

In derartigen Fällen stellt sich die Frage, inwieweit sich der Geschädigte i.R.d. Differenzhypothese diese Vorteile (schadens- und damit anspruchsmindernd) anrechnen lassen muss.

**hemmer-Methode: Verstehen von Zusammenhängen: Ist Ihnen aufgefallen, dass es sich um eine ähnliche Frage handelt wie beim normativen Schaden?[256] Eine genaue Abgrenzung, wann welches Institut einschlägig sein soll, ist schwierig. Tendenziell ist aber wohl ein Rückgriff auf den normativen Schaden nur mit Vorsicht vorzunehmen, wenn eine typische Fallgruppe der Vorteilsanrechnung vorliegt.
Für Klausuren eignet sich die Vorteilsanrechnung besonders deswegen, weil sie sich ohne Weiteres in jeden Schadensersatzanspruch einarbeiten lässt und selbstständige Denk- und Begründungsarbeit durch den Bearbeiter der Klausur erfordert! Deshalb wird sie hier – obgleich nur ein Teilproblem – auch schon relativ ausführlich vorgestellt, um Ihr Verständnis dafür zu schärfen.**

2. Gesetzliche Regelungen

gesetzliche Regelungen

Im Gesetz selbst finden sich nur einzelne Regelungen, die zur Frage der Vorteilsanrechnung ausdrücklich Stellung nehmen: So sieht beispielsweise § 642 II BGB eine Vorteilsanrechnung vor, § 843 IV BGB dagegen schließt sie explizit aus. Eine allgemeingültige Lösung dieser Problematik lässt sich folglich dem Gesetz nicht entnehmen.

322

Eine wertungsgerechte Lösung dieser Problematik kann nur gesondert für jeden konkreten Einzelfall gefunden werden.[257]

Gleichwohl empfiehlt es sich, bei versagter Vorteilsanrechnung auf den Rechtsgedanken des § 843 IV BGB hinzuweisen.

3. Formel der Rechtsprechung

tatsächliches u. normatives Element

Die Rechtsprechung macht die Vorteilsanrechnung von einem tatsächlichen und einem normativen Kriterium abhängig:[258]

323

Vorteil kausal

a) In tatsächlicher Hinsicht muss zwischen Schadensereignis und Vorteil ein adäquater Kausalzusammenhang bestehen.

324

---

[256] Vgl. auch Medicus, Bürgerliches Recht, Rn. 924 und SchR I, § 56 III 1a, Musielak, Rn. 664, 665, für die normative Schaden und Vorteilsanrechnung zwei Seiten derselben Medaille zu sein scheinen.
[257] Palandt, Vorb v § 249 BGB, Rn. 70.
[258] Palandt, Vorb v § 249 BGB, Rn. 68; **Hemmer/Wüst, Schadensersatzrecht III, Rn. 202.**

Bsp.: B hatte auf einer Party seines Freundes etwas zu tief ins Glas geschaut. Dennoch fuhr er mit seinem Wagen nach Hause. Es kam, wie es kommen musste: Bei einer seiner zahlreichen Schlangenlinien erfasste B das Schwesternpaar C und D, das gerade auf dem Heimweg von einer Kinovorstellung war. Dabei wurde D getötet, C schwer verletzt. Als jetzt C von B Ersatz ihrer Heilungskosten verlangt, wendet B ein, C habe in Wahrheit keinen Schaden, da sie doch infolge des Unfalls das Vermögen ihrer Schwester geerbt habe.

(1) Das Bestehen der Ansprüche aus § 823 I, II BGB i.V.m. § 315c StGB, §§ 7 und 18 StVG ist hier unproblematisch.

(2) Fraglich ist allein das Bestehen eines Schadens: Ein solcher könnte nämlich wegen der Erbschaft entfallen. Dazu müsste freilich die Tatsache, dass C Erbin der D wurde, auf dem schädigenden Ereignis beruhen.

Das schädigende Ereignis gegenüber der C war jedoch allein ihre Verletzung, nicht die Tötung der D, die erst die Vererbung an C ermöglichte.

(3) Für eine Vorteilsanrechnung fehlt es daher schon an der erforderlichen Kausalität des anzurechnenden Vorteils.

keine unbillige Entlastung des Schädigers

b) Bei normativer Betrachtung muss eine Anrechnung dem Zweck des Schadensersatzes entsprechen, dem Geschädigten zumutbar sein und sie darf keine unbillige Entlastung des Schädigers darstellen.

325

hemmer-Methode: Bei dieser Wertungsfrage wird in der Klausur regelmäßig der Schwerpunkt liegen. Ähnlich wie bei der Kausalität i.R.d. § 823 BGB gilt: Die reine Tatsachenebene (kausaler Vorteil) ist in der Regel gegeben. Bei der Wertungsfrage können Sie Begründungskunst zeigen.

4. Wichtige Fallgruppen nach der Literatur

Fallgruppen

Angesichts der mit den normativen Kriterien zwangsläufig verbundenen Unbestimmtheit der Abgrenzung hat das Schrifttum (ohne im Ergebnis entscheidend von der Rechtsprechung abzuweichen) Fallgruppen gebildet, von denen die wichtigsten hier kurz erwähnt sein sollen:[259]

326

hemmer-Methode: Diese Fallgruppen zur Vorteilsanrechnung sollten bekannt sein, da Ihnen dadurch die Bearbeitung von Fällen im Bereich der Vorteilsanrechnung wesentlich erleichtert wird. Mit den Kriterien der Rechtsprechung werden Sie aber in aller Regel zu denselben Ergebnissen finden! Die Arbeit mit diesen Kriterien der Rechtsprechung empfiehlt sich jedenfalls bei unbekannten Fallgestaltungen.

---

[259] Dazu Palandt, Vorb v § 249 BGB, Rn. 77 ff.; **Hemmer/Wüst, Schadensersatzrecht III, Rn. 207 ff.**; dort auch zum „Abzug neu für alt".

a) Erbrechtlicher Erwerb

- erbrechtlicher Erwerb

Besteht wegen einer Tötung ein Schadensersatzanspruch eines Dritten aus § 844 BGB, so gilt, wenn der Dritte zugleich Erbe des Getöteten ist, bezüglich der Anrechnung der Erbschaft Folgendes:

Stammwert wird nicht angerechnet

Der Stammwert des Nachlasses, der dem Dritten bei regelmäßigem Verlauf später ohnehin zugefallen wäre, ist nicht anrechnungsfähig.

aber Erträge

Anzurechnen sind daher i.d.R. nur die Erträge aus dem Nachlass, die nicht den Stammwert vermehrt hätten, sondern vom Getöteten verbraucht worden wären.[260]

hemmer-Methode: Beachten Sie: Durchführung und Versagung der Vorteilsanrechnung in den Erbschaftsfällen beurteilt sich in beiden Fällen nach demselben Kriterium: Wäre der jeweilige Vermögensposten dem Geschädigten ohnehin in dieser Form zugefallen? Nur ist das Regel-Ausnahme-Verhältnis für Stamm und Erträge umgekehrt!

b) Freiwillige Leistungen Dritter

freiwillige Leistungen Dritter nur zugunsten d. Geschädigten

Auch freiwillige Leistungen Dritter sollen in aller Regel nur dem Geschädigten zugute kommen; sie verfolgen also nicht den Zweck, den Schädiger zu entlasten und können daher auch nicht angerechnet werden.

Dies ergibt sich letztlich aus der für freiwillige Drittzahlungen maßgeblichen Norm, nämlich § 267 BGB: Will der Dritte den Schädiger entlasten, so muss er ausdrücklich auf dessen Ersatzpflicht leisten. Macht er das nicht, findet auch keine Vorteilsanrechnung statt.

Bsp.: Das von S schwer verletzte Kind K liegt in der Klinik, wo es der D sieht. Aus lauter Mitleid schenkt er K 100,- €, damit sich das Kind etwas zum Zeitvertreib kaufen kann.

Hier soll die Zahlung allein K, nicht aber S zugute kommen. Anders liegt der Fall, wenn D einen Geldbetrag an K zahlt, damit der mit ihm befreundete Schädiger nicht für den ganzen Schaden allein aufkommen muss.[261]

---

[260] Medicus, Bürgerliches Recht, Rn. 857.
[261] Medicus, Bürgerliches Recht, Rn. 858.

c) Vom Geschädigten erkaufte Vorteile

- erkaufte Vorteile

Häufig hat sich der Geschädigte selbst die im Zusammenhang mit dem schädigenden Ereignis stehenden Vorteile erkauft, indem er schon vor dem schädigenden Ereignis bestimmte Leistungen erbracht hat, um sich vor etwaigen Schäden abzusichern.

z.B. Versicherungen

Typische Beispiele hierfür sind vor allem die Zahlungen von Versicherungen, für die der Geschädigte Beiträge gezahlt hat, aber auch die durch die Arbeitsleistung miterkaufte Lohnfortzahlung.

Dass derartige Vorteile nicht angerechnet werden dürfen, ergibt sich schon daraus, dass das Gesetz in derartigen Fällen häufig einen gesetzlichen Forderungsübergang vorsieht (§ 86 VVG, § 116 SGB X). Eine solche Legalzession bedeutet nämlich, dass der Schadensersatzanspruch durch die erkaufte Leistung des Geschädigten nicht erlischt, sondern vielmehr bloß auf den Dritten übergeht. Damit entfällt zugleich die Vorteilsanrechnung.

hemmer-Methode: Schwierig einzuordnen ist folgender Fall des BGH: der Geschädigte ist Werksangehöriger bei BMW. Er hat daher die Möglichkeit, den beschädigten PKW günstiger reparieren zu lassen, verlangt vom Schädiger aber vollen Ersatz wie im Gutachten ausgewiesen. Der BGH hat den Anspruch im Zuge der Vorteilsanrechnung gekürzt, ohne dabei klarzustellen, ob es sich um die Fallgruppe „Vom Geschädigten erkaufte Vorteile" oder „freiwillige Leistungen Dritter" handelt. Mittelbar erkauft sind die Vorteile durch die Anstellung bei BMW allemal. Wie auch immer: Der Fall macht deutlich, dass sich in diesem Bereich jede pauschale Lösung verbietet, sondern abhängig von den Wertungen argumentiert werden muss! Der BGH hielt die Anrechnung nicht für unbillig, weil – und das ist der generell zu beachtende Grundsatz – das Schadensrecht den Geschädigten nicht besser stellen möchte als ohne die schädigende Handlung. Nur wenn zwingende Wertungen gegen diese Betrachtung ins Feld geführt werden können, muss die Vorteilsanrechnung abgelehnt werden.[262]

d) Unterhaltsleistungen

Unterhaltspflichten

Erfüllt der Dritte mit dem Schadensausgleich gegenüber dem Geschädigten eine Unterhaltspflicht, so greift § 843 IV BGB ein. Nach dieser Vorschrift ist eine Vorteilsanrechnung ausdrücklich unzulässig.

---

[262] BGH, Urteil vom 18.10.2011, VI ZR 17/11 = **Life&Law 2012, 86 ff.** = jurisbyhemmer

hemmer-Methode: Folgendes einfaches Beispiel kann man sich in diesem Zusammenhang gut merken: Das Kind wird schuldhaft verletzt, Eltern zahlen Krankenhauskosten. Der Anspruch des Kindes gegen den Schädiger gem. § 823 I BGB scheitert nicht. Der Vorteil der Unterhaltsleistungen der Eltern wird nicht angerechnet. Dies stellt für das Deliktsrecht § 843 IV BGB ausdrücklich fest. Merken Sie sich zu dieser Vorschrift: Es findet keine Vorteilsanrechnung statt. D.h. der Anspruch des Geschädigten bleibt trotz erhaltener Vorteile bestehen. Es handelt sich um eine klausurtypische Bestimmung, die dem Ersteller als imaginären Gegner weitere Problemfelder ermöglicht, z.B. den Regress.

e) Eigene überpflichtgemäße Anstrengungen des Geschädigten

- überobligationsmäßige Anstrengungen

Den Geschädigten trifft gegenüber dem Schädiger die Schadensminderungspflicht aus § 254 II S. 1 BGB: Verstößt er gegen diese Pflicht, so mindert sich sein ersatzfähiger Schaden entsprechend. Daraus ergibt sich aber zugleich, dass über diese Pflicht hinausgehende Anstrengungen des Geschädigten nicht zu einer Vorteilsanrechnung führen dürfen.

331

Bsp.: Durch Unachtsamkeit des S wird der Fahrschulwagen des K beschädigt. Während der Reparaturzeit fallen 20 Unterrichtsstunden aus.
K holt diese außerhalb der üblichen Zeit am späten Abend nach.

Bei den von K geleisteten Überstunden am späten Abend handelt es sich um Anstrengungen, die nach § 254 BGB nicht hätten gefordert werden können. Überpflichtgemäße Anstrengungen sollen aber dem Schädiger nicht zugute kommen.

K kann also grds. Ausgleich für entgangenen Gewinn verlangen. Die Höhe hängt stets von den Umständen des Einzelfalls ab.

hemmer-Methode: In dieser Fallgruppe ergibt sich häufig das zusätzliche Problem, inwieweit hier überhaupt ein Schaden entstanden ist, weil die versäumte Arbeit einfach in der Freizeit nachgeholt worden ist, ohne dass zusätzliche Arbeit geleistet wurde. Dann kommt ein Ausgleich höchstens nach Art der arbeitsrechtlichen Mehrarbeitsvergütungen in Betracht.[263]

f) Ersparte Aufwendungen

- Abzug von ersparten Aufwendungen

Typisches Beispiel für eine zulässige Vorteilsanrechnung sind auch die so genannten ersparten Aufwendungen: Der Geschädigte muss sich von seinem Schaden alle Aufwendungen abziehen lassen, die er infolge des schädigenden Ereignisses nicht tätigen musste.

332

---

[263] Medicus, Bürgerliches Recht, Rn. 859 a.E.

Bsp.: Der verletzte Arbeitnehmer hat zwar für die Zeit seines Krankenhausaufenthalts einen Verdienstausfallschaden, von dem er sich aber die Fahrtkosten abziehen lassen muss, die er sich dadurch erspart, dass er während dieser Zeit nicht zu seiner auswärts gelegenen Arbeitsstätte pendeln muss.

hemmer-Methode: Eine bedeutende Rolle spielen die ersparten Aufwendungen bei der Anmietung einer Ersatzsache: Hier wurde die Vorteilsanrechnung dahingehend standardisiert, dass stets ca. 15 % der Mietkosten als auszugleichender Betrag veranschlagt werden.

5. Rechtsfolgen der Vorteilsanrechnung

Durchführung der Vorteilsanrechnung

Betrachtet man nach diesen Kriterien den für eine Vorteilsanrechnung erforderlichen inneren Zusammenhang zwischen schädigender Handlung und Vorteil als gegeben, dann wird die Vorteilsausgleichung in folgender Weise durchgeführt: 333

automatische Anrechnung

Der Vorteil wird, ohne dass es dazu einer Erklärung durch den Schädiger bedarf, automatisch vom Schaden abgezogen. Es handelt sich daher um einen Fall der Anrechnung, nicht der Aufrechnung i.S.v. §§ 387 ff. BGB. 334

Problem bei normativem Schaden

Besondere Probleme ergeben sich, wenn bereits der Schaden des Geschädigten nur normativ, nämlich durch ausdrückliche gesetzliche Wertung, zu begründen ist. 335

Bsp. 1: Zahlen die Eltern des von S verletzten Kindes dessen Heilungskosten, so kann ein Schaden des Kindes bezüglich dieser Kosten nur noch damit begründet werden, dass § 843 IV BGB eben eine Vorteilsanrechnung nicht zulässt. Erst dieser normative Gesichtspunkt lässt den Schaden des Kindes nicht entfallen. 336

Fraglich ist dann aber, wie in diesen Fällen beispielsweise ersparte Aufwendungen zu behandeln sind.

Die Kosten der häuslichen Verpflegung, die durch den Krankenhausaufenthalt entfallen sind, hat sich nämlich nicht das geschädigte Kind erspart, sondern dessen Eltern. Sie scheinen daher nicht anrechnungsfähig zu sein. Da aber bei den Eltern ein eigener Anspruch fehlt, bei dem der Vorteil angerechnet werden könnte, muss bei den ersparten Aufwendungen auf das Kind abgestellt werden. Nur bei ihm kann der ersparte Vorteil Berücksichtigung finden.

IV. Entgangene Gebrauchsvorteile

Vermögenswert entgangener Gebrauchsvorteile

Schwierigkeiten kann schließlich die Feststellung bereiten, ob bestimmte Verletzungsfolgen überhaupt Vermögenswert besitzen, insbesondere wenn es um die Entschädigung für entgangene Gebrauchsvorteile geht. 337

Bsp. ist v.a. die Beschädigung eines Pkw, wenn kein Ersatzfahrzeug angemietet wurde, sodass der Vermögenswert der entgangenen Gebrauchsmöglichkeit als solcher in Frage steht.

Frustrations- und Kommerzialisierungsgedanken

Diskutiert werden und wurden normativer Schaden, Frustrations- und Kommerzialisierungsansätze,[264] wobei die heute h.M. letzterem Ansatz zuneigt, gerade die Rechtsprechung aber Einschränkungen vornimmt, um die Haftung nicht ausufern zu lassen.

338

Voraussetzung für den Ersatz entgangener Gebrauchsvorteile sollen danach sein:

➲ Die ständige Verfügbarkeit des geschädigten Gebrauchsgegenstandes ist für die eigenwirtschaftliche Lebensführung von zentraler Bedeutung (Auto[265], Haus)

➲ Fühlbare Beeinträchtigung des Geschädigten, er (oder nahe Verwandte) müssen also Nutzungswillen und (hypothetische) Nutzungsmöglichkeit haben

C) Arten des Schadensersatzes

I. Hinführung

diff. Naturalrestitution ⇔ Entschädigung

Die Frage nach dem Inhalt des Schadensersatzes ist der eigentliche Anwendungsbereich der §§ 249 - 253 BGB. Hier ist grundlegend die Unterscheidung zwischen Naturalrestitution (= Herstellung des Zustandes, der bestehen würde, wenn der zum Ersatz verpflichtende Umstand nicht eingetreten wäre) und bloßer Geldentschädigung (= Ausgleich des Vermögensnachteils).

339

Bsp.: A beschädigt im Verkehr fahrlässig das Auto des B schwer. Die Reparatur würde 3.800,- € kosten, der Zeitwert des Autos vor dem Unfall betrug aber nur noch 3.500,- €, der Restwert nach dem Unfall 500,- €. Der Wiederbeschaffungswert beläuft sich auf 4.000,- €. Möglichkeiten des B?

Naturalrestitution würde Reparatur (bzw. Ersatz der Reparaturkosten = 3.800,- €, § 249 II S. 1 BGB) sowie Beschaffung einer vergleichbaren Ersatzsache bedeuten (bzw. Bezahlung des sog. Wiederbeschaffungsaufwandes, d.h. Wiederbeschaffungswert abzüglich Restwert, also 3.500,- €), Geldentschädigung nur Zahlung von 3.500,- € abzgl. 500,- € = 3.000,- €.

---

[264] Ausführlich **Hemmer/Wüst, Schadensersatzrecht III, Rn. 134 ff.**

[265] Nach Ansicht des BGH auch nicht bei einem Freizeitmobil, Urteil vom 10.06.2008, VI ZR 248/07 = **Life&Law 2008, 600 ff.**

II. Grundsatz der Naturalrestitution, § 249 BGB

grds. Naturalrestitution, § 249 BGB

340 Soweit Naturalrestitution möglich ist, kann sie der Gläubiger grds. verlangen, § 249 I BGB. Er kann bei Körperverletzungen oder Sachbeschädigung nach § 249 II S. 1 BGB auch den für die Wiederherstellung erforderlichen Geldbetrag verlangen. Dies nach h.M. bei einer Sachbeschädigung (nicht aber bei einer Körperverletzung) auch dann, wenn eine Reparatur gar nicht durchgeführt wird.²⁶⁶ Allerdings muss er sich dann gem. § 249 II S. 2 BGB die nicht anfallende Umsatzsteuer kürzend anrechnen lassen.

Wichtig: Nach der Rechtsprechung des BGH stellt auch die Beschaffung einer vergleichbaren Ersatzsache eine Art der Naturalrestitution dar. Erst wenn auch diese nicht möglich ist, kann bzw. muss der Geschädigte auf § 251 BGB ausweichen.²⁶⁷ Unterlässt der Geschädigte die mögliche Ersatzbeschaffung, muss er sich von dem Wiederbeschaffungsaufwand, den er ersetzt bekommt, wiederum die Umsatzsteuer abziehen lassen, § 249 II S. 2 BGB.

III. Entschädigung, § 251 BGB

§ 251 BGB: Geldentschädigung

341 Ist die Naturalrestitution aus tatsächlichen oder rechtlichen Gründen nicht möglich oder nicht ausreichend oder erfordert sie unverhältnismäßig hohe Aufwendungen, ist statt Naturalrestitution eine Entschädigung in Geld vorzunehmen, § 251 I bzw. II BGB:

Bsp.:

- *Für § 251 I BGB: Wäre beim Auto im Bsp. oben eine Reparatur gar nicht möglich und käme auch die Beschaffung einer vergleichbaren Ersatzsache nicht in Betracht (z.B. Oldtimer), bestünde nach § 251 I BGB nur ein Anspruch auf Geldentschädigung.*

- *Für § 251 II BGB: Die Naturalrestitution ist im obigen Beispiel um 26 % teurer als eine Geldentschädigung. Dies könnte eine unverhältnismäßig hohe Aufwendung sein. Indes lässt die Rechtsprechung bei Autos Reparaturkosten bis zu 30 % über dem Wiederbeschaffungswert (höher als Zeitwert, da Händlerspanne zu berücksichtigen) noch zu, wenn das Auto weiter gefahren wird. Das Prognoserisiko für einen insoweit verkehrten Kostenvoranschlag trägt der Schädiger, er muss also auch höhere Kosten tragen, die unvorhergesehen bei der Reparatur anfallen.²⁶⁸ § 251 II BGB ist daher nicht einschlägig, solange § 249 II S.1 BGB greift.*

---

²⁶⁶ Ausführlich **Hemmer/Wüst, Schadensersatzrecht III, Rn. 104 ff.**

²⁶⁷ Vgl. ausführlich dazu mit verschiedenen Beispielen d'Alquen, Die Schadensabwicklung beim Verkehrsunfalls, **Life&Law 2005, 346 ff.**; zur Vertiefung BGH, Urteil vom 03.03.2009, AZ VI ZR 100/08 = NJW 2009, 1340 f. = **Life&Law 2009, 370 ff.**

²⁶⁸ Vgl. **Hemmer/Wüst, Schadensersatzrecht III, Rn. 120, 123.**

hemmer-Methode: Unterscheiden Sie also § 249 II S. 1 BGB und § 251 BGB voneinander! Obwohl beide Normen auf Geldzahlung abzielen, liegt bei § 249 II S. 1 BGB ein Fall der Naturalrestitution vor! Die Summen können stark voneinander abweichen.

IV. § 250 BGB

§ 250 BGB (lesen!) betrifft einen Sonderfall, in dem der Gläubiger Geldzahlung verlangen kann. Da § 250 BGB nach h.M. der Naturalrestitution zuzuordnen ist,[269] ist die Höhe der Zahlung wie bei § 249 II S. 1 BGB, nicht wie bei § 251 BGB festzusetzen.

342

V. §§ 252, 253 BGB

entgangener Gewinn

a) § 252 S. 1 BGB stellt klar, was sich schon aus § 249 I BGB ergibt: Auch der entgangene Gewinn zählt zu dem zu ersetzenden Schaden. § 252 S. 2 BGB ist eine Beweiserleichterung für den Gläubiger.

343

keine Entschädigung bei immateriellen Schäden

b) § 253 I BGB legt fest, dass eine Geldentschädigung gem. § 251 BGB für immaterielle Schäden nur in gesetzlich geregelten Fällen zu gewähren ist (die wichtigsten: §§ 253 II, 651f II BGB, §§ 15 II, 21 II AGG). Daneben wird auch bei Verletzung des Allgemeinen Persönlichkeitsrechts eine billige Entschädigung in Geld gewährt, Art. 1, 2 GG.

344

Aus der Beschränkung des § 253 I BGB auf Fälle des § 251 BGB ergibt sich umgekehrt zugleich, dass ein Anspruch auf Naturalrestitution – soweit durchführbar – auch bei immateriellen Schäden ohne weiteres möglich ist![270]

---

[269] Vgl. Palandt, § 250 BGB, Rn. 3.
[270] Vgl. dazu Palandt, § 253 BGB, Rn. 3.

§ 8 DER DRITTE IM SCHULDVERHÄLTNIS

> **hemmer-Methode:** Schon beim kleinen BGB-Schein muss man mit dem Dritten rechnen. Denken Sie daran: Auch der Klausurersteller steht vor dem Problem, wie schaffe ich Möglichkeiten der Notendifferenzierung, welche Fallen und Stolpersteine baue ich in den Sachverhalt ein. Lesen Sie folgende Ausführungen aufmerksam! Es handelt sich um das klassische Klausurproblem überhaupt. Lernen Sie problemorientiert und nicht wissensorientiert. Das klausurnotwendige Wissen erhalten Sie durch die Anwendung – learning by doing.

A) Vorbemerkung

Klausurrelevanz

345 Dritte können im entstehenden, aber auch im bereits entstandenen Schuldverhältnis in vielfältiger Weise auftreten. Dabei kann problematisch sein, wie sich das Verhältnis des Dritten zu Gläubiger und Schuldner des Schuldverhältnisses darstellt, aber auch inwiefern das Verhalten des Dritten das Verhältnis zwischen den Parteien dadurch beeinflusst, dass es einem der Beteiligten zugerechnet wird.

B) Stellvertretung, insbesondere § 166 BGB

346 Die Stellvertretung allgemein, aber auch § 166 BGB wurden oben schon ausführlich dargestellt. § 166 I BGB findet aber auch außerhalb des Vertragsschlusses entsprechende Anwendung.

I. Abgrenzung § 164 BGB/§ 166 BGB

Funktion des § 166 BGB

Zur Wiederholung seien noch einmal die unterschiedlichen Funktionen von § 166 BGB und § 164 BGB klargemacht: Während über § 164 BGB eine Willenserklärung des Vertreters für den Vertretenen wirkt, geht es bei § 166 BGB um die Zurechnung von Willensmängeln bzw. der Kenntnis bestimmter Umstände.

II. Anwendung des § 166 BGB außerhalb des Vertragsschlusses

Auch wenn eine rechtsgeschäftliche Vertretung nicht vorliegt, kann eine vergleichbare Interessenlage dahingehend bestehen, demjenigen, der Dritte für sich tätig werden lässt, auch deren Wissen zuzurechnen bzw. bei beschränkt Geschäftsfähigen auch außerhalb des Vertrages auf den Willen der gesetzlichen Vertreter abzustellen.

Hier hilft der Rechtsgedanke des § 166 BGB weiter,[271] z.B.:

§ 166 I BGB analog beim Besitzerwerb durch Besitzdiener

1. Beim Besitzerwerb durch einen Besitzdiener rechnet die h.M. i.R.d. § 990 BGB dem Besitzer die Bösgläubigkeit des Besitzdieners analog § 166 BGB zu, wenn dieser gleichzeitig Vertreter ist.

§ 166 I BGB analog für Bösgläubigkeit i.R.d. § 819 I BGB

2. Für die Frage nach der Bösgläubigkeit i.S.d. § 819 BGB wird die Kenntnis des Vertreters ebenfalls nach § 166 I BGB zugerechnet bzw. bei Minderjährigen auf die Kenntnis der Eltern abgestellt; dies zumindest bei der Leistungskondiktion, weil diese der Abwicklung eines fehlgeschlagenen Vertrages dient.

III. Exkurs: Organtheorie

Organtheorie

Eine noch weitergehende Zurechnung erfolgt in Fällen, in denen § 166 I BGB nicht greifen würde, nach der sog. Organtheorie:

> **Bsp.:** K hat bei der V-GmbH einen gebrauchten Pkw unter Ausschluss der Gewährleistung gekauft. Bei einer Untersuchung stellt sich zufällig heraus, dass der Wagen nicht unerheblich unfallgeschädigt war. Davon hatte freilich der mit K verhandelnde Geschäftsführer G keine Kenntnis gehabt, wohl aber der bei Vertragsschluss bereits ausgeschiedene Geschäftsführer F, der den Wagen aus diesem Grund für die GmbH bereits billig angekauft hatte. Kann K nach § 123 BGB anfechten?

Im Gegensatz zu § 119 II BGB ist § 123 BGB auch neben § 437 BGB bzw. einem Gewährleistungsausschluss anwendbar.

Grundsätzlich hätte beim Gebrauchtwagenkauf auch eine Hinweispflicht auf erhebliche Unfälle bestanden, das Unterlassen ist also insoweit als Täuschung anzusehen.

Freilich gehört zur arglistigen Täuschung auch, dass die V-GmbH selbst von dem Unfall gewusst hatte.

Bei G liegt ein solches Wissen nicht vor.

Eine Zurechnung des Wissens des F nach § 166 BGB scheidet aus, da dieser inzwischen ausgeschieden war und bei den Verhandlungen mit K nicht als Vertreter auftrat. Allerdings gilt nach der sog. Organtheorie das Wissen, das ein Organ hatte, als Wissen der juristischen Person selbst und soll nach der Rechtsprechung auch bestehen bleiben, wenn das Organ schon ausgeschieden ist (Gedanke der Repräsentation – „Einmal gewusst – immer gewusst" oder „Ein faules Ei verdirbt den ganzen Brei").

---

[271] Palandt, § 166 BGB, Rn. 6 ff.

Da somit ein „Wissen" der V-GmbH vorlag bzw. diese sich so behandeln lassen muss, kann K nach § 123 BGB anfechten.

 hemmer-Methode: Merken Sie sich: Die Organtheorie gilt auch beim Verein und bei den Gemeinden, z.B. ausgeschiedener Bürgermeister wusste von verseuchtem Grundstück, welches die Gemeinde durch neuen Bürgermeister verkauft hat. Sie soll aber nicht gelten bei den Personengesellschaften, wie BGB-Gesellschaft, OHG und KG.

C) Erfüllungs- und Verrichtungsgehilfe

I. Funktion der §§ 278, 831 BGB

Diff. §§ 278, 831 BGB

Gerade in einer modernen, arbeitsteiligen Gesellschaft wird es häufig passieren, dass eine Hilfsperson H des A dem B in einer Situation Schaden zufügt, in der eigentlich A selbst tätig werden würde, und deshalb B vom (häufig solventeren) A seinen Schaden ersetzt bekommen möchte. In dieser Situation greifen die §§ 278, 831 BGB ein, nach denen der A aufgrund des Fehlverhaltens des H dem B haftet.

Da innerhalb einer bestehenden schuldrechtlichen Sonderverbindung die Sorgfaltspflichten des Schuldners weiter reichen als die gegenüber jedermann sonst, ist die hier einschlägige Zurechnungsnorm des § 278 BGB in mehrfacher Hinsicht strenger für den Schuldner als die deliktische (also gegenüber jedermann geltende) Norm des § 831 BGB.

Deshalb kann es durchaus sein, dass dasselbe Verhalten des H dem A i.R. eines vertraglichen Schadensersatzanspruchs des B zugerechnet wird, während er deliktisch nicht nach § 831 BGB haftet.[272]

II. § 278 BGB

bestehende Sonderverbindung

1. § 278 BGB setzt bereits einen Schuldner, also eine schon bestehende Sonderverbindung, voraus. Eine solche kann v.a. in Verträgen, aber auch einem vorvertraglichen Schuldverhältnis oder einem (bestehenden) EBV liegen.

Keine Anwendung findet § 278 BGB dagegen i.R.d. § 823 BGB, es sei denn, es geht bereits um die Erfüllung des aus § 823 BGB geschuldeten Schadensersatzes, da dann ja bereits ein gesetzliches Schuldverhältnis begründet wurde.[273]

---

[272] Vgl. Musielak, Rn. 749.
[273] **Hemmer/Wüst, Schadensersatzrecht III, Rn. 263 f.**

Def.: Erfüllungsgehilfe

2. Erfüllungsgehilfen sind die „Personen, deren der Schuldner sich zur Erfüllung seiner Verbindlichkeiten bedient", § 278 S. 1 BGB, bzw. Personen, die mit Wissen und Wollen des Schuldners in dessen Gesamtpflichtenkreis tätig werden.

Damit kommt es auf die Rechtsbeziehung zwischen Schuldner und Erfüllungsgehilfe nicht an, dieser kann also sowohl ein Angestellter als auch ein (sozial nicht abhängiger) anderer Unternehmer sein.

352

bei Erfüllung, nicht nur bei Gelegenheit

3. Das schuldhafte Verhalten muss nach der h.M. in einem inneren Zusammenhang zur Aufgabe stehen, die der Erfüllungsgehilfe zur Pflichterfüllung des Schuldners übernommen hat („bei Erfüllung, nicht nur bei Gelegenheit", z.B. Arbeiter stiehlt Pelzmantel bei Reparaturarbeiten[274]).

353

Verschulden des Erfüllungsgehilfen

4. Dem Erfüllungsgehilfen muss Verschulden, § 276 BGB, zur Last fallen. Hier ist insbesondere auch an Haftungsbeschränkungen (z.B. §§ 521, 529, 690 BGB) zu denken, da der Geschäftsherr für seinen Erfüllungsgehilfen nicht strenger haftet als für sich selbst (§ 278 BGB: „wie eigenes Verschulden").

354

III. § 831 BGB

Haftung für vermutetes eigenes Verschulden, § 831 BGB

1. § 831 BGB greift als deliktische Norm im Gegensatz zu § 278 BGB auch außerhalb von Sonderverbindungen ein, und ist keine Zurechnungsnorm i.e.S., sondern eine Haftung für vermutetes eigenes Verschulden.

355

Voraussetzungen des Tatbestandes sind somit:

1. Verrichtungsgehilfe
2. Objektiver Tatbestand, einer der §§ 823 ff. BGB rechtswidrig erfüllt
3. In Ausführung der Verrichtung
4. Verschulden des Geschäftsherrn wird vermutet; keine Ersatzpflicht bei Exkulpation nach § 831 I S. 2 BGB
5. Haftungsausfüllung

---

[274] Palandt, § 278 BGB, Rn. 20; a.A. z.B. Musielak, Rn. 755 mit beachtlichen Argumenten, die aber letztlich die vertraglich geschuldeten Pflichten überstrapazieren dürften.

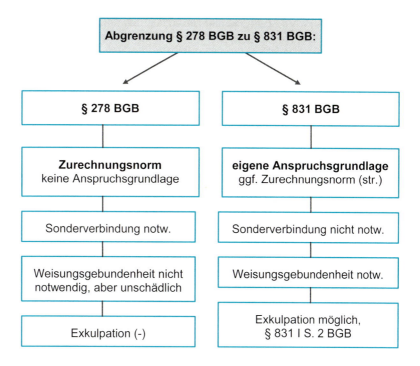

Def.: Verrichtungs-gehilfe

2. Verrichtungsgehilfe ist derjenige, dem eine Tätigkeit vom Geschäftsherrn übertragen wurde und der von den Weisungen des Geschäftsherrn abhängig ist.

356

Die Weisungsgebundenheit ist das wesentliche Kriterium für den Verrichtungsgehilfen; sie liegt vor, wenn der Geschäftsherr die Tätigkeit des Gehilfen jederzeit beschränken, untersagen oder nach Zeit und Umfang bestimmen kann.

 Bspe.: Verrichtungsgehilfen sind: Arbeiter, Angestellte.

Weisungsgebundenheit bei Selbstständigen (-)

Merke: Keine Verrichtungsgehilfen sind: Architekt, Handwerker, Bauunternehmer und Organe einer jur. Person, denn diese können im Wesentlichen über ihre Arbeitszeit selbst bestimmen.[275] Ein grundsätzlich selbständiger Arzt kann Verrichtungsgehilfe sein, wenn er im Einzelfall (!) den Weisungen eines anderen untersteht.[276]

unerlaubte Handlung

3. Der Verrichtungsgehilfe muss den objektiven Tatbestand einer unerlaubten Handlung (§§ 823 ff. BGB) erfüllt und rechtswidrig gehandelt haben. Ein Verschulden des Gehilfen ist nicht erforderlich, da der Geschäftsherr für vermutetes eigenes Verschulden haftet.[277]

357

---

[275] Palandt, § 831 BGB, Rn. 5 ff.
[276] BGH, Urteil vom 10.03.2009, VI ZR 39/08; ZGS 2009, 201, Heft 5 = **Life&Law 2009, 446 ff.**
[277] Hat der Gehilfe aber schuldhaft gehandelt, so haftet dieser selbst neben dem Geschäftsherrn nach den §§ 823 ff. BGB.

4. Zum „Handeln in Ausführung der Verrichtung" gilt das zu § 278 BGB Ausgeführte grds. entsprechend (vgl. o. Rn. 353).

Während aber zur Auslegung bei § 278 BGB auch auf die vertraglich geschuldeten Pflichten zurückzugreifen ist, ist hier auf die dem Verrichtungsgehilfen übertragenen Aufgaben abzustellen.

Im Ergebnis werden sich freilich selten Unterschiede ergeben.

Exkulpation möglich

5. Der Geschäftsherr haftet nur, wenn er sich nicht entlasten kann (§ 831 I S. 2 BGB).

bzgl. Auswahl u. Überwachung

a) Er kann sich entlasten, indem er nachweist, dass er den Gehilfen sorgfältig ausgewählt hat. Dieser Nachweis wird auf den Zeitpunkt der Schädigung bezogen, d.h. war der Gehilfe zunächst nicht sorgfältig ausgewählt, hat er sich aber längere Zeit bewährt, so gelingt der Entlastungsbeweis. Andererseits genügt die sorgfältige Auswahl allein nicht, sondern der Geschäftsherr muss die Tätigkeit des Gehilfen auch regelmäßig überwachen.[278] Verletzt er diese Pflicht, so haftet er aus § 831 I S. 1 BGB.

Hat der Geschäftsherr Geräte zu beschaffen und die Verrichtung zu leiten, so muss er auch insofern sorgfältig gehandelt haben.

auch bzgl. Kausalität mögl.

b) Der Geschäftsherr kann sich ferner entlasten, wenn er nachweist, dass der Schaden auch bei Anwendung der erforderlichen Sorgfalt entstanden wäre, dass also die Sorgfaltspflichtverletzung für den Schaden nicht ursächlich war.

Das ist regelmäßig der Fall, wenn der Gehilfe ohne Verschulden gehandelt hat, weil auch ein sorgfältig ausgewählter Gehilfe dann nicht anders hätte handeln können. Insoweit spielt das Verschulden des Gehilfen doch eine Rolle.[279]

dezentral. Entlastungsbeweis

Da einem Großunternehmer der Nachweis, das gesamte Personal sorgfältig auszuwählen und zu überwachen, unmöglich wäre, wird ein sog. dezentralisierter Entlastungsbeweis zugelassen: Der Unternehmer muss die zuständigen Zwischenpersonen sorgfältig auswählen und überwachen, diese wiederum die Angestellten. Außerdem trifft den Unternehmer die Pflicht, seinen Betrieb so zu organisieren, dass eine sorgfältige Auswahl und Kontrolle aller Arbeitnehmer gewährleistet ist.[280]

hemmer-Methode: Es handelt sich bei der Abgrenzung des § 278 BGB zu § 831 BGB um eine Fallkonstellation, die sehr häufig schon Inhalt des kleinen BGB-Scheins ist. Lesen Sie deswegen, um diesen Kontext noch besser einordnen zu können, Hemmer/Wüst, Deliktsrecht I, Rn. 178 ff. Juristerei begreift man richtig durch das Lernen am Fall. Nur wer gut gelöste Fälle vor der Prüfung bearbeitet hat, erfüllt das Anforderungsprofil.

---

[278] Kontrollpflicht; siehe Medicus, Bürgerliches Recht, Rn. 812 ff.
[279] Siehe Medicus, Bürgerliches Recht, Rn. 782.
[280] Medicus, Bürgerliches Recht, Rn. 657.

IV. § 31 BGB

bei Vertrag und Delikt

1. § 31 BGB rechnet Vereinen das Handeln verfassungsmäßig berufener Vertreter umfassend als eigenes zu. Er ist nach h.M. anwendbar bei Delikt und Vertragsverletzungen.[281]

weite Auslegung

2. Nicht zuletzt, um § 831 BGB zurückzudrängen (Exkulpationsmöglichkeit!), hat die Rechtsprechung den Begriff des „verfassungsmäßig berufenen Vertreters" ausgeweitet, insbesondere ist nicht erforderlich, dass das Tätigwerden in der Satzung vorgesehen ist.

auch für GmbH, AG, OHG, KG; str. für GbR

Auch wird § 31 BGB nicht nur auf den rechtsfähigen Verein angewandt, sondern unstreitig auf alle Handelsgesellschaften mit eigener Rechtspersönlichkeit[282] und nach ganz h.M. auch auf OHG und KG. Dagegen nach wohl nach h.M. nicht auf BGB-Gesellschaften.[283]

in Ausführung (weit auszulegen)

3. Das Handeln „in Ausführung der zustehenden Verrichtungen" bildet ein bei §§ 278, 831 BGB vergleichbar kennen gelerntes Zurechnungskorrektiv, ist aber tendenziell eher weit auszulegen, weil das Organ den Verein eben repräsentiert.[284]

hemmer-Methode: So handelt auch der Filialleiter einer Bank, genauso wie der Chefarzt eines Krankenhauses als Organ „in Ausführung der ihm zustehenden Verpflichtungen", selbst wenn er eine unerlaubte Handlung begeht. Lag z.B. ein Betrug gegenüber einem Kunden vor, so haftet die Bank aus § 280 I BGB i.V.m. § 31 BGB und aus § 823 II BGB i.V.m. § 263 StGB und § 826 BGB jeweils i.V.m. § 31 BGB. Die Exkulpationsmöglichkeit ist damit abgeschnitten.

Dritter u.U. auch Mitglied

4. Dritter i.S.d. § 31 BGB kann auch ein Vereinsmitglied sein, etwa wenn ihm gegenüber eine satzungsmäßige Pflicht verletzt wird.

§§ 86, 89 BGB

5. Kraft gesetzlicher Verweisung in §§ 86, 89 BGB findet § 31 BGB auf Stiftungen und juristische Personen des öffentlichen Rechts (etwa Handeln des Bürgermeisters für die Gemeinde) Anwendung.

---

[281] Palandt, § 31 BGB, Rn. 2, § 278 BGB, Rn. 6. Insoweit verdrängt er § 278 BGB; zweifelnd Medicus, Bürgerliches Recht, Rn. 779.
[282] V.a. AG und GmbH; für diese dient der Verein ja auch als Grundform.
[283] Palandt, § 31 BGB, Rn. 3; vgl. auch Medicus, Bürgerliches Recht, Rn. 795, der danach differenziert, ob die GbR nach §§ 709, 711 BGB oder nach § 710 BGB organisiert ist (dann § 31 BGB analog).
[284] Palandt, § 31 BGB, Rn. 10; Bspe. Rn. 11.

D) Verträge zugunsten Dritter[285]

Durch Verträge zugunsten Dritter (VzD) werden Dritte in den Vertrag miteinbezogen. Dabei ist hinsichtlich eines eigenen Forderungsrechts des Dritten zu differenzieren:

echter VzD: eigenes Forderungsrecht des Dritten

I. Beim echten Vertrag zugunsten Dritter, der in den §§ 328 ff. BGB geregelt ist, erhält der Dritte ein selbstständiges Forderungsrecht, ohne freilich in die Rechtsposition des Versprechensempfängers einzutreten.

unechter VzD: kein eigenes Forderungsrecht

II. Beim gesetzlich (nach wie vor) nicht geregelten unechten Vertrag zugunsten Dritter dagegen kann nur der Gläubiger, nicht aber der Dritte selbst Leistung an den Dritten verlangen.

III. Probleme ergeben sich v.a. bei der Rückabwicklung im Bereicherungsrecht[286] und im Sonderfall des § 331 BGB (Vertrag zugunsten Dritter auf den Todesfall).[287]

hemmer-Methode: Die Problematik echter/unechter Vertrag zugunsten Dritter stellt sich z.B. im Reisevertragsrecht. „Frau bucht für Mann und Kind Reise, um sie zu überraschen". Neben Fragen des Vertretungsrechts (§§ 164 ff., 1357 BGB, im Beispiel abzulehnen) kommt dann auch die Abgrenzung zum Vertrag mit Schutzwirkung zugunsten Dritter in Betracht. Letztlich ist entscheidend, wie Sie argumentieren.

E) Vertrag mit Schutzwirkung zugunsten Dritter

I. Einführung

Bedeutung

Größere Bedeutung als der Vertrag zugunsten Dritter hat für die Klausur der Vertrag mit Schutzwirkung zugunsten Dritter (VSD). Dieser führt nicht zu einem Leistungsanspruch (Primäranspruch), sondern bezieht den Dritten in die vertraglichen Sorgfalts- und Obhutspflichten mit ein. Werden diese Pflichten verletzt, kann der Dritte Schadensersatz nach vertraglichen Grundsätzen verlangen.

---

[285] Hemmer/Wüst, BGB AT I, Rn. 362 ff.
[286] Dazu **Hemmer/Wüst, Bereicherungsrecht, Rn. 255 ff.**
[287] Dazu Medicus, Bürgerliches Recht, Rn. 394 ff.; problematisch ist v.a., ob § 331 BGB lex specialis zur Formvorschrift des § 2301 BGB ist.

hemmer-Methode: In der Klausur auf die richtige Wortwahl achten: Anspruchsgrundlage ist nicht der VSD an sich, sondern z.B. § 280 I BGB i.V.m. den Grundsätzen über den VSD! Grundsätzlich wirkt eine vertragliche Verpflichtung nur zwischen den (möglichen) Parteien. Beim Vertrag mit Schutzwirkung hat der Vertrag ausnahmsweise drittschützende Wirkung. Geben Sie durch den richtigen Sprachgebrauch zu erkennen, wie Sie das Problem einordnen.

Bsp.: Der B bringt seinen Pkw in die Werkstatt des U, um ihn dort reparieren zu lassen. Sein fünfjähriger Sohn S hatte ihn dabei begleitet. Nachdem B und S den Wagen am nächsten Tag abgeholt hatten, explodiert während der Heimfahrt aufgrund unsachgemäßer Reparatur der Motor. B und S werden schwer verletzt.

Hier kommt der Reparaturvertrag (§ 631 BGB) ausschließlich zwischen B und U zustande. S kann daher nicht seinerseits die Durchführung der Reparatur einfordern.

Ein möglicher Vertrag mit Schutzwirkung zugunsten des S führt lediglich dazu, dass S für die erlittenen eigenen Verletzungen nicht bloß aus Delikt (§ 823 BGB), sondern auch aus Vertrag (§§ 634, 280 ff. BGB) Schadensersatz verlangen kann.

372

hemmer-Methode: Lernen Sie die hinter der gesamten Systematik des Zivilrechts stehenden entscheidenden Wertungen kennen! Letztlich beruht auch die bereits vom Reichsgericht begonnene Entwicklung des Vertrages mit Schutzwirkung zugunsten Dritter darauf, dass in vielen Fallgruppen die allgemeine Deliktshaftung, insbesondere die Exkulpationsmöglichkeit des § 831 S. 2 BGB, als lückenhaft und daher unbefriedigend empfunden wurde. Die Schwäche der §§ 823 ff. BGB war Anlass für die Entwicklung einiger Institute, die auftretende Lücken schließen sollten: Hierher gehört nicht nur der Vertrag mit Schutzwirkung, sondern auch die c.i.c. Letztere wurden durch die Schuldrechtsreform über §§ 241 II, 311 II, 280 I BGB kodifiziert. Der Vertrag mit Schutzwirkung aber nicht.

II. Rechtsgrundlage

richterliche Rechtsfortbildung oder Auslegung

Umstritten war, ob der VSD als eine auf § 242 BGB gestützte, mittlerweile allgemein anerkannte richterliche Rechtsfortbildung zu betrachten ist (so die h.L.) oder ob sich der Schutz des Dritten jeweils im Wege einer ergänzenden Vertragsauslegung (§§ 133, 157 BGB) ergibt (so z.T. der BGH[288]).

373

---

[288] Vgl. die Nachweise bei Palandt, § 328 BGB, Rn. 14.

III. Anwendungsvoraussetzungen des VSD

Rechtsverhältnis Gläubiger-Schuldner und Pflichtverletzung notwendig

Da der VSD keine eigene Anspruchsgrundlage ist (vgl. o. Rn. 513), ist vor der Prüfung, ob ein VSD eingreift, festzustellen, ob überhaupt ein „drittschutztaugliches Rechtsverhältnis" (v.a. also Verträge, aber z.B. auch vorvertragliche Schuldverhältnisse, dann §§ 311 II, 241 II BGB i.V.m. VSD möglich!) und eine Obhuts- oder Sorgfaltspflichtverletzung vorliegen.

Ist eine derartige Pflichtverletzung im Schuldverhältnis Gläubiger/Schuldner festgestellt, so stellt sich nunmehr die Frage, inwieweit ein dadurch verletzter Dritter unter den geschützten Personenkreis fällt.

hemmer-Methode: Klausurtaktik: Ist im Sachverhalt erkennbar das Problem angelegt, inwieweit ein Dritter in den Schutzbereich eines Vertrages fällt, so müssen Sie natürlich dieses Problem auch dann erörtern, wenn Sie einen Anspruch an sich schon am Fehlen einer schuldhaften Pflichtverletzung des Schuldners scheitern lassen wollen. Verschenken Sie keine Punkte, indem Sie stur nach Schema prüfen, sondern versuchen Sie den intellektuellen Rahmen, den Ihnen die Klausur bietet, voll auszuschöpfen.

IV. Tatbestandsvoraussetzungen des VSD

Kreis der geschützten Personen

Um die Haftung des Schuldners gegenüber Dritten nicht ausufern zu lassen, müssen die Grenzen des zu schützenden Personenkreises sehr eng gezogen werden. Es haben sich daher vier ganz bestimmte Kriterien herausgebildet, anhand derer das Vorliegen einer Schutzwirkung zugunsten Dritter zu prüfen ist:

> Voraussetzungen der Schutzwirkungen zugunsten Dritter
>
> 1. Leistungsnähe des Dritten
> 2. Personenrechtlicher Einschlag/Gläubigernähe
> 3. Erkennbarkeit
> 4. Schutzbedürftigkeit des Dritten

hemmer-Methode: Diese vier Schlagworte sollten Sie kennen. In Falllösungen wird auf diese vier Begriffe Wert gelegt, weil es sich um einen standardisierten Prüfungsablauf handelt. Bringen Sie dabei stets auch die genannten Stichworte.

1. Leistungsnähe des Dritten

Leistungsnähe notwendig

Ein Dritter ist von vornherein nur dann schützenswert, wenn er mit der aus dem betreffenden Rechtsverhältnis geschuldeten Leistung bestimmungsgemäß in Berührung kommt und folglich den Gefahren einer Pflichtverletzung ebenso ausgesetzt ist wie der Gläubiger selbst.

376

> *Bsp.:* Verletzt der Vermieter seine Instandhaltungspflicht bezüglich der Mietsache, so sind den Gefahren, die sich hieraus ergeben, nicht nur der Mieter selbst ausgesetzt, sondern auch seine Kinder oder Besucher, die sich ebenfalls in den gemieteten Räumen aufhalten dürfen.

2. Gläubigernähe

personenrechtlicher Einschlag

Als weiteres Einschränkungskriterium ist der so genannte personenrechtliche Einschlag zu prüfen. Hierbei handelt es sich zugleich um den umstrittensten Punkt i.R.d. Vertrags mit Schutzwirkung zugunsten Dritter.

377

Einigkeit besteht zwar darüber, dass nur solche Dritte in die Schutzwirkung eines Vertrages einbezogen werden können, die in der Nähe des Gläubigers stehen (= Gläubigernähe). Fraglich ist aber, wie diese Gläubigernähe zu definieren ist.

„Wohl-und-Wehe"

a) Ursprünglich geschah dies anhand der so genannten „Wohl- und-Wehe"-Formel: Danach musste der Gläubiger für das Wohl und Wehe des Dritten verantwortlich sein, ihm Schutz und Fürsorge schulden.

378

jetzt hauptsächlich ergänzende Vertragsauslegung; hyp. Parteiwille

b) Davon ist die Rechtsprechung im Laufe der Zeit immer stärker abgewichen: Unter Berücksichtigung der Herleitung der Schutzwirkung aus einer ergänzenden Vertragsauslegung stellt sie heute weniger auf ein solches formales Kriterium ab, sondern ausschließlich auf den Parteiwillen. Daraus folgt, dass bereits unter den Schutzbereich eines Vertrages fällt, wem die Leistung aus diesem Vertrag zumindest nach dem hypothetischen Parteiwillen bestimmungsgemäß zugute kommen soll.[289]

379

wichtig bei Vermögensschäden

Diese Ausdehnung des Schutzbereichs spielt eine Rolle, insbesondere für den Schutz Dritter vor bloßen Vermögensschäden im Bereich von Auskunfts-, Gutachten- und Geschäftsbesorgungsverträgen.[290]

> *Bsp.:* K will ein Grundstück erwerben, um dieses mit einer Hypothek belasten zu können und dafür bei der Hypothekenbank B einen günstigen Kredit in Anspruch nehmen zu können. Er gibt daher bei dem Bausachverständigen S ein Gutachten über den Wert des zu erwerbenden Grundstücks in Auftrag.

---

[289] BGH, NJW 1984, 356; NJW 1985, 489; vgl. dazu auch Medicus, Bürgerliches Recht, Rn. 845.
[290] Vgl. zuletzt BGH, Urteil vom 20.04.2004 – X ZR 250/02 – NJW 2004, 3035 ff. = **Life&Law 2005, 149 ff.**

Dieser arbeitet allerdings unsorgfältig und kommt daher zu einem falschen Ergebnis. Dadurch erleidet auch die das Grundstück beleihende Hypothekenbank B einen Vermögensschaden.

In derartigen Fällen nimmt die Rechtsprechung eine Schutzwirkung des zwischen K und S geschlossenen Vertrages auch zugunsten der B an. Denn der nach dem Üblichen und Billigen zu ermittelnde hypothetische Parteiwille von K und S war darauf gerichtet (§§ 133, 157 BGB), auch B vor einem unrichtigen Gutachten zu schützen.

einschränkend, keine Verwischung von Delikts- u. Vertragsrecht

c) Hier ist aber zumindest Vorsicht geboten, da durch eine solche Ausdehnung des VSD die Grenzen zur deliktischen Haftung zu verwischen drohen.[291] Das Abstellen auf eine (weniger pathetisch als „Wohl und Wehe" ausgedrückt) personenrechtliche (v.a. familien- aber auch arbeits- und u.U. mietrechtliche) Verbindung zwischen Gläubiger und Drittem erscheint deshalb vorzugswürdig.

Nicht gegeben wäre der personenrechtliche Einschlag danach im obigen Beispielsfall zwischen dem Grundstückskäufer und der das Grundstück beleihenden Bank. Zu denken wäre bei Ablehnung der Einbeziehung in den Vertrag jedoch an eine Haftung des Gutachters nach §§ 311 III, 241 II, 280 I BGB.[292]

nicht bei Produkthaftung

Keinesfalls gegeben ist der personenrechtliche Einschlag bzw. die Gläubigernähe im Verhältnis zwischen Verkäufer und Käufer. Daher ist der Endabnehmer nicht in den Schutzbereich des Vertrags zwischen Produzent und Händler einbezogen.

hemmer-Methode: Der personenrechtliche Einschlag schafft Klarheit. Liegt er vor, so ist auf alle Fälle vom Vertrag mit Schutzwirkung auszugehen. Liegt er nicht vor, prüfen Sie ausführlich das Interesse des Gläubigers an der Einbeziehung des Dritten in den Vertrag. Die neuere Rechtsprechung neigt wegen der Schwäche des Deliktsrechts (§ 823 I BGB verlangt die Verletzung eines absolut geschützten Rechtsguts, § 823 II BGB die Verletzung eines Schutzgesetzes und § 826 BGB bedingten Schädigungsvorsatz) den Drittschutz zu erweitern.
Sie können durchaus in der Klausur auch formal diskutieren und darauf hinweisen, dass die erweiterte Vertragshaftung ihre persönliche Grenze verliert und damit unkalkulierbar wird.[293] Lernen Sie nicht in absoluten Kategorien, sondern in Mehr- oder Minderargumenten. Der Klausurfall ist oft ein Grenzfall. Die Rechtsprechung lässt oft haften, wo gehaftet werden soll, und entzieht sich dogmatischer Begründungen.

---

[291] Vgl. dazu JuS 1996, 74.
[292] Vgl. dazu Canaris, JZ 1995, 441; 1998, 603.
[293] Vgl. Medicus, Bürgerliches Recht, Rn. 845.

3. Erkennbarkeit

Erkennbarkeit notwendig

Werden neben dem Gläubiger noch weitere Personen in die vertragliche Haftung einbezogen, so bedeutet das für den Schuldner eine nicht unwesentliche Haftungserweiterung. Eine solche Risikosteigerung trifft ihn nur dann nicht unbillig, wenn für ihn die Leistungsnähe des Dritten sowie der personenrechtliche Einschlag zumindest erkennbar waren: Nur dann konnte er sich nämlich auf die ihm drohende ausgedehnte Haftung entsprechend einstellen.

hemmer-Methode: In der Klausur werden sich hier i.d.R. keine Probleme stellen. Dennoch sollten Sie diesen Punkt nicht vergessen. Zumindest mit einem Satz sollte das Vorliegen der Erkennbarkeit immer ausdrücklich festgestellt werden!

4. Schutzbedürftigkeit

Eine Einbeziehung des Dritten ist nach der Rechtsprechung des BGH und der überwiegenden Meinung in der Literatur abzulehnen, wenn ein Schutzbedürfnis des Dritten nicht besteht. Sie ist im Allgemeinen dann zu verneinen, wenn dem Dritten eigene vertragliche Ansprüche - gleich gegen wen - zustehen, die denselben oder zumindest einen gleichwertigen Inhalt haben wie diejenigen Ansprüche, die ihm über die Einbeziehung in den Schutzbereich des Vertrages zukämen.[294]

hemmer-Methode: Hinter dem Erfordernis der Schutzbedürftigkeit steht die Erwägung, eine uferlose Ausdehnung des Kreises der in den Schutzbereich fallenden Personen zu vermeiden. Die Einbeziehung des Vertrages ist damit der letzte Notnagel für die Erlangung vertraglicher Ansprüche, aber keine generelle Anspruchsgrundlage.[295]

V. Rechtsfolgen des VSD

1. Eigener vertraglicher Schadensersatzanspruch

Rechtsfolge: eigener Anspruch des Geschädigten

Fällt ein Dritter unter den Schutzbereich eines Vertrages, so steht ihm bei einer Pflichtverletzung durch den Schuldner ein eigener vertraglicher Schadensersatzanspruch zu, in dessen Rahmen insbesondere eine Verschuldenszurechnung nach § 278 BGB möglich ist.

⇨ Anspruch wird zum Schaden gezogen

Zusammenfassen lässt sich diese wichtigste Rechtsfolge des Vertrags mit Schutzwirkung zugunsten Dritter in dem bekannten Satz: Beim Vertrag mit Schutzwirkung zugunsten Dritter wird die Anspruchsgrundlage zum Schaden gezogen!

---

[294] BGH, NJW 1996, 2927.
[295] Vgl. dazu das grundlegende Urteil des BGH, NJW 1978, 883.

anders DriSchaLi: dort wird Schaden zu Anspruch gezogen

Das soll bedeuten, dass der geschädigte Dritte hier ausnahmsweise einen eigenen Anspruch erhält. An diesem Punkt liegt somit zugleich der entscheidende Unterschied zur im Anschluss behandelten Drittschadensliquidation: Dort wird nämlich der Schaden zum Anspruch gezogen! Bei der Drittschadensliquidation erhält der Dritte daher keinen eigenen Schadensersatzanspruch, vielmehr liquidiert der Gläubiger auch den Schaden des Dritten. Es liquidiert der Anspruchsberechtigte ohne Schaden.

386

2. Weitere Rechtsfolgen

§§ 254 II, 278 BGB bei Mitverschulden

a) Durch die Einräumung eines eigenen vertraglichen Schadensersatzanspruchs wird der Dritte begünstigt, er wird quasi in den vertraglichen Schutz mit einbezogen.

387

Als Ausgleich hierfür muss er sich dann allerdings nach dem Rechtsgedanken des § 334 BGB auch den Nachteilen der vertraglichen Haftungsregelung unterwerfen lassen: Beispiel hierfür ist neben möglichen Haftungsausschlüssen und kürzeren Verjährungsfristen vor allem auch die Zurechnung eines Mitverschuldens von Hilfspersonen des Dritten über §§ 254 II S. 2, 278 BGB!

hemmer-Methode: Denken Sie daran: Das Mitverschulden der Eltern bei der Schädigung ihres Kindes ist ein typisches Klausurfeld: Wollen die Eltern etwas kaufen und wird das Kind durch Verschulden eines bisher sorgfältigen Angestellten des Verkäufers verletzt und haben gleichzeitig auch die Eltern ihre Aufsichtspflicht verletzt, so gilt: Das Kind hat gegen den Verkäufer einen Anspruch aus §§ 311 II, 241, 280 ff. BGB i.V.m. Vertrag mit Schutzwirkung; das Verschulden des Angestellten wird gem. § 278 BGB zugerechnet.
Anspruchsmindernd wirkt i.R.d. Anspruchsgrundlage dann aber §§ 254 II S. 2 BGB i.V.m. § 278 BGB: Danach wird dem Kind das Verschulden der Eltern zugerechnet. Der deliktische Anspruch aus § 831 BGB entfällt häufig wegen der Exkulpationsmöglichkeit. Vertiefend zu diesem Problemkreis: Die Musterklausur mit der „hemmer-Methode".
Ein Dritter kann auch z.B. in den Schutzbereich eines Leihvertrages mit einbezogen sein. – Soll die Haftungsprivilegierung des § 599 BGB jetzt auch für Delikte gegenüber dem Dritten gelten (gegenüber dem Gläubiger wird das ja angenommen!), sodass er im Ergebnis schlechter steht als ohne Einbeziehung?
Behalten Sie hier die Wertungen im Auge und versuchen Sie, argumentativ eine interessengerechte Lösung zu finden! Wer so weit gekommen ist, kann nichts mehr „falsch" machen!

b) Auf der anderen Seite erstreckt aber die Rspr. über das Institut des Vertrags mit Schutzwirkung vertragliche Haftungsregelungen auch in den Fällen auf das Verhältnis des Schuldners zum Dritten, in denen der Dritte seinerseits dem Schuldner zum Schadensersatz verpflichtet ist.[296]

388

---

[296] BGHZ 49, 278; 71, 178.

Bsp.: V vermietet dem M eine Lagerhalle, in der dieser das zu seinem Baugeschäft gehörende Gerät aufbewahrt. Der Angestellte A des M fährt eines Tages, von einem Zechgelage am vorherigen Tag noch schwer gezeichnet, beim Ausrangieren einer schweren Baumaschine mit solcher Wucht gegen die Wand der Lagerhalle, dass diese schwer beschädigt wird.

Prüft man hier einen Schadensersatzanspruch des V gegen A aus § 823 I BGB, so gilt i.R.d. Verjährung: Über den zwischen V und M geschlossenen Vertrag mit Schutzwirkung auch zugunsten des A wird die kurze mietrechtliche Verjährung des § 548 BGB auch auf den Anspruch V gegen A aus § 823 I BGB erstreckt. D.h. der Anspruch aus § 823 I BGB scheidet im Ergebnis wegen der Verjährung aus.

hemmer-Methode: Der Vertrag mit Schutzwirkung führt zu gerechten Ergebnissen. Warum soll z.B. das Kind schlechter stehen als die Eltern. Deliktsrecht schützt nur ungenügend („Schwäche des Deliktsrechts"). Das zeigt sich z.B. an folgendem Beispiel: Eltern mieten Wohnung an. Kind fällt wegen morscher Treppe und verletzt sich. Vermieter konnte von der morschen Treppe nichts wissen. Obwohl damit ein Verschulden des Vermieters fehlt, steht dem Kind ein Schadensersatzanspruch aus § 536a I Alt. 1 BGB i.V.m. Vertrag mit Schutzwirkung gegen den Vermieter zu. Es handelt sich bei § 536a I Alt. 1 BGB um einen Fall der sog. gesetzlichen Garantiehaftung.

Dass es Schadensersatz auch ohne Verschulden gibt, liegt u.a. unserer Skriptenreihe Schadensersatzrecht zugrunde. So unterscheidet der Band Schadensersatzrecht I die verschuldensunabhängige von der verschuldensabhängigen Garantiehaftung. Um sich einen Überblick zu verschaffen, lesen Sie die Gliederung. Zum Problemfeld des § 536a I Alt. 1 BGB lesen Sie Schadensersatzrecht I, Rn. 184.

F) Drittschadensliquidation[297]

I. Abgrenzungen

Abgrenzung zum VSD

389 1. Im Gegensatz zum soeben behandelten Vertrag mit Schutzwirkung zugunsten Dritter, bei dem ein Dritter zusätzlich in den Schutzbereich eines Vertrages miteinbezogen wird, kommt es im Anwendungsbereich der Drittschadensliquidation (DSL) aufgrund eines Rechtsverhältnisses zwischen dem Ersatzberechtigten und dem Dritten zu einer Verlagerung des Schadens vom Anspruchsinhaber auf diesen Dritten. Deshalb wird zugelassen, dass der Anspruchsinhaber für den Dritten dessen Schaden liquidiert.

---

[297] Allgemein zur DSL **Hemmer/Wüst,** Schadensersatzrecht III, Rn. 221 ff.

hemmer-Methode: VSD und DSL sind also in erster Linie von der Rechtsfolgenseite aus zu unterscheiden. Gerade deshalb ist es aber besonders wichtig, sich immer darüber im Klaren zu sein, welche Anspruchsrichtung man gerade prüft und welches der beiden Institute in diese Anspruchsrichtung passt. Merken Sie sich daher den bekannten Satz: Beim Vertrag mit Schutzwirkung wird der Anspruch zum Schaden gezogen, bei der Drittschadensliquidation der Schaden zum Anspruch! Letztlich ist die Drittschadensliquidation im Ergebnis ein Fall der Risikoverlagerung, der Vertrag mit Schutzwirkung hingegen ist für den Schuldner eine echte Risikokumulierung. Er ist nämlich zusätzlich noch den Ansprüchen eines Dritten ausgesetzt!

Verhältnis zur Vorteilsanrechnung

2. Weiter kann das Ausschlussverhältnis von DSL und Vorteilsanrechnung in der Klausur eine Rolle spielen: Eine DSL findet nicht statt, wenn die Risikoentlastung, die sich aus dem Rechtsverhältnis zu einem Dritten ergibt, i.R.d. Schadensberechnung nicht als Vorteil angerechnet wird. Denn in diesem Fall bleibt es beim Schaden des Anspruchsinhabers, sodass keine unerwünschte Schadensverlagerung auftritt.

II. Anwendungsbereich

ursprünglich nur für vertragliche Ansprüche

Zunächst entwickelt wurde die Drittschadensliquidation im Rahmen vertraglicher Schadensersatzansprüche, wobei auch hier die Schwäche des allgemeinen Deliktsrechts eine entscheidende Rolle spielte. Man versuchte, auch außenstehende Dritte in den Vorteil vertraglicher Schadensersatzansprüche, insbesondere also in den Vorteil des § 278 BGB, kommen zu lassen.

aber auch bei Delikt anwendbar

Trotzdem ist die Drittschadensliquidation durchaus auch auf deliktische Schadensersatzansprüche wie die §§ 823 ff. BGB anwendbar.

maßgeblich ist aber Risikoverlagerung

Maßgebliches Kriterium zur Bestimmung des Anwendungsbereichs der Drittschadensliquidation ist daher eigentlich allein die Frage des Vorliegens einer Risikoverlagerung.

Allerdings hat die Rechtsprechung mittlerweile einige bestimmte Fallgruppen entwickelt, in denen die Drittschadensliquidation eingreift. Eine Erstreckung über diese Fallgruppen hinaus ist nur ganz ausnahmsweise möglich.

hemmer-Methode: Für Sie bedeutet das, dass Sie diese Fallgruppen, in denen die Drittschadensliquidation anerkannt ist, kennen müssen. Ist ein derartiger Fall nicht gegeben, dann sollten Sie eine Lösung des Falls nur dann über die Drittschadensliquidation versuchen, wenn ansonsten ein Wertungswiderspruch bestehen bleibt und eine Lösung über andere Institute ausgeschlossen ist!

Dem BGB ist es fremd, dass Anspruch (Haftungstatbestand) und Schaden (Rechtsfolge) auseinander fallen. Es gilt: Der Geschädigte kann nur dann Schadensersatz verlangen, wenn Anspruch und Schaden in der Person des Geschädigten bestehen. Deshalb ist es Aufgabe richterlicher Rechtsfortbildung durch Fallgruppen Klarheit zu schaffen. Seien Sie deshalb vorsichtig mit einer neuen Fallgruppe!

III. Voraussetzungen der DSL

drei Voraussetzungen

Das Eingreifen des Rechtsinstituts der Drittschadensliquidation wird anhand von drei Kriterien geprüft: 392

1. Der Anspruchsberechtigte hat keinen Schaden
2. Der Geschädigte hat keinen eigenen Anspruch
3. Zufällige Schadensverlagerung

hemmer-Methode: Zeigen Sie dem Korrektor, dass Sie die hinter der Drittschadensliquidation stehende Wertung verstanden haben, und bauen Sie Ihre Prüfung nach diesem Dreischrittschema auf: In den ersten zwei Punkten wird das Bestehen eines unbilligen Wertungswiderspruchs aufgezeigt, in Punkt drei wird geklärt, ob dieser Widerspruch tatsächlich mit der Drittschadensliquidation gelöst werden kann!

Bsp.: E ist Alleinerbe des A. A hat in seinem Testament bestimmt, dass seine Zugehfrau S eine alte chinesische Vase, die ihr schon immer besonders gut gefallen hatte, bekommen solle. S ist jedoch zunächst nicht ausfindig zu machen, sodass die Vase vorerst im Haus des E stehen bleibt, bis S sie bekommen kann. B ist bei E zu Besuch und fällt unglücklich die Treppe herunter, natürlich genau auf die Vase. Ihm ist Gott-sei-Dank nichts passiert, aber die Vase ist zerstört. Rechtslage?

1. Anspruchsinhaber hat keinen Schaden

- kein Schaden des Anspruchsinhabers

Zunächst darf durch eine Risikoverteilungsregel der Anspruchsinhaber keinen Schaden haben. Eine wichtige Rolle kann auch in diesem Zusammenhang die sogenannte Vorteilsausgleichung[298] spielen: Zieht nämlich der Verletzte aus der Verletzungshandlung zugleich einen Vorteil, so stellt sich immer die Frage, inwieweit dieser Vorteil den gleichzeitig eingetretenen Schaden ausgleicht, sodass im Ergebnis kein zu ersetzender Schaden mehr übrig bleibt.[299] 393

---

[298] Siehe dazu auch Rn. 321 ff. dieses Skripts.
[299] Ausführlich **Hemmer/Wüst, Schadensersatzrecht III,** Rn. 228 ff.

E ist Eigentümer der Vase, § 1922 BGB. Er ist zwar nach dem Vermächtnis verpflichtet, die Vase zu übereignen, § 2174 BGB. Von der schuldrechtlichen Verpflichtung aus dem Vermächtnis ist er nach § 275 I BGB frei geworden. E ist aber Anspruchsinhaber und könnte nach § 823 BGB vorgehen. Er hat jedoch keinen Schaden. Da die zufällige Schadensverlagerung (§ 2174 BGB) den Schädiger nicht entlasten darf, liegt ein Fall der Drittschadensliquidation vor. Es liquidiert der Anspruchsberechtigte E ohne Schaden aus § 823 I BGB. Gem. § 285 BGB ist er verpflichtet, das Erlangte herauszugeben bzw. den Ersatzanspruch abzutreten.

2. Geschädigter hat keinen eigenen Anspruch

- kein Anspruch des Geschädigten

a) Generell ist die durch Rechtsprechung und Lehre entwickelte Drittschadensliquidation erst dann anwendbar, wenn dem Dritten nicht bereits eigene Ansprüche zustehen.

394

hemmer-Methode: Für Ihre Klausur bedeutet dies: Checken Sie zunächst alle möglichen Anspruchsgrundlagen durch, die für den Dritten in Betracht kommen. Zu diesen eigenen Ansprüchen des Dritten kann insbesondere auch ein Anspruch aus Vertrag mit Schutzwirkung zugunsten Dritter gehören.
In der Klausur werden Sie daher in aller Regel zunächst den Vertrag mit Schutzwirkung prüfen und die Drittschadensliquidation erst anwenden können, wenn Sie dieses Rechtsinstitut abgelehnt haben.

im Rahmen von Vertragsverhältnis erweiterte Anwendungsbereiche

b) Jedoch wird der Anwendungsbereich der Drittschadensliquidation heute von der Rechtsprechung teilweise darüber hinaus ausgedehnt. Diese lässt nämlich die Drittschadensliquidation aus einem vertraglichen Ersatzanspruch auch noch in den Fällen zu, in dem Dritten ein eigener, aber bloß deliktischer Schadensersatzanspruch zusteht.[300]

395

In der Regel bleibt es freilich bei dem Grundsatz: Die Drittschadensliquidation greift als letzte Hilfe nur dann ein, wenn der geschädigte Dritte nicht schon mittels eigener Ansprüche Schadensersatz verlangen kann!

Im Bsp. hat S keinen eigenen Anspruch gegen B, da sie noch nicht Eigentümerin ist. Allerdings ist ihr ein Schaden entstanden, da sie ohne das schädigende Ereignis die wertvolle Vase erhalten hätte.

3. Die zufällige Schadensverlagerung

zufällige Schadensverlagerung

Im Gegensatz zum Vertrag mit Schutzwirkung soll und darf die Drittschadensliquidation gerade nicht zu einer Risikosteigerung auf der Seite des Schuldners führen. Die Liquidation eines Drittinteresses ist daher nur in vier Fallgruppen anerkanntermaßen zulässig.

396

---

[300] BGH, NJW 1985, 2412.

a) Vertragliche Vereinbarung

aufgrund ausdrücklicher o. konkludenter Vereinbarung möglich

Denkbar ist zwar die Zulässigkeit der DSL auf Grundlage einer ausdrücklichen oder konkludenten vertraglichen Vereinbarung (§§ 311 I, 241 BGB), doch ist dies nicht zu schnell zu unterstellen und wird in der Klausur selten eine Rolle spielen.

397

Wichtiger sind die folgenden drei Fallgruppen:

b) Mittelbare Stellvertretung

mittelbare Stellvertretung

Häufig ergibt sich eine zufällige Schadensverlagerung aus dem Auftreten eines mittelbaren Stellvertreters:

398

Kommission, Spediteure

Typische Beispiele hierfür sind der Kommissionär (§ 383 HGB), der Spediteur (§ 407 HGB), aber auch der Beauftragte.

In diesen Fällen, in denen ein mittelbarer Stellvertreter im eigenen Namen für fremde Rechnung einen Vertrag abgeschlossen hat, kann der mittelbare Stellvertreter den Schaden des Geschäftsherrn gegen den zum Schadensersatz verpflichteten Vertragsgegner geltend machen.[301]

**hemmer-Methode: Beachten Sie: Die Formulierung „zufällige Schadensverlagerung" stimmt nicht immer. In den Fällen der mittelbaren Stellvertretung trifft immer den Hintermann der Schaden. So hat typischerweise der Kommittent den Schaden! Ähnliches gilt auch bei § 164 II BGB. Handelt der Vertreter nicht erkennbar in fremdem Namen, so liegt im Zweifel ein Eigengeschäft vor.
Nimmt er dieses Geschäft mit Mitteln des „Vertretenen" wahr, so hat dieser den Schaden, der Vertreter den Anspruch, z.B. aus Verzug.**

c) Die Obhutsfälle

Obhutsfälle

Die DSL greift auch ein bei den sog. Obhutsfällen, für die § 701 BGB (Haftung des Gastwirts) gesetzlich geregeltes Vorbild ist. Wer als berechtigter Besitzer einer fremden Sache einen Vertrag schließt, der eine Obhutspflicht für die Sache begründet, kann bei Verletzung dieser Pflicht den Schaden des Eigentümers geltend machen.

399

Bsp.: (zur Wiederholung) Im obigen Beispiel behält der Erbe die Vase grundsätzlich in Obhut, bis der Vermächtnisnehmer sie an sich nimmt. Es liegt also ein anerkannter Fall der Drittschadensliquidation vor.

---

[301] RGZ 90, 246; BGHZ 25, 258.

Bsp.: A gibt das von B geliehene Ballkleid verabredungsgemäß in die Reinigung, wo es verloren geht. A ist von der Rückgabepflicht frei geworden und hat somit keinen Schaden, B keinen vertraglichen Anspruch gegen die Reinigung (VSD zugunsten der B ist fern liegend), eine DSL ist möglich. Ein etwaiger deliktischer Anspruch der B schließt hier ausnahmsweise die DSL nicht aus, sondern steht in Konkurrenz dazu.[302]

d) Die Gefahrtragungsregeln

wichtigster Fall: Gefahrtragungsregeln

Die bekannteste und zugleich auch klausurrelevanteste Fallgruppe der Drittschadensliquidation ist aber zweifelsohne die der durch die Regeln über die Gefahrtragung entstehenden Risikoverlagerung. In dieser Fallgruppe lassen sich nämlich Probleme des allgemeinen Schuldrechts mit der Drittschadensliquidation verbinden.

§§ 446, 447 BGB, § 644 BGB

Insbesondere die Vorschriften der §§ 446, 447 BGB[303] und § 644 BGB führen nämlich dazu, dass der wahre Schaden nicht bei dem durch die Verletzungshandlung unmittelbar Betroffenen liegt, sondern bei einem Dritten.[304]

hemmer-Methode: Der klassische Standardfall zur Drittschadensliquidation ist der Versendungskauf, allerdings durch § 421 HGB und die Schuldrechtsreform über den Verbrauchsgüterkauf nach § 474 II S.1 BGB nur noch für eine begrenzte Anzahl von Fällen anwendbar (keine gewerbliche Transportperson und kein Kauf eines Verbrauchers).
Bedenken Sie noch einmal: Die Drittschadensliquidation ist nicht verallgemeinerungsfähig. Über die oben erwähnten Fallgruppen hinaus kann sie nur ganz ausnahmsweise angewendet werden. Der Anwendungsbereich der Drittschadensliquidation ist ein Problem richterlicher Rechtsfortbildung. Es muss bei dem Grundsatz bleiben, dass nur dem Vertragspartner vertragliche Ansprüche zustehen.

IV. Rechtsfolge der DSL

Schaden wird zu Anspruch gezogen

Da nicht „der Anspruch zum Schaden, sondern der Schaden zum Anspruch gezogen" wird, bleibt Anspruchsinhaber weiter alleine der Inhaber der verletzten Rechtsstellung. Er darf bzw. muss auch den Schaden des Dritten liquidieren:

Der Dritte kann nach § 285 I BGB (entsprechend) Herausgabe des Schadensersatzes bzw. schon vorher Abtretung des (jetzt „kompletten") Schadensersatzanspruchs vom Gläubiger verlangen.

---

[302] BGH, NJW 1985, 2312.
[303] Zum Sonderproblem der Anwendbarkeit des § 447 BGB durch eigene Leute des Verkäufers vgl. Medicus, Bürgerliches Recht, Rn. 275; Reinicke/Tiedtke, Kaufrecht, S. 54 ff.
[304] Zu den Modifizierungen i.R.d. §§ 407 ff. HGB vgl. **Life&Law 1998, 678 ff.**

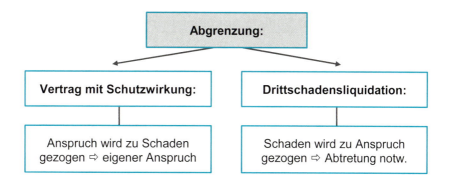

G) Übergang von Rechten und Pflichten auf Dritte

I. Einleitung

Vertragsübernahme:
§§ 311 I, 241 BGB,
§§ 566, 613a BGB

Aufgrund der Vertragsautonomie (§§ 241, 311 I BGB, Art. 2 I GG) ist es bei Zustimmung aller Beteiligten grds. möglich, dass eine Vertragspartei durch eine andere ausgewechselt wird.[305] Kraft Gesetzes ist eine solche Auswechslung vorgesehen z.B. in den §§ 566, 613a BGB.

Wichtiger ist dagegen der bloße Wechsel der Gläubiger- oder Schuldnerposition: Ersteres durch Legalzession, Forderungspfändung[306] und v.a. Abtretung, Letzteres durch Schuldübernahme.

hemmer-Methode: Wichtig ist auch hier wieder die richtige Einordnung in die Klausur: Bei Ansprüchen des Zessionars ist die Abtretung Anspruchsvoraussetzung, bei Ansprüchen des Zedenten eine Frage der Aktivlegitimation in Form eines rechtsvernichtenden Tatbestandes. Vergleichbares gilt für die Schuldübernahme. Deshalb finden Sie eine ausführliche Darstellung auch im Skript BGB AT III im Kapitel über rechtsvernichtende Einwendungen.

II. Forderungsabtretung

1. Voraussetzungen

Vorauss. der Abtretung

Nach § 398 BGB ist die Abtretung die Übertragung der Forderung von einem Gläubiger (Zedent) auf einen anderen (Zessionar), also eine Verfügung. Der Übergang hat folgende Voraussetzungen:

---

[305] BGH, JZ 1985, 1093; Larenz, Schuldrecht AT, § 35 III.
[306] Die Forderungspfändung führt i.d.R. zu einer bloßen Einziehungsermächtigung, näher im Hauptkurs ZPO.

a) Gültiger Abtretungsvertrag

Vertrag (formfrei)

Dieser ist i.d.R. formfrei, auch wenn eine Forderung aus einem z.B. nach § 311b BGB formbedürftigen Vertrag abgetreten wird.

Wichtige Ausnahme: § 1154 BGB, Abtretung der hypothekarisch gesicherten Forderung (nicht dagegen der durch eine Grundschuld gesicherten Forderung; hier ist § 1154 BGB nur für die Abtretung der Grundschuld selbst einzuhalten[307]).

Wichtig ist es auch hier, den (verfügenden) Abtretungsvertrag vom zugrunde liegenden schuldrechtlichen Vertrag genau zu trennen.

b) Abzutretende Forderung

Forderung (kein gutgl. Erwerb!)

Die Forderung muss bestehen, da ein gutgläubiger Forderungserwerb grds. nicht möglich ist. Möglich ist aber nach h.M. die Abtretung einer zukünftigen Forderung.

c) Bestimmtheit

Bestimmtheit/-barkeit

Die abgetretene Forderung muss bestimmt, bei zukünftigen Forderungen wenigstens z.Zt. ihrer Entstehung bestimmbar sein.

hemmer-Methode: Bei der Vorausabtretung ist besonders auf die Globalzession zu achten. Dabei kann der an sich abstrakte Abtretungsvertrag ausnahmsweise von § 138 I BGB erfasst werden, obwohl sich § 138 BGB grundsätzlich nicht auf das neutrale Erfüllungsgeschäft erstreckt. Wegen der Klausurrelevanz vgl. hierzu die Fallbeispiele in Hemmer/Wüst/Gold, Bereicherungsrecht, Rn. 397 ff. und in Hemmer/Wüst, Kreditsicherungsrecht, Rn. 335.

d) Übertragbarkeit

Übertragbarkeit, v.a. § 399 Alt. 2 BGB beachten

Die Übertragbarkeit der Forderung ist durch sog. Abtretungsverbote eingeschränkt (vgl. §§ 717, 399 Alt. 2 BGB). Zu beachten ist v.a. der hier ausnahmsweise auch dinglich wirkende rechtsgeschäftliche Abtretungsausschluss nach § 399 Alt. 2 BGB (Ausnahmevorschrift zu § 137 S. 1 BGB!). Statt eines völligen Verbots können die Parteien die Abtretung auch von einer Anzeige oder einer Genehmigung abhängig machen.

---

[307] **Hemmer/Wüst, Kreditsicherungsrecht, Rn. 232.**

hemmer-Methode: Vereinbaren die Parteien ein Abtretungsverbot, so hat dies Auswirkungen auf den späteren gutgläubigen Erwerb! So zeigt die Vereinbarung eines Abtretungsverbotes, dass mit fremden Rechten gerechnet wird und zerstört damit den guten Glauben an die Verfügungsbefugnis und das Eigentum des Verfügenden.

2. Schuldnerschutz

Schuldnerschutz, §§ 404 ff. BGB

Da die Forderungsabtretung ohne Mitwirkung, ja sogar ohne Wissen des Schuldners vor sich gehen kann, wird er durch die §§ 404 ff. BGB (lesen!) geschützt; Grundgedanke ist hier, dass seine Rechtsposition letztlich nicht schlechter sein soll als ohne Abtretung (die tatsächliche Position kann es natürlich sein, wenn er statt eines nachsichtigen einen besonders strengen Gläubiger erhält!). 407

Bsp.: Schuldnerschutz bei Aufrechnung

Besonders beachtenswert (und exemplarisch für das Gesamtverständnis der §§ 404 ff. BGB) ist die Differenzierung bei der Aufrechnung: 408

a) Hat der Schuldner vor Abtretung gegenüber dem alten Gläubiger aufgerechnet, kann er die Erlöschenswirkung des § 389 BGB dem neuen Gläubiger nach § 404 BGB entgegenhalten (bzw. streng begrifflich hat der Zessionar nur noch den nach der Aufrechnung evtl. noch bestehenden Rest bzw. gar nichts mehr erworben).

b) Bei einer Aufrechnung gegenüber dem alten Gläubiger nach Abtretung gilt § 407 I BGB, wenn der Schuldner nichts davon weiß.

c) Weiß der Schuldner von der erfolgten Abtretung, kann er nach § 406 BGB gegenüber dem Zessionar aufrechnen.

hemmer-Methode: Merken Sie sich die §§ 407 - 409 BGB auch als Ausgangspunkt bereicherungsrechtlicher Fälle nach § 816 II BGB! Dazu lesen Sie: Hemmer/Wüst/Gold, Bereicherungsrecht, Rn. 397 ff. Nochmals zur Wiederholung: Klassisch im Zessionsrecht: Der Schuldner leistet ohne Wissen nach der Abtretung der Forderung an den Altgläubiger (Zedent). Der Schuldner wird nach § 407 BGB befreit. Gegenüber dem Altgläubiger hat der Neugläubiger (Zessionar) ggfs. einen Anspruch aus § 280 I BGB und § 816 II BGB wegen der Befreiungswirkung des § 407 BGB.
Wiederum gilt: Nur wer im Zusammenhang lernt, schöpft auch den intellektuellen Rahmen der Klausur aus und kann dann mit den klausurtypischen Schlüsselbegriffen umgehen. Gutes Lernmaterial muss die Beziehungen der Rechtsgebiete zueinander klar darlegen (Relationslogik). Gebetsmühlenhaftes Lernen und Meinungsschwulst sind zu meiden. Geben Sie dem Korrektor bloß nicht das Gefühl, es handele sich bei Ihren Ausführungen um ein „Tohuwabohu". Seine Gedanken könnten folgendermaßen sein: „Was wurde bejaht? Alles miteinander, alles durcheinander, alles gegeneinander?"

3. Sonderprobleme

Globalzession

a) Möglich ist auch eine sog. Globalzession (die Sie in der hemmer-Methode bereits kennengelernt haben!), also die Abtretung aller (auch zukünftiger) Forderungen z.B. als Kreditunterlage. Wichtig ist hier das Problem der Kollision mit einem sog. verlängerten Eigentumsvorbehalt.[308]

409

cessio legis

b) Nicht durch Abtretung, sondern ipso iure erfolgt der Forderungsübergang in Fällen einer sog. cessio legis, die das Gesetz v.a. als Regressmittel oft anordnet, z.B. §§ 426 II, 774 I, 1143 I BGB.[309]

410

§ 401 BGB

c) Sowohl bei der Abtretung als auch bei der cessio legis ist § 401 BGB (ggf. i.V.m. § 412 BGB) zu beachten, der mit der abgetretenen bzw. übergehenden Forderung auch akzessorische Sicherungsrechte (und analog § 401 BGB die Auflassungsvormerkung) mit übergehen lässt.

411

hemmer-Methode: Verständnis für das Gesetz schaffen! Der Übergang der Sicherheiten nach §§ 412, 401 BGB ist ein wichtiger Grund dafür, dass das Gesetz in vielen Fällen neben einem Ausgleich aus dem Innenverhältnis zusätzlich noch die cessio legis anordnet, also z.B. § 426 II BGB neben § 426 I, § 774 I BGB neben dem regelmäßig bestehenden § 670 BGB.
Zur Einbeziehung Dritter in die Gläubiger und Schuldnerstellung verweisen wir für die Fortgeschrittenen auf Hemmer/Wüst, BGB AT I, Rn. 359 ff.

III. Schuldübernahme

Während die Abtretung grds. ohne Mitwirkung des Schuldners geschehen kann, hat der Gläubiger einer Forderung ein berechtigtes Interesse daran, dass ihm „sein Schuldner" erhalten bleibt bzw. nur durch einen ihm genehmen (v.a. ähnlich kreditwürdigen) Schuldner ersetzt wird. Dafür bietet das BGB zwei Möglichkeiten an:

1. Vertrag zwischen Gläubiger und Übernehmer

Vertrag Gläubiger - Übernehmer

Nach § 414 BGB können Gläubiger und Übernehmer die Übernahme vertraglich vereinbaren. Konstruktiv handelt es sich um eine ausnahmsweise zulässige Verfügung zugunsten eines Dritten.[310]

412

---

[308] Vgl. **Hemmer/Wüst, Kreditsicherungsrecht, Rn. 335 ff.**
[309] Vgl. Palandt, § 412 BGB, Rn. 1; auch **Hemmer/Wüst, BGB AT I, Rn. 367**.
[310] Palandt, § 414 BGB, Rn. 1.

2. Vertrag zwischen Schuldner und Übernehmer

Vertrag Schuldner - Übernehmer

Schließen Schuldner und Übernehmer den Vertrag, so bedarf er der Zustimmung des Gläubigers. Hierbei sind zwei interessante Punkte zu beachten:

Genehmigung des Gläubigers erforderlich

a) Solange der Gläubiger nicht genehmigt bzw. nach Verweigerung der Genehmigung liegt nach § 415 III BGB im Zweifel zwischen Schuldner und Übernehmer eine Erfüllungsübernahme, vgl. § 329 BGB, vor: Der Schuldner kann also im Innenverhältnis vom Übernehmer Befreiung verlangen.

Genehmigungsfiktion des § 416 I S. 2 BGB

b) Bei hypothekarisch (str. für die Grundschuld) gesicherten Forderungen gilt wegen der insoweit geringeren Schutzwürdigkeit des Gläubigers nach § 416 I S. 2 BGB ausnahmsweise eine Genehmigungsfiktion durch Schweigen, wenn der (nach § 416 II S.2 BGB belehrte) Gläubiger sechs Monate auf eine Mitteilung nicht reagiert.

3. Zur Abgrenzung: Schuldbeitritt

diff. Schuldbeitritt ⇔ Bürgschaft

Im Gegensatz zur (privativen = befreienden) Schuldübernahme wird der einer Schuld Beitretende neben dem alten Schuldner Gesamtschuldner. Der nach §§ 311 I, 241 BGB zulässige Schuldbeitritt kann zwischen Beitretendem und Schuldner oder zwischen Beitretendem und Gläubiger vereinbart werden.

Da er nach ganz h.M. formfrei ist,[311] ist er dann v.a. von der formbedürftigen Bürgschaft abzugrenzen.[312]

hemmer-Methode: Behalten Sie bei dieser Abgrenzung immer die gesetzliche Wertung im Auge: Wer zu leicht einen Schuldbeitritt annimmt, unterläuft das schützende Schriftformerfordernis der gesetzlich geregelten Bürgschaft! Soundsatz: „Im Zweifel Bürgschaft gewollt!" Dies gilt auch im Verhältnis zum Garantievertrag. Achten Sie wegen der wirtschaftlichen Relevanz auf das Kreditsicherungsrecht. Die Haftung mehrerer und das Verhältnis zueinander ist häufig Gegenstand von Prüfungsaufgaben.

Gesetzlich wird der Schuldbeitritt z.B. angeordnet in §§ 556 III BGB, §§ 25, 28 HGB.

Hat Ihnen das Skript Spaß gemacht? Wir hoffen, dass wir Ihnen bei der Umsetzung des Rechts behilflich waren. Wir raten unser Skript mehrfach und immer schneller durchzuarbeiten. Trainieren Sie so Ihr Langzeitgedächtnis.

---

[311] Palandt, Überbl v § 414 BGB, Rn. 3, § 414 BGB Rn. 1.
[312] Palandt, Überbl v § 414 BGB, Rn. 4; lesenswert i.Ü. Palandt, vor § 414 BGB! Vgl. auch **Hemmer/Wüst, Kreditsicherungsrecht, Rn. 17, 18.**

Lesen Sie dazu unsere Gedächtnishilfen am Anfang des Skriptes. Durch die Wiederholung werden Sie im Prinzipiellen sicher. Wer den roten Faden der Klausur findet, schreibt immer über dem Strich. Mit der hemmer-Methode verstehen Sie schneller den Horizont Ihrer Korrektoren. Anwendungswissen ist immer besser als Faktenwissen. Wir würden uns auch freuen, Sie später als Kursteilnehmer begrüßen zu dürfen. Profitieren Sie von unserer mehr als 30-jährigen Erfahrung. Wir haben mehr als 1.000 Fälle für Sie analysiert und aufbereitet.

WIEDERHOLUNGSFRAGEN: Rn.

1. Welche Bestandteile einer Willenserklärung sind zu unterscheiden? *3*
2. Welche Folgen hat das Fehlen des Erklärungsbewusstseins? *7*
3. Warum darf der Geschäftswille nicht notwendiger Bestandteil einer Willenserklärung sein? *9*
4. Was versteht man unter Abgabe der Willenserklärung? *11*
5. Wann ist eine Willenserklärung zugegangen? *12*
6. Wie kann ein Geschäftsunfähiger am Rechtsverkehr teilnehmen? *15*
7. Wann ist eine Willenserklärung, die ein Minderjähriger abgibt, wirksam? *20*
8. Wann liegt ein lediglich rechtlicher Vorteil vor? *21*
9. Ist eine Schenkung auch dann lediglich rechtlich vorteilhaft, wenn das Erfüllungsgeschäft mit rechtlichen Nachteilen verbunden ist? *22*
10. Unter welchen Voraussetzungen wirkt die Willenserklärung eines Vertreters für und gegen den Vertretenen? *33*
11. Wie unterscheidet man Bote und Vertreter? Warum ist diese Unterscheidung wichtig? *36*
12. Was versteht man unter dem Offenkundigkeitsprinzip? Welche Ausnahmen gibt es? *40*
13. Was versteht man unter Verpflichtungsermächtigung? Ist sie zulässig? *41*
14. Welche Funktion hat § 1357 BGB? *43*
15. Was versteht man unter Abstraktheit der Vollmacht? *51*
16. Wie unterscheidet sich die Anscheinsvollmacht von der Duldungsvollmacht?
    Welche Rechtsfolge ergibt sich bei Vorliegen einer Anscheins- oder Duldungsvollmacht? *53*
17. Kann die betätigte Innenvollmacht angefochten werden? *56*
18. Auf welche Bestimmung ist bei einem Irrtum des Vertreters abzustellen? *58*
19. Unter welchen Voraussetzungen liegt Missbrauch der Vertretungsmacht vor?
    Wie unterscheidet sich davon der falsus procurator? *64*
20. Welche Vorschrift schränkt die Anwendbarkeit der §§ 307 – 309 BGB ein? *67*
21. Wie werden AGB in den Vertrag miteinbezogen? *68*
22. Wie ist das Verhältnis von Individualabreden zu AGB? *70*
23. Was gilt bei unklaren AGB? *71*
24. Was ist bei der Inhaltskontrolle von AGB zu beachten? *72*
25. Welches ist die maßgebliche Frage bei der Subsumtion unter § 117 BGB? *77*
26. Was gilt grds. beim Verstoß gegen ein gesetzliches Formgebot? *80*
27. Unter welchen Voraussetzungen führt ein Formverstoß nicht zur Nichtigkeit? *81*

WIEDERHOLUNGSFRAGEN

28. Nennen Sie einige Fallgruppen des § 138 BGB! *84*
29. Welche Anfechtungsgründe gibt es? *92*
30. Ist der Motivirrtum immer unbeachtlich? *96*
31. Definieren sie den Begriff des Dritten i.S.d. § 123 II BGB! *107*
32. Beseitigt die Anfechtung eine Willenserklärung immer vollständig? *113*
33. Kann ein nichtiges Rechtsgeschäft angefochten werden? *91*
34. Wie ist das Verhältnis von § 122 BGB zur c.i.c. (§§ 311 II, 241 II, 280 I BGB) ? *115*
35. Welche Folgen hat die Anfechtung des Verpflichtungsgeschäfts für das Erfüllungsgeschäft; in welchen Fällen kann das Erfüllungsgeschäft angefochten werden? .... *117 ff.*
36. Wer kann Leistungsempfänger bei der Erfüllung sein? *127*
37. Welche Erfüllungssurrogate kennen Sie? .... *129 f.*
38. Was sind die Voraussetzungen der Aufrechnung? *131*
39. Welche Aufrechnungsverbote kennen Sie? *132*
40. Wie unterscheiden sich rechtshemmende Einreden von rechtsvernichtenden Einwendungen? *134a*
41. Welche Pflichtverletzungen müssen im Leistungsstörungsrecht unterschieden werden? .... *135 f.*
42. Gibt es bei Vorliegen der Pflichtverletzung der Unmöglichkeit einen Anspruch auf Schadensersatz neben der Leistung? *138*
43. Welche Vorschrift ist die zentrale Anspruchsgrundlage auf Schadensersatz im Leistungsstörungsrecht? *139*
44. Definieren Sie den Begriff „Verzug"! *141*
45. Was versteht man unter dem Begriff „Schlechtleistung"? *149*
46. Was versteht man unter dem Begriff „Schuldverhältnis" i.S.d. § 280 I BGB? *153*
47. Aus welchen Umständen kann eine Aufklärungspflicht resultieren? *163*
48. Welche Vorschrift macht eine Ausnahme von der Beweislastumkehr in § 280 I S.2 BGB? *166*
49. Warum gibt es im Rahmen des § 280 BGB keine haftungsbegründende Kausalität? *169*
50. Ist die c.i.c. (§§ 311 II, 241 II, 280 I BGB) neben dem kaufrechtlichen Mängelrecht anwendbar? *175*
51. Ist für die Haftung aus §§ 311 II, 241 II, 280 I BGB ein Vertragsschluss erforderlich? *179*
52. Unter welchen Voraussetzungen ist der Abbruch von Vertragsverhandlungen eine Pflichtverletzung im vorvertraglichen Bereich? .... *183 ff.*
53. Kann sich als Rechtsfolge der c.i.c. ein Anspruch auf Vertragsaufhebung ergeben? *195*
54. Was versteht man unter rechtlicher Unmöglichkeit? *205*

WIEDERHOLUNGSFRAGEN

55. Welcher Vorschrift werden die Fälle der faktischen Unmöglichkeit unterstellt? ... 207
56. Wie stehen Unmöglichkeit und Nichtleistung zueinander? ... 210
57. Wann liegt ein relatives Fixgeschäft vor? ... 212
58. Was gilt für die Unmöglichkeit bei der Gattungsschuld? ... 217
59. Was geschieht im Falle der Unmöglichkeit mit dem Anspruch auf die Gegenleistung? ... 221 ff.
60. In welchen Fällen ist eine Fristsetzung im Rahmen des § 281 BGB entbehrlich? ... 233
61. Was ist der Bezugspunkt für das Vertretenmüssen i.S.d. § 280 I S.2 BGB, wenn es um Schadensersatz statt der Leistung im Falle der Schlechtleistung geht? ... 238
62. In welchem Verhältnis stehen die c.i.c. und § 284 BGB im Falle der Schlechtleistung? ... 243
63. In welchem Verhältnis stehen Rücktritt und Schadensersatz? ... 249
64. Kann beim relativen Fixgeschäft Schadensersatz statt der Leistung unabhängig von einer Fristsetzung verlangt werden? ... 254
65. Nennen Sie die wesentlichen Rechtsfolgen des Gläubigerverzugs ... 261 ff.
66. Was versteht man unter „vorausgesetzter Verwendung" in § 434 I S.2 Nr.1 BGB? ... 270
67. Gilt die Gleichstellung von Mangel und aliud-Lieferung in § 434 III BGB auch für die Stückschuld? ... 271
68. In welchen Fällen ist die Haftung für Sachmängel ausgeschlossen? Welche Grenzen sind zu beachten? ... 273 f.
69. Was versteht man unter Rechten Erster und Zweiter Stufe? ... 275
70. Was versteht man unter sog. kleinen und großen Rechten? ... 276
71. Wonach beurteilt man die Erheblichkeit der Pflichtverletzung i.S.d. § 323 V S.1 BGB? ... 276
72. Nach welchen Kriterien erfolgt die Zuordnung einer Schadensposition zum Schadensersatzanspruch neben der Leistung im Falle der Schlechtleistung? ... 278
73. Geben Sie einen kurzen Überblick über die Besonderheiten des Verbrauchsgüterkaufs! ... 279 ff.
74. Wie ist der Rückgriff des Unternehmers gegen den Lieferanten geregelt? ... 286 ff.
75. Gilt in diesen Fällen die Vorschrift des § 377 HGB? ... 291
76. Wie ist das Verhältnis von Bedingung, Störung der Geschäftsgrundlage und Zweckverfehlungskondiktion? ... 302
77. In welchem Dreierschritt ist die Störung der Geschäftsgrundlage zu prüfen? ... 303 ff.
78. Wann nur liegt bei einer Leistungserschwerung eine Störung der Geschäftsgrundlage vor? ... 311
79. Wann nur liegt bei Äquivalenzstörungen eine Störung der Geschäftsgrundlage vor? ... 312

Nr.	Frage	Seite
80.	Welche Ansichten werden beim Doppelirrtum vertreten?	*313*
81.	Welches sind die Rechtsfolgen der Störung der Geschäftsgrundlage?	*314 ff.*
82.	Wie ist der Schadensbegriff definiert?	*318*
83.	Wie ist die Differenzhypothese richtig formuliert?	*319*
84.	Was versteht man unter "normativem Schaden", was unter "Vorteilsanrechnung"?	*320 f.*
85.	Wonach beurteilt die Rechtsprechung die Vorteilsanrechnung?	*323 ff.*
86.	Was gilt beim erbrechtlichen Erwerb durch den Geschädigten für die Vorteilsanrechnung?	*327*
87.	In welchen wichtigen Fallgruppen findet i.d.R. keine Vorteilsanrechnung statt?	*329 ff.*
88.	Wann stellen entgangene Gebrauchsvorteile einen Schaden dar?	*337 f.*
89.	Wie unterscheiden Sie Naturalrestitution und Geldentschädigung?	*339*
90.	In welchen Fällen ist § 166 BGB (analog) auch außerhalb des Vertragsschlusses anwendbar?	*347 f.*
91.	Was ist die Aussage der sog. Organtheorie?	*349*
92.	In welchen Punkten unterscheiden sich § 278 BGB und § 831 BGB voneinander?	*350 ff.*
93.	Wie kann sich der Geschäftsherr bei § 831 BGB entlasten?	*359 ff.*
94.	Wie ist der Anwendungsbereich des § 31 BGB?	*363 f.*
95.	Wie unterscheiden sich echter und unechter Vertrag zugunsten Dritter?	*368 f.*
96.	Welche Voraussetzungen hat ein Anspruch aus einem Vertrag mit Schutzwirkung zugunsten Dritter?	*374 f.*
97.	Was sind die Rechtsfolgen des Vertrags mit Schutzwirkung zugunsten Dritter?	*384 ff.*
98.	Was ist der konstruktive Unterschied zwischen Vertrag mit Schutzwirkung zugunsten Dritter und der Drittschadensliquidation?	*389*
99.	Was sind die Voraussetzungen der Drittschadensliquidation?	*392*
100.	Welches sind die wichtigsten Fallgruppen der zufälligen Schadensverlagerung?	*396 ff.*
101.	Welches sind die Voraussetzungen der wirksamen Forderungsabtretung?	*403 ff.*
102.	Inwieweit ist § 399, Alt. BGB eine Sonderregelung zu § 137 S.1 BGB?	*406*
103.	Nach welchen Vorschriften wird der Schuldner bei der Abtretung geschützt? Wie ist z.B. bei der Aufrechnung zu differenzieren?	*407 f.*
104.	Was ist eine Globalzession, was eine cessio legis?	*409 f.*
105.	Welche Möglichkeiten stellt das BGB zur Schuldübernahme zur Verfügung?	*412 ff.*
106.	Wie ist der Schuldbeitritt einerseits von der Schuldübernahme, andererseits von der Bürgschaft abzugrenzen?	*416*

STICHWORTVERZEICHNIS

Die Zahlen beziehen sich auf die Randnummern

A

Abgabe einer WE	11
Abstraktionsprinzip	117
Abtretung	403
AGB	
Auslegung	69
Einbeziehung	68
Inhaltskontrolle	72
Aliud	271
Anfechtung	
Anfechtungserklärung	109
Anfechtungsfrist	110
Zulässigkeit	90
Gründe	92
§ 119 I BGB	93
§ 119 II BGB	101
§ 120 BGB	104
§ 123 BGB	105
Rechtsfolgen	111
Äquivalenzstörung	312
Arglistige Täuschung	106
Aufrechnung	132

B

Begleitschaden	140
Beschränkte Geschäftsfähigkeit	18

C

c.i.c.	172

D

Differenzhypothese	319
Doppelirrtum	32
Dritte im Schuldverhältnis	345
Drittschadensliquidation	389
Rechtsfolgen	401
Voraussetzungen	392
Drohung, widerrechtliche	108
Duldungs- und Anscheinsvollmacht	53

E

Entschädigung	341
Einreden, rechtshemmende	134a
Einwendungen	
Rechtshindernde	75, 88
Rechtsvernichtende	35, 121
Einwilligung	24
Erfüllung	126
Erfüllungsgehilfe	350
Erfüllungssurrogate	128
Erklärungsbewusstsein	6
Erklärungsirrtum	95
Evidenz	64

F

Forderungsabtretung	403
Formmangel	79

G

Garantie	285
Gebrauchsvorteile, entgangene	337
Geheimer Vorbehalt	76
Genehmigung	28
Geschäft für den, den es angeht	42
Geschäftsfähigkeit	13
Geschäfte des täglichen Lebens	
Geschäftsunfähiger Volljähriger	30a ff.
Beschränkte	18
Geschäftsgrundlage, Störung	292
Anwendbarkeit	293
Fallgruppen	308
Äquivalenzstörung	312
Doppelirrtum	313
Leistungserschwerung	311
Zweckstörung	309
Rechtsfolgen	314
Voraussetzungen	303
Hypothetisches Element	305
Normatives Element	306

Reales Element	304	Leistung		
Geschäftsunfähigkeit	15	an Erfüllungs Statt	129	
Geschäftswille	10	erfüllungshalber	130	
Gesetzlicher Vertreter	19	**Leistungserschwerung**	311	
Gewährleistungsrecht	267	**Leistungsstörungen**	135	
Rechtsfolgen	276			

M

Voraussetzungen	273	
Gläubigerverzug	258	**Mangel**	269
Rechtsfolgen	261	Aliud	271
Voraussetzungen	259	Rechtsmangel	272
		Sachmangel	270

H

Minderjähriger 18
Missbrauch der Vertretungsmacht 64

Handeln		Evidenz	64
in fremdem Namen	40	Kollusion	64
unter falscher Namensangabe	45	**Mittelbare Stellvertretung**	41
unter fremdem Namen	46	**Motivirrtum**	96
bei ebay	46a		

N

Handlungswille	5
Hinterlegung	131

Naturalrestitution 340
Nebenpflichtverletzungen 151, 239

I

O

Inhaltsirrtum	94	**Offenkundigkeitsprinzip**	40
Irrtum		Ausnahmen	42
Erklärungsirrtum	95	**Organtheorie**	349
Inhaltsirrtum	94		

P

Kalkulationsirrtum	98		
Motivirrtum	96	**Prozessaufrechnung**	134
Rechtsfolgenirrtum	97	**Primäranspruch**	1
Über verkehrswesentliche Eigenschaften	101		

R

K

Kalkulationsirrtum	98	**Rechtsfolgenirrtum**	97
Kollusion	64	**Rechtsgeschäft**	2
Kündigung	125	**Rechtshemmende Einreden**	134a
		Rechtshindernde Einwendungen	75

L

Rechtsmangel	272
Lediglich rechtlicher Vorteil	21
Rechtsvernichtende Gestaltungsrechte	35, 121
Rücktritt	123, 249

S

Sachmangel	270
Schaden	318
Schadensbegriff, normativer	320
Schadensersatz	
Arten	339
Schadensermittlung	318
Scheingeschäft	77
Scherzerklärung	78
Schlechtleistung	149, 238
Schuldbeitritt	416
Schuldübernahme	412
Sekundäranspruch	1
Sonderverbindung, vorvertragliche	178
Stellvertretung	31
Handeln in fremdem Namen	40
Missbrauch	64
Mittelbare	41
Vertreter ohne Vertretungsmacht	65
Vertretungsmacht	48
Voraussetzungen	35
Wissenszurechnung	58
Zulässigkeit	34
Störung der Geschäftsgrundlage	292

T

Taschengeldparagraph	24
Täuschung, arglistige	106

U

Unmöglichkeit	200
Nachträgliche	215
Anfängliche	219
Unternehmensbezogene Geschäfte	40a

V

Verbotsgesetz	83
Verbrauchsgüterkaufrecht	279
Verrichtungsgehilfe	350
Verstoß	
Gegen gesetzliches Verbot	83
Gegen gute Sitten	84
Vertrag mit Schutzwirkung	
zugunsten Dritter	371
Rechtsfolgen	384
Voraussetzungen	375
Vertrag zugunsten Dritter	368
Vertragsschluss	1
Vertreter ohne Vertretungsmacht	65
Vertretungsmacht	
Gesetzliche	48
Grenzen	60
Rechtsgeschäftliche	49
Verzögerung	230
Verzug	140 ff.
Vollmacht	
Anfechtung	56
Duldungs- und Anscheinsvollmacht	53
Erlöschen	55
Erteilung	49
Umfang	52
Vorbehalt, geheimer	76
Vorvertragliche Sonderverbindung	178
Vorteilsanrechnung	321

W

Widerrechtliche Drohung	108
Widerruf	10
Willenserklärung	3
Objektiver Tb	4
Subjektiver Tb	5
Erklärungsbewusstsein	6
Geschäftswille	10
Handlungswille	5
Wirksamwerden	10
Abgabe	11
Zugang	12
Wissenszurechnung bei der Vertretung	58

Z

Zugang einer WE	12
Zweckstörung	309

www.repetitorium-hemmer.de

Die neue Homepage des **Repetitoriums**
ab sofort im Netz!

Kursort wählen
Hier erfahren Sie die neuesten Meldungen bzgl. Ihres Kursortes, die aktuellen Kurstermine etc. ...

Kursorte im Überblick

Augsburg
Wüst/Skusa/Mielke/Quirling
Mergentheimer Str. 44
97082 Würzburg
Tel.: (0931) 79 78 230
Fax: (0931) 79 78 234
augsburg@hemmer.de

Bayreuth
Daxhammer/d´Alquen
Parkweg 7
97944 Boxberg
Tel.: (07930) 99 23 38
Fax: (07930) 99 22 51
bayreuth@hemmer.de

Berlin-Dahlem
Gast
Schumannstraße 18
10117 Berlin
Tel.: (030) 240 45 738
Fax: (030) 240 47 671
mitte@hemmer-berlin.de

Berlin-Mitte
Gast
Schumannstraße 18
10117 Berlin
Tel.: (030) 240 45 738
Fax: (030) 240 47 671
mitte@hemmer-berlin.de

Bielefeld
Sperl
Salzstr. 14/15
48143 Münster
Tel.: (0251) 67 49 89 70
Fax.: (0251) 67 49 89 71
Mail: bielefeld@hemmer.de

Bochum
Schlömer/Sperl
Salzstr. 14/15
48143 Münster
Tel.: (0251) 67 49 89 70
Fax.: (0251) 67 49 89 71
bochum@hemmer.de

Bonn
Ronneberg/Christensen/Clobes
Leonardusstr. 24c
53175 Bonn
Tel.: (0228) 23 90 71
Fax: (0228) 23 90 71
bonn@hemmer.de

Bremen
Kulke/Berberich
Mergentheimer Str. 44
97082 Würzburg
Tel.: (0931) 79 78 257
Fax: (0931) 79 78 240
bremen@hemmer.de

Dresden
Stock
Zweinaundorfer Str. 2
04318 Leipzig
Tel.: (0341) 6 88 44 90
Fax: (0341) 6 88 44 96
dresden@hemmer.de

Düsseldorf
Ronneberg/Christensen/Clobes
Leonardusstr. 24c
53175 Bonn
Tel.: (0228) 23 90 71
Fax: (0228) 23 90 71
duesseldorf@hemmer.de

Erlangen
Grieger/Tyroller
Mergentheimer Str. 44
97082 Würzburg
Tel.: (0931) 79 78 230
Fax: (0931) 79 78 234
erlangen@hemmer.de

Frankfurt/M.
Geron
Dreifaltigkeitsweg 49
53489 Sinzig
Tel.: (02642) 61 44
Fax: (02642) 61 44
frankfurt.main@hemmer.de

Frankfurt/O.
Gast
Schumannstraße 18
10117 Berlin
Tel.: (030) 240 45 738
Fax: (030) 240 47 671
frankfurt.oder@hemmer.de

Freiburg
Behler/Rausch
Rohrbacher Str. 3
69115 Heidelberg
Tel.: (06221) 65 33 66
Fax: (06221) 65 33 30
freiburg@hemmer.de

Gießen
Sperl
Parkweg 7
97944 Boxberg
Tel.: (07930) 99 23 38
Fax: (07930) 99 22 51
gießen@hemmer.de

Göttingen
Schlömer/Sperl
Kirchhofgärten 22
74635 Kupferzell
Tel.: (07944) 94 11 05
Fax: (07944) 94 11 08
goettingen@hemmer.de

Greifswald
Burke/Lück
Buchbinderstr. 17
18055 Rostock
Tel.: (0381) 3 77 74 00
Fax: (0381) 3 77 74 01
greifswald@hemmer.de

Halle
Luke
Grimmaische Str. 2-4
04109 Leipzig
Tel.: (0177) 3 34 26 51
Fax: (0341) 4 62 68 79
halle@hemmer.de

Hamburg
Schlömer/Sperl
Steinhöft 5-7
20459 Hamburg
Tel.: (040) 317 669 17
Fax: (040) 317 669 20
hamburg@hemmer.de

Hannover
Daxhammer/Sperl
Matzenhecke 23
97204 Höchberg
Tel.: (0931) 400 337
Fax: (0931) 404 3109
hannover@hemmer.de

Heidelberg
Behler/Rausch
Rohrbacher Str. 3
69115 Heidelberg
Tel.: (06221) 65 33 66
Fax: (06221) 65 33 30
heidelberg@hemmer.de

Jena
Kulke
Mergentheimer Str. 44
97082 Würzburg
Tel.: (0931) 79 78 257
Fax: (0931) 79 78 240
jena@hemmer.de

Kiel
Schlömer/Sperl
Kirchhofgärten 22
74635 Kupferzell
Tel.: (07944) 94 11 05
Fax: (07944) 94 11 08
kiel@hemmer.de

Köln
Ronneberg/Christensen/Clobes
Leonardusstr. 24c
53175 Bonn
Tel.: (0228) 23 90 71
Fax: (0228) 23 90 71
koeln@hemmer.de

Konstanz
Guldin/Kaiser
Hindenburgstr. 15
78467 Konstanz
Tel.: (07531) 69 63 63
Fax: (07531) 69 63 64
konstanz@hemmer.de

Leipzig
Luke
Grimmaische Str. 2-4
04109 Leipzig
Tel.: (0177) 3 34 26 51
Fax: (0341) 4 62 68 79
leipzig@hemmer.de

Mainz
Geron
Dreifaltigkeitsweg 49
53489 Sinzig
Tel.: (02642) 61 44
Fax: (02642) 61 44
mainz@hemmer.de

Mannheim
Behler/Rausch
Rohrbacher Str. 3
69115 Heidelberg
Tel.: (06221) 65 33 66
Fax: (06221) 65 33 30
mannheim@hemmer.de

Marburg
Sperl
Parkweg 7
97944 Boxberg
Tel.: (07930) 99 23 38
Fax: (07930) 99 22 51
marburg@hemmer.de

München
Wüst
Mergentheimer Str. 44
97082 Würzburg
Tel.: (0931) 79 78 230
Fax: (0931) 79 78 234
muenchen@hemmer.de

Münster
Schlömer/Sperl
Salzstr. 14/15
48143 Münster
Tel.: (0251) 67 49 89 70
Fax.: (0251) 67 49 89 71
muenster@hemmer.de

Osnabrück
Fethke/Bleyer
Jürgen-Hornemann-Str. 6
48268 Greven
Tel.: (02571) 99 29 459
Fax: (02571) 99 56 02
osnabrueck@hemmer.de

Passau
Mielke/d´Alquen
Schlesierstr. 4
86919 Utting a.A.
Tel.: (08806) 74 27
Fax: (08806) 94 92
passau@hemmer.de

Potsdam
Gast
Schumannstraße 18
10117 Berlin
Tel.: (030) 240 45 738
Fax: (030) 240 47 671
mitte@hemmer-berlin.de

Regensburg
Daxhammer/d´Alquen
Parkweg 7
97944 Boxberg
Tel.: (07930) 99 23 38
Fax: (07930) 99 22 51
regensburg@hemmer.de

Rostock
Burke/Lück
Buchbinderstr. 17
18055 Rostock
Tel.: (0381) 3777 400
Fax: (0381) 3777 401
rostock@hemmer.de

Saarbrücken
Bold
Preslesstraße 2
66987 Thaleischweiler-Fröschen
Tel.: (06334) 98 42 83
Fax: (06334) 98 42 83
saarbruecken@hemmer.de

Trier
Geron
Dreifaltigkeitsweg 49
53489 Sinzig
Tel.: (02642) 61 44
Fax: (02642) 61 44
trier@hemmer.de

Tübingen
Guldin/Kaiser
Hindenburgstr. 15
78465 Konstanz
Tel.: (07531) 69 63 63
Fax: (07531) 69 63 64
tuebingen@hemmer.de

Würzburg
- ZENTRALE -
Mergentheimer Str. 44
97082 Würzburg
Tel.: (0931) 79 78 230
Fax: (0931) 79 78 234
wuerzburg@hemmer.de